上海外国语大学建校七十周年
70TH ANNIVERSARY CELEBRATION
SHANGHAI INTERNATIONAL STUDIES UNIVERSITY

初 心 如 磐
赓 续 前 行

上海外国语大学俄罗斯东欧中亚学院
70周年精品论文集

主编 许宏

外语教学与研究出版社
北京

图书在版编目（CIP）数据

初心如磐　赓续前行 ：上海外国语大学俄罗斯东欧中亚学院 70 周年精品论文集 ：汉文、俄文 / 许宏主编. -- 北京 ：外语教学与研究出版社，2022.11
ISBN 978-7-5213-4089-1

Ⅰ. ①初… Ⅱ. ①许… Ⅲ. ①俄语－文集 Ⅳ. ①H35-53

中国版本图书馆 CIP 数据核字（2022）第 217517 号

出 版 人　王　芳
责任编辑　周朝虹
责任校对　周小成
封面设计　姚雅雯
版式设计　锋尚设计
出版发行　外语教学与研究出版社
社　　址　北京市西三环北路 19 号（100089）
网　　址　http://www.fltrp.com
印　　刷　北京捷迅佳彩印刷有限公司
开　　本　787×1092　1/16
印　　张　16.5
版　　次　2022 年 12 月第 1 版　2022 年 12 月第 1 次印刷
书　　号　ISBN 978-7-5213-4089-1
定　　价　68.00 元

购书咨询：（010）88819926　电子邮箱：club@fltrp.com
外研书店：https://waiyants.tmall.com
凡印刷、装订质量问题，请联系我社印制部
联系电话：（010）61207896　电子邮箱：zhijian@fltrp.com
凡侵权、盗版书籍线索，请联系我社法律事务部
举报电话：（010）88817519　电子邮箱：banquan@fltrp.com
物料号：340890001

记载人类文明
沟通世界文化
www.fltrp.com

谨以此文集纪念上海外国语大学

暨上外俄语专业

成立七十周年

前言

2019年，上海外国语大学迎来了70华诞，俄罗斯东欧中亚学院（原俄语系）也走过了70个辉煌春秋。值此校庆与院庆70周年之际，我们特编辑《初心如磐 赓续前行——上海外国语大学俄罗斯东欧中亚学院70周年精品论文集》，以示庆祝。

上海外国语大学俄罗斯东欧中亚学院建基于俄语系，于2017年10月正式变更为此名。学院主动对接国家发展战略，落实学校发展规划，加强外国语言文学学科建设，大力发展“一带一路”沿线国家战略语言专业，设有俄语、乌克兰语、哈萨克语、乌兹别克语、波兰语、捷克语、匈牙利语、塞尔维亚语等专业。其中，俄语语言文学学科是全国最早的重点学科，围绕该学科形成了全国俄语语言文学学科教学科研中心之一，在国内有着传统的影响力，发挥着引领和示范作用，早在1983年就获得博士学位授予权，1987年被评为国家教委重点学科，2002年和2007年又连续被列为国家重点学科，2009年被教育部设定为国家级特色专业建设点。

本文集收录了老、中、青三代上外俄语人的精品学术论文，历史地反映了俄罗斯东欧中亚学院教师在学术研究方面所取得的成果，内容涵盖俄语语言学、俄罗斯文学、俄语翻译学、区域国别研究等。

祝愿俄罗斯东欧中亚学院在新时代再创辉煌！

编　者

2020年6月28日

目录

语言与文学

翻译

跨文化与国别区域研究

语言与文学

李越常

男，1938 年出生，教授。

1963 年毕业于上海外国语学院俄语系并留校任教，1984 年赴南斯拉夫 – 梅多地大学语言系进修。曾任上海外国语大学俄语系主任、汉俄词典编纂室主任、《汉俄大词典》编委、全国高校专业外语教学指导委员会委员兼俄语组副组长。曾讲授综合俄语实践课、俄语历史语法、俄语史等本科及研究生课程，发表《略论古斯拉夫语对标准俄语的影响》《语言理论应用于教材练习编写的尝试》《关于大纲的功能意念表》及首届两岸俄语学术会议论文等；编著《俄语历史语法简明教程》，参编《新编俄语高级教程》等教材；参与译校《列宁文稿》、《列宁全集》第二版书信卷等。获中宣部、中央编译局荣誉证书，获国家教委教改荣誉证书。

略论古斯拉夫语对标准俄语的影响

李越常

摘　要： 古俄语和古斯拉夫语之间的语言成分曾有过互相作用的过程。本文分析了古俄语同古斯拉夫语在语音上的主要差别，揭示了古斯拉夫语在词汇和修辞上对丰富俄语标准语所产生的影响。

关键词： 古斯拉夫语；标准俄语；影响

一、标准俄语的起源及其开始存在时期的划分

关于标准俄语的起源及其开始存在的时期，很久以来就是学者们所研究的问题。语言学文献里有几种理论，其中有两种决然对立的构想最为鲜明突出。一种认为，古

罗斯标准语的基础是公元10世纪随着基督教而在罗斯得到传播的古斯拉夫语（东斯拉夫人也因此有了文字——文明的一个必然而又最要紧的因素）；另一种则认为，古罗斯的标准语是在东斯拉夫的民间俗语基础上形成的。前者通常称之为“沙赫马托夫理论”，因为正是沙赫马托夫（А.А. Шахматов）明确提出了关于标准俄语的古斯拉夫基础这个在革命前的俄语语言学里占统治地位的观点。他断言，标准俄语就其起源来看，这是传入俄国大地上的教会斯拉夫语（教会斯拉夫语的起源为古保加利亚语），在几个世纪里它和通用的民间大众语逐渐接近，逐步失去它外来的形态。但是随着时间的推移，沙赫马托夫的理论渐渐失去统治地位。到了苏维埃年代，奥勃诺尔斯基（С.П. Обнорский）对标准俄语的起源提出了新的设想。在经过对用古俄语文字记载下来的四部最重要的作品——《罗斯法典》（Русская правда）、《伊戈尔远征记》（Слово о полку Игореве）、《弗拉基米尔·莫诺马赫家训》（Поучения Владимира Мономаха）和《丹尼尔·扎托契尼克陈情书》（Моления Даниила Заточника）——语言全面深入的分析之后，奥勃诺尔斯基得出结论，认为标准俄语的基础是通用的民间口头俗语。这就是通常所称的“奥勃诺尔斯基理论”。奥勃诺尔斯基断言，标准俄语早在罗斯接受基督教之前已经在通用的东斯拉夫俗语的基础上形成了。至于标准俄语里所具有的古斯拉夫语成分，那是次要的、派生的现象，是标准俄语同古斯拉夫语后来接触的结果。

上述两种构想都具有片面性，都不能反映出古罗斯标准语形成和发展的实际情况。沙赫马托夫的构想夸大了古斯拉夫语对形成和发展标准俄语的作用，而奥勃诺尔斯基的理论则相反，它对古斯拉夫语在标准俄语形成中所起的作用又估计不足。

维诺格拉多夫（В.В. Виноградов）深刻而全面地解决了古罗斯标准语的形成和发展的问题。他提出古罗斯标准语有两种类型——书卷斯拉夫型和大众标准型。“……古斯拉夫语传播到罗斯，并在其基础上形成斯拉夫书卷型的古罗斯标准语，但在文字表达上这既不能束缚，更不能压制东斯拉夫民间诗歌和历史回忆的语言习惯及进一步的规范加工。而经过规范加工的大众型的标准语并非作为一种特殊的语言同斯拉夫书卷型划分和独立开来。同时，这也不是同一种标准语的不同的语体，因为它们并不能容纳在一个语言结构的框架里，它们是用于不同的范围，并具备不同的功能。”（Виноградов 1958）

古保加利亚的康斯坦丁（基里尔）和梅福迪兄弟俩（古斯拉夫语言文字的奠基人）以及他们的继承者在把希腊的书籍翻译成古斯拉夫语的时候，从高度发达的希腊（拜占庭）语（拜占庭语背靠伟大的地中海文明传统）里吸取了许多东西，首先是在词汇和词汇语义方面。希腊语的译本当时在古罗斯也已很寻常。这样，南部和东部（也有部分西部）斯拉夫人在民间大众语的基础上发展自己的标准语的时候，也就同时成了古地中海语言文明的继承者，这一点就连罗蒙诺索夫（М.В. Ломоносов）和普希金（А.С. Пушкин）在当时也已经指出过。要看清楚产生在罗斯的复杂的语言情景是十分困难的，需要详尽而全面地研究流传下来的古斯拉夫和古罗斯的文献，将其语言同东部及其他的斯拉夫人的口头俗语作一番比较。对这一口头俗语的构拟虽已做了许多研究，但尚有许多东西有待去发现（尤其在词汇、词汇语义和句法方面）。但是对古罗斯的语言情景及与它相关的标准俄语的起源（这方面的观点如前所述是纷繁而矛盾的）无论做什么样的估计，有一点是清楚的：古斯拉夫语在俄罗斯（广义说是东斯拉夫）的语言文明里是起了特殊作用的。在罗斯“受洗”（公元988年）后传入的古斯拉夫语对标准俄语的发展起到了进步的影响，而同时古斯拉夫语本身也受到了通用的俄罗斯语言的影响，变得十分俄罗斯化了，于是它便形成了一种教会斯拉夫语的形式，即斯拉夫书卷型的俄语标准语。

斯拉夫书卷型用于教会宗教文献中，而大众标准型则用于世俗性质的作品中，首先是用于编年史和文艺作品中。如果以为古俄语标准语的这两种类型是孤立而单独地发展起来的，那是不正确的。相反，它们积极地相互影响，相互交流。古俄语和古斯拉夫语之间的语言成分曾有过互相作用的过程。一方面，在古斯拉夫语最早的一些祈祷经文里（11世纪），就已经流露出了一些古俄罗斯俗语的明显特点，所以习惯将罗斯时期的古斯拉夫语称之为俄罗斯辞式的（古）教会斯拉夫语并非偶然，但是古斯拉夫语的俄罗斯化（东斯拉夫化）的过程并非直线进行，它受制于许多情况。另一方面，在用古俄语写成的地道的东斯拉夫文献里又输入了古斯拉夫词语，在口语，尤其是民间创作里也同样渗入了古斯拉夫词语。

二、古俄语同古斯拉夫语在语音上的主要差别

古俄语同古斯拉夫语在语音上的主要差别，概括起来有这样几点：

（1）公元10~11世纪的古斯拉夫语里继续保留着共同斯拉夫语流传下来的鼻元音 ǫ 和 ę。在基里尔字母表里是用特殊的字母 ѫ[1] 和 ѧ[2] 来分别表示 ǫ 和 ę，前者发音近似 [о^{н}] [о^{м}] [ъ^{н}][3] [ъ^{м}]，后者发音近似 [е^{н}] [е^{м}] [и^{н}] [и^{м}] [ь^{н}][4] [ь^{м}]。因此，诸如 дѫбъ，

1　ѫ——基里尔字母表里该字母的名称为 юс большой，音值为 [у]。
2　ѧ——基里尔字母表里该字母的名称为 юс малый，音值为 [я]。
3　ъ——基里尔字母表里该字母的名称为 ер，音值近 [о]。
4　ь——基里尔字母表里该字母的名称为 ер(ь)，音值近 [е]。

рѫка 这些词古代保加利亚人在 10 ~ 11 世纪时念成 дǫбъ, рǫка；而 мѧсо, имѧ 这类词就念成 мęсо, имę。

但在 10 ~ 11 世纪的古俄语里鼻元音已经不存在了，ǫ 演化为 у, ę 在软辅音之后演化为 ıa，这样 дѫбъ, рѫка 在 10 ~ 11 世纪的古俄语里就念成 дубъ, рука，而 мѧсо, имѧ 就念成 м'асо, им'а（辅音右上方的标点表示软化的发音）。由于受发音的影响，ѫ 和 ѧ 这两个字母在书写上后来（1710 年）最终代之以字母 у[1] 和 я[2]。

字母 ѫ 其实在近 12 世纪中叶时已停止了使用，但从 14 世纪末又恢复使用了一段时间，那是因为罗斯和南部斯拉夫国家之间的文化联系当时曾一度有所加强的缘故。而字母 ѧ 则一直保留到 17 世纪，虽然在这之前它早已不表示鼻化元音了。

（2）与古俄语辅音之间的全元音音组 оро, оло, ере, еле 相对，在古斯拉夫语里则是非全元音音组 ра, ла, рѣ[3], лѣ。例如：

古俄语：голова городъ берегъ шеломъ

古斯拉夫语：глава градъ брѣгъ шлѣмъ

（3）与词首的古俄语音组 ро, ло 相对，在古斯拉夫语里则是 ра, ла。例如：

古俄语：ростъ робота локътъ；前缀 роз-

古斯拉夫语：расти работа лакъть；前缀 раз-

（4）与古俄语中的语音交替 д – ж, т（кт，гт）– ч 相对，在古斯拉夫语中则是 д – жд, т（кт，гт）– шт（щ）（东斯拉夫人把 щ 音读成 шч）。例如：

古俄语：вижоу вожь свѣча

古斯拉夫语：виждѫ вождь свѣшта

这些词都是来自共同斯拉夫语中的 видѣти, водити, свѣть。

（5）与古俄语某些词首中的元音 о 相对应的，在古斯拉夫语中则是 ѥ[4]。例如：

古俄语：олень озеро одинъ

古斯拉夫语：ѥлень ѥзеро ѥдинъ

（6）对于古俄语来说，词首出现字母 ıa 是很典型的，与此相应，在古斯拉夫语里则是字母 а。例如：

---

1 у——基里尔字母表里还曾写成 оу，ɣ 等。
2 я——基里尔字母表里还曾写成 ıa。
3 ѣ——基里尔字母表里该字母的名称为 ять，音值为 [ие] [е]。
4 ѥ——基里尔字母表里该字母又写成 є，其名称为 есть，音值为 [е] [э]。

古俄语：ıазъ[1] ıаблоко[2] ıако[3]

古斯拉夫语：азъ аблоко ако

（7）同古俄语词首里的 оу 相对应，在古斯拉夫语中则是 ю。例如：

古俄语：оугъ оужинъ оуноша оутро

古斯拉夫语：югъ южинъ юноша ютро

（8）现代辅音间的音组 ор, ол, ер, ел 在古俄语里是以音组 ър, ъл, ьр, ьл 来表达的，而在古斯拉夫语里是以 ръ, лъ, рь, ль 来表达的。例如：

现代俄语：горло мёртв полк

古俄语：гърло мьртвъ пълкъ

古斯拉夫语：грьло мрьтвъ плъкъ

何以产生这种相应关系呢？其原因在于古斯拉夫语里的辅音 р, л 在上述的音组里犹如元音能构成音节，而 ъ 和 ь[4] 则相反，不构成音节。古斯拉夫语里的 грьло, мрьтвъ, плъкъ 于是就念成 [грло] [мртвъ] [плкъ]，而在古俄语里 ър 类型的音组里则是两个音：弱化元音（ъ）和辅音（р）。在现代的南部斯拉夫语里还可以见到诸如 смрт, прст, грло 这样拼写的一些词，这是南部斯拉夫语至今还保留了 р, л 能构成音节的特点的缘故，而在属于东部斯拉夫语的俄语里，这些词就拼写成 смерть, перст, горло。

三、古斯拉夫语对丰富俄语标准语在词汇和修辞上的影响

如前所述，在用古俄语写成的东斯拉夫文献和民间创作里已经渗入了古斯拉夫词语。由此，在词汇和修辞上古斯拉夫语对丰富俄语标准语的影响可以概括为以下几点：

（1）作为一门宗教、哲学和科学的语言，古斯拉夫语充实了古俄语的抽象词汇和教会术语。例如：

Соущьство (существо), бытиѥ (бытие), съзнаниѥ (сознание), въсприıатиѥ (восприятие), вьселеннаıа (вселенная), власть, разоумъ (разум), философъ (философия), ѥдиньство (единство), добродѣтел (добродетель), благополоучиѥ (благополучие), свѧщеникъ (священник), ангелъ (ангел), крьстъ (крест)。

1　ıазъ——я。

2　ıаблоко——яблоко。

3　ıаако-что, так как。

4　ъ 和 ь 在 13 世纪以前是两个在发音的长度和力度上都很弱的元音，故语言学上称之为弱化元音。

（2）由于古斯拉夫语的影响，古俄语标准语已为许多同义词所丰富。例如：истина – правьда (правда), съвѣдѣтель (свидетель) – послоухъ (послух), бракъ (брак) – сватьба (свадьба), имѣние (имение) – добытъкъ (добыток), питати (питать) – кърмити (кормить)[1]。

（3）古罗斯的抄录者在使用一些最初彼此间仅存在语音上差异的俄语词和古斯拉夫词的时候，已利用它们来构成词汇的新义和用于修辞目的。例如：巧妙地运用 власть – волость, храмъ（храм）– хоромы 类型的俄语词和古斯拉夫词的形式来区别不同的概念，表达思想的细微差别和修辞目的——在提及 церковь 时使用 храмы（神殿，庙宇）一词，而说到 жилые дома 时，则用 хоромы（宫殿，大木房）一词；当讲到 бог（主，神，上帝）时就用 власть 一词来形容神权威力无比，例如 ...велика власть его，而讲到诸侯公爵时就用 волость[2] 一词去形容其权势，例如 ...то есть волость отца моего；хранить 和 хоронить 使用上的差别，例如 ...любовь храните（……要珍重爱情），...въ земле не хороните（不要埋入土中）。

（4）古俄语词和古斯拉夫词同时使用，避免经常重复使用同一个词。例如：...выгналъ изъ города...изидъ изъ града...[3]。

（5）古斯拉夫语在某些场合之下的影响是如此之大，以致一些俄语词和形式为古斯拉夫词所取代，而如今唯一所采用的正是古斯拉夫词。例如：плен, время, враг, раб, жажда, прежде，它们排挤掉了古俄语词 полонъ, веремѧ, ворогъ, робъ, жажа, переже 等。

（6）古斯拉夫语的某些构词成分（前缀、后缀）构成某些俄语词。例如：пре-, пред-, чрез-, -ость, -ство, -ние, -тель, -ущ-, -ющ-, -ащ-, -ящ-[4] 构成 общественность, будущность, возникновение, исчезновение, правительство, заседатель, прекрасно, предвидеть, чрезмерно。

古俄语和古斯拉夫语的交融是有成果的，俄语因而至今保存了一定数量的源于古斯拉夫的词、成语和构词成分。

---

1 前者为古斯拉夫词，后者为古俄语词，括号里为现代写法。

2 Волость 是指古罗斯时代的州。

3 выгналъ – изиде（驱逐），город – град（城市），同时使用的古俄语词和古斯拉夫词的词义一样。

4 源自古斯拉夫语的现代俄语的主动形动词现在时形式里的后缀 -ущ-，-ющ-，-ащ-，-ящ- 和它们相对的古俄语后缀为 -оуч-, -юч-, -ач-, -ıач-，带这些后缀的古俄语形动词随时间推移慢慢在俄语里变成了形容词。例如：现代俄语里的 колющий（刺人的）– колючий（带刺的），висящий（挂着的）– висячий（悬挂的）。

四、标准俄语语法体系的变化

在评价标准俄语词法结构的历史起源问题上，语言学家的意见分歧不大。我们知道，古俄语的词法结构体系在数百年的历史发展中经历了一些重大的改造过程。在11世纪，古俄语的名词根据词干的性质分为五种变格类型，以后由于不同变格类型之间的相互影响，逐渐出现分解、合并、统一（尤其是复数的变格词尾趋于一致）的过程，最后形成三种变格类型，这也是现代俄语的名词根据性的特征和格的词尾分为三种变格类型的由来。另外，古俄语中某些变格类型的阳性和阴性名词在单数的时候除了一至六格的形式之外，还有一种特殊的呼格形式。例如：жена → жено（呼格），другъ → друже（呼格），Игорь → Игорю（呼格）。这种呼格形式到14～15世纪已基本消失了，代之以名词第一格形式。在古俄语里名词原先除了单、复数形式之外，还有一个双数形式。例如：сынъ（单）– сыны（双）– сынове（复），городъ（单）– города（双）– городи（复），сестра（单）– сестр（双）– сестры（复），око（单）– очи（双）– очеса（复）。到14世纪时这种形式也基本不用，代之而用的是复数形式，某些保留下来的双数形式已被视为复数形式，例如 очи, плечи, берега。

古俄语的动词曾有过一个发达的时间体系——一个现在时的形式，四个过去时的形式和三个将来时的形式（一个简单式，两个复合式）。在动词的历史发展过程中变化最大的是过去时的四个形式：（1）不定过去时（аорист），它起先用来表示过去一次完成的行为，后来，从13～14世纪起，就单纯用来表示过去发生的行为过程本身。例如：Азъ грѣшьныи рабъ бжии Дъмъка написахъ кънигысиıа.（Я, грешный раб божий, Домка, написал эти книги.）（2）未完成时（имперфект），表示过去重复的，未完成的行为。例如：Тои осени...землıа и лѣсы горѧхоу...и с того дыма **мрѧхоу** рыбы и птицы.（Той осенью горели земля и леса, и от этого дыма гибли рыбы и птицы.）（3）完成时（перфект），表示过去完成的行为，其结果持续存在至说话的时刻。例如：Сынъ **пришьлъ ѥсть.**（Сын пришёл.）（4）前过去时（плюск-вамперфект），表示比另一个过去的行为发生得更早的行为或笼统表示某个久远以前发生的行为。例如：И помѧноу Олегъ конь свои иже **бѣ поставилъ** кормиги.（И вспомнил Олег своего коня，которого поставить кормить.）不定过去时和未完过去时形式分别于14和12世纪就基本不用了，代替它们的是完成时。古俄语中过去时的多样化是因为不定过去时、未完过去时不单是一种时间形式，而且还具有复杂的体时语法意义。但是随着动词体这一范畴的发展和巩固，过去时体系逐渐简化，最后剩下源于完成时的唯一的动词过去时形式。

名词的变格、数的范畴等变化和动词复杂的时间体系的衰落，新的时间关系的形成以及动词体独特性的形成等，这一切都是按俄语自身内部的规律进行的。

至于标准俄语的句法问题，个别语言学家认为，标准俄语的句法不仅是源于教会斯拉夫语，而且至今还是教会斯拉夫语的句法，和俄罗斯大众语的句法相去甚远。由于这种论断缺乏根据，没有材料，当然不被多数语言学家所接受。

世界上所有具有文字的语言里都存在着书面语和口语之间句法上的差别。用文字把言语记录下来就会使句法更严谨、更有条不紊，特别是如果文字记录已经具有了悠久的传统。产生于公元 9 世纪初期的斯拉夫标准语，作为当时斯拉夫人所理解的语言被用来进行基督教礼仪活动，在那种情况下它不会不受到已经具有悠久文字传统的希腊（拜占庭）语的影响。基里尔、梅福迪和他们的学生在翻译希腊语时就接触到了具有高度条理性的句法，而斯拉夫译文的句法也理应具有高度的条理性。但是简单复制希腊语的句法结构是不可能的，那时翻译者不得不调动斯拉夫语的句法手段，同时又对它们进行规范的加工。语言学家们认为，早在斯拉夫源语里就不仅有并列复合句，而且有主从复合句这样一些句法手段。自然，与希腊语相比，斯拉夫语的主从关系要简单得多，翻译者们就指望借鉴希腊语的句式来发展斯拉夫语的主从关系，精练主从复合句的结构。因此，在古斯拉夫语传入古罗斯以后，它对发展古罗斯标准语的主从复合句也产生了影响。根据研究 12 世纪《乌斯宾斯基文稿》（Успенский сборник）句法的比尔鲍乌曼（Бир Бауманн）的资料，古斯拉夫文献中的主从关系比古罗斯的发达。情况显然如此，虽然尚需进行广泛的研究才能作出最后的结论。但从古俄语复合句的若干特点中也可见一斑。首先是主从关系与并列关系之间没有明确的划分。例如：...тут же...кинули на чепи（цепи）в тёмную палатку，ушлав землю。这种并列关系与主从关系兼而有之的句子结构以后就演变为 ...в тёмную палатку，которая ушла в землю。又如：видѣхь великъ звѣрь，а главы не имѣтъ 慢慢变为 ...звѣрь，у которого нет головы。另外，古俄语的主从复合句比较简单和单一，这是因为从句隶属于主句的手段体系很不完善。这种从属关系不够发达的一个总的标志是从属连接词很少，而且没有划分归类，这反映在连接词的多义性上。例如：古俄语的ıако（чьто）这一个连接词就能用来连接说明、限定、原因、时间、目的、方式、结果等类型的从句。在语言史发展的过程中每一个从属连接词的意义逐渐固定下来，结果像ıако就分别代之以目的连接词 чтобы、原因连接词 потому что、结果连接词 так что，而ıако本身就固定用作连接说明从句的连接词 что。

除了并列关系和从属关系外，在古俄语中还有一种称之为“链式串联”的句子结构方式。这是几个句子连成串，一句接一句，在意思上互相补充，互相解释，但是作为一个整体，它们在语法上的联系是很不紧密的。例如：а тоуть есть индѣискаıа страна, и люди ходѧть наги всѣ, а голова не покрыта, а груди голы, а волосы в одноу косоу плетены... а моужи и жены всѣ черны。这种句构显得累赘笨拙，也是主从关系不发达，复合句结构不精炼的反映。尽管古俄语中的主从关系是处于这样的水平上，但无论如何，主从关系并非从古斯拉夫（教会斯拉夫）语里借用到古俄语里去的，它是古俄语从共同斯拉夫语时代继承下来的，但在古斯拉夫语的影响之下得到了积极的发展。古罗斯的翻译者在翻译希腊语时虽然得以借鉴基里尔这样一些前人的经验，但是诸如并列、主从关系逐渐明确划分，复合句连接手段的逐步完善等语言现象是语言历史发展的必然趋向，而古斯拉夫语则对俄语标准语的这一过程起到了促进作用。

参考文献

[1] Борковский В.И., Кузнецов П.С. Историческая грамматика русского языка [M]. M.: 1963.

[2] Виноградов В.В. Основные проблемы изучения, образования и развития древнерусского литературного языка[M]. M.: 1958.

[3] Иванов В.В. Историческая грамматика русского языка[M]. M.: 1964.

[4] Кузнецов П.С. Историческая грамматика русского языка. Морфология[M]. M.: 1953.

[5] Самсонов Н.Г. Древнерусский язык[M]. M.: 1973.

[6] Советский энциклопедический словарь[Z]. M.: 1984.

[7] Филин Ф.П. Истоки и судьбы русского литературного языка[M]. M.: 1984.

[8] Филин Ф.П. Образование языка восточных славян[M]. M.-Л.: 1962.

[9] Якубинский Л.П. История древнерусского языка[M]. M.: 1953.

（本文原载于《外国语》1990 年第 5 期）

李　勤

男，1955 年出生，博士，教授（二级），博士生导师，校一级学术骨干，学科带头人。

曾任上海外国语大学俄语系系主任、职业技术学院院长，曾兼任教育部外语专业指导委员会委员、中国俄语教学研究会副会长，享受国务院特殊津贴专家。1982 年毕业于哈尔滨师范大学，获学士学位。1985 年毕业于北京大学，获硕士学位。1988 年毕业于上海外国语学院，获博士学位，为上海外国语学院第一名博士，也是中国俄语界第一名博士。同年留校任教。长期从事俄语专业本科生精读课、语法课、外贸俄语课、口译课以及硕士和博士研究生的学位课程教学工作并指导论文。2004 年起担任博士后合作导师。迄今已指导毕业博士生 30 名，博士后出站 6 名。主攻俄语语言研究。发表学术论文 60 余篇，其中 40 余篇发表在核心期刊上；出版 10 余部专著、编著、译著、教材和词典，其中《俄语不确定 / 确定范畴：语言手段及其言语功能》和《现代俄语复合句学》均得到俄罗斯语言学界的高度评价。开创句法语义学研究并在国内该领域占据主导地位。先后承担 3 个教育部项目，1 个国家社科项目，担任中俄政府合作项目“新世纪俄语本科生系列教材”中的《综合俄语》主编。目前担任商务印书馆的《新时代汉俄大词典》（国家“十三五”重点图书出版项目）主编。

句子语义的称名学研究

——汉语、英语、俄语句子对比分析

李　勤　钱　琴

摘　要：本文首先简要分析了汉语、英语和俄语句子在形式、语义和世界映像认知方面的差别。在借鉴俄罗斯学者有关学术理论的基础上，阐述了对句子语义进行称名学研究的必要性。作者认为，可以从逻辑学、语义学和句法学的交叉角度对句子语义进行研究。本文以指涉理论和逻辑－句法理论为基础，对比分析了三种语言中的指涉类型，在把词的语义特点和命题位进行排列组合后，在五种常见的逻辑关系基础上对三种语言中的句子逻辑－语义类型进行了初步对比。

关键词： 句子语义；称名学研究；指涉理论；逻辑－语义类型

一、引言

语言符号有一个最基本的关系，即形式和意义之间的关系。索绪尔认为，符号具有两面性，它像一张纸，一面是声音（形式），另一面是意义。（Соссюр 2000：20）从这两个层面入手进行研究是语言研究最根本的途径。或者是从形式到意义，或者是从意义到形式，几乎所有的语言研究都可以归结为这两种方法。前一种方法可以称之为“语义学研究方法”（semasiological approach），后一种方法则可称之为“称名学研究方法”（onomasiological approach）。（李勤 2002：7）

句子作为语言符号，自然也可以从这两个方面来加以研究。本文拟借鉴俄罗斯句子语义研究的新理论，采用称名学研究方法对汉语、英语和俄语的句子语义进行对比分析。需要说明的是，这三种语言分属不同的类型，不仅在形式和结构方面存在着巨大的差别，而且在语言使用者对客观世界的认知以及客观世界在语言中的映像方面也存在着一些重要差别，其中一个很重要的差别就反映在对空间和属有关系的认识上：汉语和英语属于 have-language，而俄语则属于 be-language。试比较：

（1）我**有**许多书。– I ***have*** many books. – У меня ***есть*** много книг.

虽然俄语也可以用类似于 have 的形式来表达属有意义，但这不是典型用法，因为俄罗斯人的属有意识是通过对空间存在的认识来达成的。同时，汉语同英语相比，则又表现出更强的 have 属性，甚至在表达空间和时间的存在时也倾向使用“有”这个词。试比较：

（2）山顶**有**一座房子。– ***There is*** a house on the top of the mountain. – На вершине горы ***есть*** дом.

（3）从前**有**个渔夫。– Once ***there lived*** a fisherman. – ***Жил-был*** одни рыбак.

虽然英语也能用 have 表示存在（王逢鑫 1989：312），但这不是典型的用法。

鉴于三种语言在形式、意义和世界映像认知方面的复杂性，本文对这三种语言的句子语义的对比只能是粗线条和探索性质的，仅限于对典型的句子及其语义进行对比分析。

二、句子称名学研究方法的理论依据

20 世纪 60 年代中期，受乔姆斯基（A.N. Chomsky）结构主义句法学的影响，俄罗斯学者开始了对句子结构模式的研究。几年后，俄语句子结构模式的研究取得了突破性进展并反映在苏联科学院 1970 年和 1980 年出版的《俄语语法》（Русская грамматика）中。句子结构模式的研究采取的是语义学研究方法。（АН СССР 1980: 4）整个句子结构模式的体系是建立在述谓性理论的基础上的。俄罗斯学者认为，每一个句子都有述谓基础（predicative basis），这是句子的最低述谓限度，亦即语法上能够成立并且实现同现实联系的最小的句子。这种最小的句子实际上就是由句子主要成分（主语和谓语以及单部句的主要成分）构成的。由此抽象出来的句法结构就是句子的结构模式。当然，每一种语言都可构建句子结构模式体系。以我们分析的三种语言为例，具有泛语言共性的“名词主语 + 动词谓语”的句法结构在汉语里可以归结为 NV 的模式（其中 N 表示名词，V 表示动词），在英语里可以归结为 NV_f 的模式（其中 f 表示动词的定式），而在俄语里则可以归结为 N_1V_f 的模式（其中 1 表示名词的一格）。

也就是在 20 世纪 60 年代中后期，语义学研究在俄罗斯得到了蓬勃开展。随着语义学研究由词汇向句子的渗透，一部分俄罗斯学者发现，句子结构模式理论存在着一些弊端，不能完全反映句子的构造机制和语义本质。这主要表现在一些结构模式在经过词汇填充后在语义和信息上是不足的，尽管所生成的句子在语法上是成立的。其实，这种现象在各种语言里都存在。我们还是以上面的 NV 模式进行比较：

（4）* 房子坐落。– *The house is located. – *Дом находится.

（5）* 孩子表现。– *The child behaves. – *Мальчик ведет себя.

（6）* 她看上去。– *She seems. – *Она выглядит.

显然，这些句子必须加上表示处所和评价意义的词才能形成完整的语义并能够用来交际。例如：汉语的句子只有加上“在海边”“很好”“很年轻”等词语才能表达完整的信息。

于是，这些学者提出了句子的称名基础（nominative basis）的理论，即句子还具有最低称名限度，这是在语义和信息上相对完整的最小的句子。在此基础上，这些学者开始尝试建立新的句子结构模式体系，但是没有取得成功。

然而，称名基础的理论却对句子的语义研究产生了非常积极的作用。以阿鲁玖诺娃（Н.Д. Арутюнова）为代表的一部分语言学家据此提出了句子具有称名功能的观点，使传统的句子具有交际功能和复合句构造功能的观点得到了进一步的发展。阿鲁玖诺娃认为，句子是一种合成的称名，是相对于词和词组来说更完整和更复杂的符号。随着研究的进一步深入，阿鲁玖诺娃提出了对句子语义进行称名学分析的思路，认为应该从逻辑学、语义学和句法学等学科交叉的角度来加以研究。她的初步理论反映在其发表于 1976 年的代表作《句子及其意思》（Предложение и его смысл）中。（Арутюнова 1976）经过俄罗斯学者的不懈努力，句子的称名学研究在不断地发展并逐步地形成了较为完整的体系，其中有代表性的成果已经开始进入高校的教材。（Крылова и др. 1997：6）

三、指涉理论和句子的逻辑－语义分析

对句子语义进行称名学研究可以有多个出发点，这源自于对句子语义的不同理解。有的学者依靠逻辑学中判断的类型对句子语义进行研究，分出了性质品评、关系、存在、分类、等同、赋名等六种类型的句子（分别相当于限定、关系、存在、从属、等同和称名等判断）（Белошапкова 1981：485-486），又有的学者根据句子的类型意义分出了多达 139 种的句子类型（Всеволодова 2000：234-267）。相比较而言，采用逻辑学、语义学和句法学交叉研究的方法不仅更有科学性和说服力，而且可以作为语言对比可靠的基础。

这里，首先要解决的问题是词（主要是普通名词）在句子中的语义表现。研究这个问题的理论可以称为“指涉理论”（theory of reference）。它的主要依据是奥格登（C.K. Ogden）和理查德斯（I.A. Richards）1923 年所提出的词的语义三角形并在此基础上有所发展。当初，这两位学者提出的“指涉对象”（referent）是用来表示符号通过概念所指的事物并强调这种关系的间接性质。（参见 Bussmann 2000：425）在一段时间内，与指涉对象平行使用的术语还有“指称事物”（denotatum）。后来，语言学家逐步对这两个术语加以区分，赋予指涉对象以新的内涵。例如：著名翻译学家和语言学家奈达（E.A. Nida）认为，指涉意义是“用词语来指某一客观事实、某一思想时语言所获得的意义”（奈达 1986：46）。而俄罗斯语言学家的观点看起来更有道理。他们认为，指涉对象是发话者在说话时所指的对象。（Русский язык 1997：410）这样，指涉对象就不具有纯语言的性质，而具有发话者的因素和言语的性质。

在现代逻辑学、哲学和语言学中，“指涉对象”这一术语的意思已经不同于当初的意思。概括地说，指涉对象一方面以其指物联系的特点对立于符号的意思，即指称概念（significant，сигнификат），另一方面以其同具体言语行为联系的特点对立于指称事物。鉴于以上理解，指涉对象就变得相当复杂了。其复杂性主要表现为：当词语进入言语使用后，在句位、词汇搭配、上下文、交际参与者的知识等诸多因素的作用下会有各种语义表现，即可能表现为语义三角形上的任何一个角，同时，它在指涉事物时还可能附带确定和不确定的意义。词语在句子中的不同语义表现可以概括为指涉类型。这是指涉理论所要研究的主要内容。俄罗斯学者阿鲁玖诺娃对俄语的指涉类型进行了深入的研究。（Русский язык 1997：411）我们在她研究的基础上用以下五种比较有概括性的类型来对比三种语言。

1. 具体但不确定的指涉，名词指向事物中的个体（可以是单数，也可以是复数）。在指涉单个事物时，英语中有明确的表达手段（不定冠词），而在汉语中则要通过数词和量词来表达，在俄语中也要通过或潜在通过类冠词（数词 один）加以表达，这是这类指涉的典型特征。上面的例句（2）和（3）中的名词都是这种指涉，其典型用法是用在篇章的启始句中。同时，根据同交际参与者的关系，不确定意义又可以分解为两种，一种是发话者知道、但受话者不知道的指涉，另一种是双方都不确切知道的指涉。（李勤 1998：93–98）试比较下面两组例句：

（7）昨天我碰到了**个朋友**。– Yesterday I came across ***a friend***. – Вчера я встретил ***одного приятеля***.

（8）**有个学生**找你。– ***A student*** is looking for you. – Тебя спрашивает ***один студент***.

2. 具体而确定的指涉，名词确切指向具体的事物，在英语中靠定冠词表示，而在汉语和俄语中通常靠主题位和主语位。试比较：

（9）**大熊猫**坐在地上。– ***The panda*** is sitting on the ground. – ***Панда*** сидит на земле.

在上下文中，具体和确定的指涉意义是靠名词与前文的共同指涉形成的。如前文可以是：

（10）我看见一只大熊猫。– I see a panda. – Я вижу одну панду.

具体和确定的指涉意义是透明的，即不需通过指称概念的折射而直接指向事物。这时，名词的透明性可以用人称代词替换来得到验证。试比较：

（11）**它**坐在地上。– ***It*** is sitting on the ground. – ***Она*** сидит на земле.

在汉语和俄语中，名词的确定意义还可以通过加入指示代词来得到验证。试比较：

（12）**这只**大熊猫坐在地上。– ***Эта*** панда сидит на земле.

3．种类指涉，名词指向一类事物。例如：

（13）**大熊猫**正濒临灭绝。– ***Pandas*** (***the panda***) are in the danger of extinction. – ***Панды*** вымирают.

相比较而言，在表达种类指涉意义时，英语的形式手段是最明确的，俄语次之，汉语则根本没有。但即使如此，在三种语言中，种类指涉意义在很多情况下还是同所搭配的词的意义有关。试比较：

（14）**大熊猫**正在死去。– ***The panda*** is dying. – ***Панда*** умирает.

这些句子由于词汇意义不同而不具备种类指涉意义。

4．述谓意义，名词一般在谓语位上，不指涉事物，只是通过指称概念意义对主语位上的名词进行性质和特征方面的品评。试比较：

（15）李明是**工程师**。– Tom is ***an engineer***. – Иван – ***инженер***.

这种意义也可以称为品评指涉，之所以称之为述谓意义是因为谓语位对名词的指称概念意义来说是典型的句位。如果名词在这个句位上不能体现指称概念意义，这个句子则没有意义。试比较：

（16）李明是**人**。– Tom is ***a human being***. – Иван – ***человек***.

这三个句子只可能在特定的语境和上下文中才有意义，因为其中的“人”的指称概念是对主语人物的人的属性的重复肯定，因而失去了性质和特征的品评意义，倒是在否定或对比的情况下这类句子才有意义。试比较汉语和俄语的句子：

（17）李明不是**人**。– Иван – не ***человек***.

但是，这时名词的指称概念意义已经发生变化，不再与人的属性有关，而是同人的基本道德品质（人性）有关。如果在谓语位上使用“人”这样的意义空泛的词，一般要加上表示品评的修饰语。试比较：

（18）李明是**好人**。– Tom is ***a good man***. – Иван – ***хороший человек***.

5．自足使用，名词既不指向事物，也不指向概念，只是体现能指方面。例如：

（19）**书**是第一声的。– “***Books***” is a plural form. – ***Книги*** – форма множественного числа.

以上对指涉基本类型的分析表明，在具体实现的句子中词具有语义三角形中的某一个特征。根据一些俄罗斯学者的观点，句子深层的语义内容是命题，这是句子最小的语义结构。而命题从逻辑学的角度来看，与判断一样是二元的，即由主项和谓项组成的。在指涉理论的基础上以命题的二元组合来研究句子的语义结构，一方面可以摆脱句位对语义分析的束缚，因为词与句位之间的关系并不是很有规律的，同时有些语言（如俄语）中有的句子只有一个句位，仅从这一个句位不能完整地分析句子的语义结构；另一方面，这样的研究能够反映一些语言共性的问题，能够为语言之间的对比提供一个平台。

这样，词的二方面的特征与命题的主项和谓项加以排列组合，在理论上可形成九种搭配：

	主项	谓项
1	能指	能指
2	能指	指称概念
3	能指	指称事物
4	指称概念	指称概念
5	指称概念	指称事物
6	指称概念	能指
7	指称事物	指称事物
8	指称事物	指称概念
9	指称事物	能指

俄罗斯学者阿鲁玖诺娃称这九种搭配为句子的逻辑关系。当然，这只是在理论上可能存在的九种搭配。她认为，在俄语中只存在着第 1，4，7，8，9 种逻辑关系。（Арутюнова 1976）我们认为，九种逻辑关系在语言中都有存在和表现（见下述），只不过阿鲁玖诺娃所说的五种类型更常见。

四、句子的逻辑 – 语义类型

经过仔细的归纳与概括，阿鲁玖诺娃推出了俄语中存在的具有代表性的四种逻辑关系，并称之为逻辑 – 句法类型，有的学者称之为逻辑类型。（Белошапкова 1981：76）我们认为，还是称为逻辑 – 语义类型较好。此外，有的学者提出了五种类型，增加了 1 种混合类型。（Арутюнова 1976）所谓逻辑 – 语义类型是指代表最一般的语义的句子类型。这些类型根据词汇意义和句子结构的变化还可以细化为各种子类型。应该说，句子的逻辑 – 语义类型具有泛语言的共性，但是在各种语言中的表现和构造是不尽相同的。下面，我们根据句子的逻辑 – 语义类型尝试对比三种语言。

一是等同句。这类句子体现的是主项位和谓项位上词在语义方面的等同关系，也就是说，思维运动的出发点和终点是等同的，包括了三种逻辑语义关系，即从能指到能指、从指称事物到指称事物和从指称概念到指称概念。根据等同关系在语言中的表现，又可以分出四种子类型。

1. 称名等同句，这里的等同关系是在同一个事物的两个不同的名称之间确立的（为节省篇幅，不再列举其他语言中翻译和对应的句子）。例如：

（20）周树人就是鲁迅。

（21）Sputnik is Russian equivalent to the word “satellite”.

（22）Флексия – это то же，что и окончание.

2. 指称事物等同句，即同一个事物不同的特征和属性之间的等同关系。例如：

（23）最先发明火药的是中国人。

（24）The inventor of the theory of relativity is a scientist born in Germany.

（25）Первым в мире космонавтом был гражданин Советского Союза.

3. 指称概念等同句，表达同一个事物的两个概念之间所具有的等同关系。例如：

（26）水是氢氧化合物。

（27）A straight line is the shortest distance between two points.

（28）Working in these conditions is no easy job.

（29）Богровый – это то же самое，что темно – красный.

4. 赋名等同句，这里句子所确立的是指称事物及其名称间的等同性。例如：

（30）《雷雨》的作者是曹禺。

（31）Her name is Nancy.

（32）Основоположник метода социалистического реализма – Максим Горький.

二是存在句。存在句表示事物、事件或现象在世界中的存在或不存在。由于存在的可以是事物，也可以是概念，因此存在句有两种思维运动方向：或是由指称事物向指称事物（通常是不确定意义）运动，或是由指称事物向指称概念运动。存在句在语义上可以分成两类。

1. 纯存在句。这类句子又可以分成空间存在句、时间存在句和类空间存在句。试比较：

（33）房间里在开会。

（34）每天都有新闻。

（35）The glass has water in it.

（36）There is going to be a meeting tonight.

（37）В этом парке есть дуб.

（38）Была зима 1998 года.

存在关系还可以表现在最简单的只由名词构成的称名句中，以汉语和俄语为例：

（39）春天。公园的一角。

（40）Зима. Мороз.

2．属有句。属有的主体一般为人。属有关系在三种语言里的表达不尽相同，这在本文的开始部分已有论述。属有句主要表示拥有某物或支配某物，也可以表示体貌特征、穿戴或携带的物品以及人的某种关系及生活中的外部环境和事件等。

（41）吴英梳着两条长辫。

（42）总经理有会。

（43）He was wearing an old skullcap.

（44）Now he has a job.

（45）У него никогда нет денег.

（46）С ним обморок.

三是品评句。品评关系相当于狭义理解的述谓关系，因此也可以称为纯述谓关系。品评句中的思维运动十分单一，是从指称事物到指称概念。与汉语和英语不同，俄语的品评句既有主谓结构，也有单部句结构。试比较：

（47）我睡不着。– I don’t sleep well. – Я не могу заснуть / Мне не спится.

品评句与存在句一样，属于最积极的逻辑–语义类型，因为语言思维的逻辑首先要求确定事物和事件的存在，然后才作出品评。原则上存在句需出现在品评句之前。然而现实中，某事物的存在可以受到语境的规定，为发话者和受话者双方所共知，因此往往不需要特别用存在句表达。在这种情况下，存在句是潜在的，也是可以被补充复现出来的。以汉语为例：

（48）我儿子在读大学。— 我有儿子。他（我儿子）在读大学。

品评句可以分成三种子类型。

1．关系句。关系句表达主体和与之联系的现实之间的关系，如在“他在读书”一句中，动词“读”表示的是主体（他）对客体（书）的关系，而在“飞机从上海飞往北京”一句中，动词“飞”表示的是主体（飞机）与目的地（北京）和出发城市（上海）的关系。三种语言中，许多带及物动词或运动动词的句子都是关系句。试再比较英语和俄语的句子：

（49）I met Sally.

（50）The manager approached us full of apologies.

（51）Он работает над статьей.

（52）Они поехали на дачу.

2．限定品评句。又可以分出两种基本类型，即特征品评句和状态品评句。

特征品评句。这类句子主要品评主体某个恒常持久的特征。在三种语言中通常用主谓结构的句子表达。谓语位上可用表示特征（指称概念）的形容词和名词，也可以用表示能力的动词。试比较：

（53）我弟弟是医生。

（54）他很聪明。

（55）They are efficient and warm-hearted.

（56）This is a poplar.

（57）Он не дурак.

（58）Дочка уже читает.

状态品评句。这类句子报道人物或环境的状态。通常也用主谓结构的句子表达。谓语位上多用不及物动词、形容词等，俄语中还可以用形容词短尾或无人称句。试比较：

（59）经理在忙。

（60）天黑了。

（61）She is very worried.

（62）He is in high spirits.

（63）Он болен.

（64）Меня знобит.

（65）Смеркается.

3．疏状品评句。这类句子可从空间、时间、数量以及原因、结果、目的、条件等各种逻辑制约关系进行品评。试比较：

（66）书在桌子上。

（67）会五点开。

（68）人很多。

（69）比赛因故取消了。

（70）It takes John five minutes to go to work.

（71）It weighs almost a ton.

（72）The old man was blind because of cataracts.

（73）Гроза была утром.

（74）Их было пятеро.

（75）Он приехал с целью объяснения.

从严格意义上来说，疏状品评关系（数量品评除外）一般都超出了句子最小的称名结构，在三种语言中往往还可以用复合句来表达。

四是赋名句。这类句子的功能是赋予事物以名称，或者把事物与名称相联系，因此思维的运动方向是由指称事物到能指。句中被称名的成分是主项，赋予主项的称名是编码名称。主项表示指称事物，而编码名称则既不指涉指称事物，也不指涉指称概念，仅仅体现其能指方面。赋名句的语义类别比较单一。试比较：

（76）他叫王鹏。

（77）This day is generally called August Festival.

（78）Эта вершина называется Казбек.

五是存在－等同句。混合类型：存在－等同关系和这类句子的语义比较复杂，具有综合的性质，即同时表达存在意义和等同意义，而且三种语言都用最简单的句子结构。试比较：

（79）火车！

（80）Fire!

（81）Гроза!

这类句子具有鲜明的感情色彩，主要用于口语中。

五、结 语

以上我们对汉、英、俄三种语言的句子语义进行了初步的对比，涉及的只是有代表性的句子。从理论上来讲，所有句子都可以纳入这五种逻辑－语义类型，但这需要做大量细致的工作，而一个很重要的前提是要在汉语和英语中整理出像俄语一样的句子结构模式体系，这样才能完整地体现称名学的研究目的。因此，系统和全面的对比研究还有待于进一步开展。

参考文献

[1] 奈达．奈达论翻译 [M]．谭载喜编译．北京：中国对外翻译出版公司，1986.

[2] 李勤．俄语不确定 / 确定范畴：语言手段及其言语功能 [M]．上海：上海外语教育出版社，1998.

[3] 李勤．俄语语言研究和基本方法 [C]．俄罗斯语言文化研究论文集（第一辑）．上海：上海外语教育出版社，2002.

[4] 王逢鑫．英语意念语法 [M]．北京：北京大学出版社，1989.

[5] Bussmann H．语言与语言学词典 [Z]．北京：外语教学与研究出版社，2000.

[6] АН СССР. Русская грамматика Т.1 [Z]. М.: Наука, 1980.

[7] Арутюнова Н.Д. Предложение и его смысл[М]. М.: Наука, 1976.

[8] Белошапкова В.А. Современный русский язык[Z]. М.: Изд-во МГУ, 1981.

[9] Всеволодова М.В. Теория функционально-коммуникативного синтаксиса[М]. М.: Изд-во МГУ, 2000.

[10] Крылова О.А., Максимов Л.Ю., Ширяев Е.Н. Современный русский язык. Теоретический курс[М]. М.: Изд-во РУДН, 1997.

[11] Русский язык. Энциклопедия[Z]. М.: Науч. изд-во «Большая Российская Энциклопедия», 1997.

[12] Соссюр Ф.де. Курс общей лингвистики[C]. //Введение в языковедение. Хрестоматия. М.: Аспект Пресс, 2000.

（本文原载于《外国语》2005 年第 4 期）

许 宏

女，1968年出生，博士（后），教授，博士生导师。

现任上海外国语大学俄罗斯东欧中亚学院院长，兼任教育部高等学校外国语言文学类专业教学指导委员会委员、俄语专业教学指导分委员会副主任委员，中国俄语教学研究会副会长，中国俄罗斯东欧中亚学会常务理事，中国—中东欧国家智库交流与合作网络理事，教育部人文社科重点研究基地黑龙江大学俄罗斯语言文学与文化研究中心学术委员会委员，教育部国际司区域国别研究基地上外俄罗斯研究中心学术委员会委员，《中国俄语教学》编委会委员。

1991年毕业于华东师范大学，获学士学位。1994年毕业于上海外国语大学，获硕士学位，同年留校任教。2003年毕业于俄罗斯国立莫斯科大学，获博士学位。2008年完成黑龙江大学外国语言文学博士后流动站研究工作出站。

长期从事俄语教学工作，主攻俄语语言学研究。发表学术论文五十余篇，出版专著、教材近二十部。主要著作与教材包括《西方语言哲学与俄罗斯的语用学研究》«Полифункциональная лексика русского языка. Проблемы русско-китайских словарей»《俄语综合教程3》《俄语综合教程4》《新编俄语教程1》《新编俄语教程2》《大学俄语听力教程1》等。先后主持国家社科基金项目2项以及教育部人文社科项目、上海市人民政府决策咨询项目、教育部国别和区域研究指向性课题、上海高校本科重点教改项目等多项省部级课题。

2020年获教育部课程思政示范课程、课程思政教学名师，2019年所授课程获首批国家级一流本科课程，2018年获宝钢优秀教师奖，2017年获上海市级教学成果一等奖、校教学成果特等奖，2019年获上外教育奖励基金路桥教学科研奖，2016年获上外优秀科研成果学术奖—论文类三等奖，2015年获上外教学成果一等奖，2014年获上外教育奖励基金教学科研一等奖，2013年获上外优秀科研成果奖学术奖—专著类一等奖，2009年获第一届全国高校专业俄语优秀论文三等奖等。

浅谈俄语学术语篇中的元话语 [1]

许　宏

摘　要： 学术语篇是反映科学思维操作的连贯话语，其中属于典型思维操作的有引入话题、提出假设、证明结论、援引事实和证据、得出结论等。元话语是学术语篇中标记这些思维操作的典型语言手段，学术语篇中的元话语手段除了常见的话语词外，还有相当一部分是属于学术语篇特有的元话语，如心智施为句、间接心智施为句、由一般科学名词和施为动词构成的动名组合以及由一般科学词汇构成的典型套语等。

关键词： 元话语；俄语；学术语篇

一、关于元话语

1978年，韦日比茨卡（А. Вежбицка）在《语篇中的元话语——以波兰语为例》（Метатекст в тексте "на материале польского языка"）一文中指出，许多独白语篇中都隐藏着双声部，也就是说，语篇是由"关于事物的话语"和"关于话语本身的话语"构成的，说话者借助元话语解释话语本身的某个方面。"关于事物的话语被说明话语的话语用'线'装订起来。在某种意义上这些'线'可以将关于事物的话语缝制成紧密的一个整体，使其具有很强的关联性。"这些"元话语"赋予语篇相关性，但其本身却是"异质的物体"。在分离这些异质成分时，"我们可以借助'剪刀'将双声性语篇中属于'元声部'的那部分即'元话语'剪切出来"。（Вежбицка 1978：403-405）

巴赫金语言哲学能让我们认识元话语的本质。巴赫金（М.М. Бахтин）认为"言语本质上具有对话性"。（巴赫金 1998a：194）他认为，不存在孤立的话语，话语和

1　本文系国家哲学社会科学基金项目"俄语话语词的多维研究"（项目编号：11BYY125）及上海外国语大学校级一般科研项目"俄语话语词的语义语用研究"（项目编号：2008114010）阶段性成果。

他人话语、说话者和他人处在程度不同的对话关系中。“对话关系（其中包括说话人对自己语言所采取的对话态度）是超语言学的研究对象。”（巴赫金 1998c：241）“没有逻辑关系和指物述事的语义关系，就全然没有可能出现对话关系。但对话关系又不可归结为前两种关系，对话关系有它自己的特点。”（巴赫金 1998c：243）这里所说的特点正在于其超语言属性。“不同表述之间的对话关系（这种关系也渗进每个表述的内部），属于超语言学。这种对话关系从根本上说，不同于语言体系中以及单个表述中各要素之间一切可能出现的语言学体系。”（巴赫金 1998b：318）可以说，元话语是语篇对话性的直接体现：说话者为引导受话者更好地理解语篇而使用元话语，这是说话者期待被理解后参与对话的表现；表达对命题内容和受话者的评价、呼吁受话者参与的元话语，是直接的对话表现。元话语即是说话者和受话者的对话交际手段。

韦日比茨卡正是依据巴赫金的上述理论引进了元话语概念，其借助元话语解释受话者理解说话者的进程：受话者不仅将他所听到理解的句子“翻译”成自己的思维语言，而且捕捉到这些句子间的联系，“揭开整体的思维结构”，从而掌握、理解他所听到的。说话者在此刻所说的话（如 Начинает говорить...; Делает оговорку...; Переходит к основной теме...; Резюмирует...; Отвечает...）在听者（或者作者，也可能是篇章的注释者）的意识中产生了“双声性语篇”，即听者所理解的连贯话语本身及其注解。（Вежбицка 1978：403-405）韦日比茨卡认为，元话语主要是由插入词和带有“言语”意义成分的短语（如 В этом разделе я буду говорить о...; Потом перейду к...; В заключение я представлю...; До сих пор я говорил о ...; Затем я займусь...; Итак; Потом; Наконец）构成，其功能主要在于阐明“主语篇的含义”，换句话说，韦日比茨卡将元话语界定为在某个言语语境中有关当下言语的话语。

自韦日比茨卡提出 метатекст 这一术语后，元话语成为了语篇分析领域的研究热点。除了 метатекст 以外，俄罗斯学者们使用的术语还包括 метадискурс, метаречь, метакоммуникация 等。里亚布采娃（Н.К. Рябцева）将 метадискурс, метаречь 和 метатекст 视为近义词。她认为：“元话语——这是一种交际‘指示’（дейксис），指示所述内容的主题及语篇的组织、结构和关联……元话语揭示了说话者在叙述内容时的信息行为。”（Рябцева 1994：90）里亚布采娃还认为交际模态是语句的必备特征，XE“交际模态”是形成相应的信息、言语行为 XE“言语行为”和评价语句 XE“评价语句”的手段。显性的交际模态是说话者对自己的交际状态进行反思的结果，其作用在于使交际现实化。例如：

（1）Что вы имеете в виду?

（2）Зачем вы это мне говорите?

（3）Это вопрос или просьба?

显性的交际模态常常体现在元话语中。对于交际内容而言，元话语属于次要的、辅助的，它的出现得益于说话者的自指能力，它标记着说话者对交际状态的意识，反映在元话语中的交际反射使言语主体转化成意识主体。（Рябцева 1994：89-92）

帕杜切娃（Е.В. Падучева）在其专著《语义研究》（Семантические исследования）中从以说话者为言语和意识（包括感觉）主体的“言语自我中心成分”（эгоцентрические элементы речи）中区分出了“元叙述成分”（метаповествоватсльные элементы）。她指出：“因为它的说明中包括‘言说’动词，所以按照语义说话主体需用元话语表达。”（Падучева 1996：277）沙伊米耶夫（В.А. Шаймиев）认为，元话语是一种“语用—语境的言语构成，它反映并操纵具体的主语篇（对象语篇）的生成、解释并（或者）理解的具体语境”。他认为语篇的元话语成分“指示了语用信息：语篇发出者（作者、编者、编辑、注释者等）的意向、语篇或者其作为创作客体的成分的名称、语篇展开的事实、语篇在其展开过程中的名称，语篇的受话者等。”（Шаймиев 1996：89）罗斯托娃（А.Н. Ростова）认为，元话语是“旨在指明语码的话语的一种变体”。（Ростова 2000：60）弗谢沃洛多娃（М.В. Всеволодова）指出，建立双声性语篇的主要成分是元话语，作者用它来“减轻受话者对语篇的理解并更完整地掌握语篇”。（Всеволодова 2000：348）在弗谢沃洛多娃看来，属于元话语的有直接引语、间接引语、准直接引语、插入结构等。

虽然学者们关于元话语的定义各有侧重，但研究者们都强调元话语存在的重要性，对其功能的认识基本一致：元话语有助于引导受话者理解语篇的命题内容，体现说话者对所述内容及受话者的态度，是一种“语用指令”（прагматические инструкции）。（Апресян 1995：15）

二、俄语学术语篇中的元话语手段

本文所研究的学术语篇主要指学术论文，它既是进行科学研究的一种手段，又是描述科研成果的一种工具。学术语篇通常体现具有开拓性的研究和探索，作者（即说话者）借助它将其思维过程、论证过程和思维结果用语言记录并表达出来。学术语篇所属的科技语体最一般的特点是“叙述的抽象概括性和高度的逻辑性”。（Кожина 1983：78）科学真理本身无所谓逻辑性，但是涉及到如何在学术语篇中论证、传递科学规律时，逻辑问题就表现出来了。学术语篇与其他体裁语篇的不同之处不仅在于规范性和丰富的专业术语，还在于特殊的叙述方式：语言文字要准确明白，推理要符合逻辑。因而，信息内容发展的显性指示，即元话语的正确合理使用显得尤为重要。它不仅能够保证读者正确解读语篇所提供的信息，而且能够帮助作者合理地逐层组织语句。

元话语的语言表达手段多种多样，它在语篇中会以一些独特的话语形式为标记，结构基本固定或半固定。整体来看，学术语篇中的元话语主要来源有语气词（даже，ведь）、插入词（наконец，во-первых）、连词和关联词（однако，следовательно）、副词（поэтому，напротив）、情态词（возможно，бесспорно）、词组（短语或结构组合）（по этой причине，иными словами）等常用的话语词。这些元话语在语篇中能将命题或不同话语联系起来，从而形成连贯语篇，指示句子之间、超句统一体之间的语义关系。虽然在有些情况下，信息本身的逻辑关系非常清楚，元话语并不能起到决定性的作用，但是正如苏联科学院 1980 年出版的《俄语语法》中所指出的，这些成分的使用目的"更多的是为了使各句子间的联系具体化"。（Шведова 1980：713）学术语篇不仅是作者客观叙述研究成果的过程，而且还是一种主观地重构研究活动的过程。因此，部分元话语在语篇中表达的是作者的观点、态度及对命题的主观评议。学术语篇中的元话语除了常见的话语词外，有相当一部分属于学术语篇特有的元话语，主要包括以下几类：

一是"心智施为句"（ментальные перформативы）。心智施为句这一概念由里亚布采娃首先提出。她在研究科学话语时指出："言语行为不仅能完成社会的（合理规范的）行为，而且还能完成心智行为。"（Рябцева 1992а：12）相对于完成社会行为的奥斯汀所言的施为句（如 Объявляю митинг открытым），里亚布采娃将完成心智行为的语句称为心智施为句（如 О твлечемся от параметра Р）。里亚布采娃认为："心智施为句作为语句的一种，就是说话者在说出它时就等于在推论的过程中完成了某个思维操作。"（Рябцева 1992а：26）如果说完成社会行为的施为句其意向目的是改变社会空间，那么心智施为句的意向目的则是改变心智空间：前者的基础是有意义的社会活动，后者的基础则是有意义的心智活动和思维操作。可以说，心智施为句是思维操作最明显的标记，它指示并确定了推论的相应步骤，构建了语篇的内容。

心智施为句中含有心智施为动词，这些动词的主要特征为：采用第一人称（较多用复数第一人称）将来时或现在时形式（如 ниже представим, особо подчеркну，выделяем），与情态词或评价词连用（如 надо отметить，интересно отметить），同副动词短语连用（如 соглашаясь с этим мнением, укажем; резюмируя проведенное выше обсуждение, отметим）；采用无人称形式（如 предполагается, что...; утверждается, что...），采用假定式形式（如 можно было бы утверждать）。虽然这里施为动词采用了不同的语法形式，但是“重要的是所有这些施为形式的意义都没有变化”（Рябцева 1992a：13），说话时刻即为 XE“请求（言语行为）”动词所表示的行为完成的时刻。

二是描述性的（间接）心智施为句。里亚布采娃认为，心智施为句可以用于描述（Рябцева 1992a：25），即句中的心智施为动词不用于表示施为，而用于描述。这类句子不具备施为句的外部形态特征，它们或用于借代（如 ниже примеры приводятся в фонематической записи 代替规范的施为句 ниже мы приводим примеры в фонематической записи），或用于建立语篇语句间的相互联系（如 как уже отмечалось выше, что; выше мы уже указывали, что）。

三是由一般科学名词（如 вопрос，гипотеза，синтез，анализ，система，функция，понятие）和心智施为动词构成的固定的动名组合，例如 подвергать рассмотрению，проводить сравнение，ввести понятие。这里的一般科学名词通常是用来称谓科学认识活动机制的抽象名词，多为常用词，其元话语功能只有在具体使用语境中才能明确。

四是由一般科学词汇构成的典型套语，例如 по моему мнению，не вызывает сомнения，наша гипотеза состоит в том，в заключительной главе делается вывод о чем，как следует из приводимых ниже примеров，статья посвящена какой проблеме，речь идёт о чем。学术语篇中使用频率颇高的这类典型套语在构建科学信息时起了重要的作用，这类套语包括不同语义和语法类别的词或词组，它们独立于具体的对象领域，带有固定性的特点。

三、标记思维操作的元话语

学术语篇的内容——科学知识不仅是作者认识活动的结果，而且也是认识活动的过程。客观知识决定了作者在语篇中应采取何种类型的言语去阐述和论证它，而主观知识不仅要以逻辑语义联系为前提，而且还要以作者的思维操作为前提。因而可以说，学术语篇是反映科学思维操作的话语行为的逻辑上互相关联而成的连贯话语，而作者的思维操作过程是有一定规则的。里亚布采娃曾有过这样的描述：学术语篇有它自己的“情节内容”，其原型结构包括“开端”：设定任务、提出问题、引入研究对象、约定术语，这是指出“不知”（незнание）；然后是“展示”，展示从“不知”

到“知”的过程：提出假设，运用论据、例子，加确信息，强调重点，从已有知识和事实中得出推论等；最后是“高潮”：叙述结论、结果、新知的意义等。（Рябцева 1992a：19-20；Рябцева 1992b：64）我们认为，如果将语篇视为最后的成品，那么元话语就是作者在这一成品中留下的思维痕迹，从这些痕迹中我们可以观察到作者思维的操作过程，因而将学术语篇中标记这些思维操作的典型语言手段划分出来是非常有必要的。莫斯科大学的博利沙科娃（Е.И. Большакова）和巴耶娃（Н.В. Баева）在《科学语篇话语结构的自动分析》（Автоматический анализ дискурсивной структуры научного текста）一文中指出：“属于典型思维操作的有证明结论、提出假设、引进术语和概念、援引事实和例证、得出结论等。”（Большакова и Баева 2004：http://www.dialog-21.ru/Archive/2004/Bolshakova.htm）我们将里亚布采娃有关学术语篇结构的认识加以细化，再结合博利沙科娃和巴耶娃的观点，把俄语学术语篇中的元话语分成以下若干类：

1．提出问题，激活话题（Постановка проблемы, актуализация темы）

这类元话语的主要作用就是标记问题，或一个新话题的提出，或话题的转换、偏离和返回等，包括 обсудим, перейдем к рассмотрению, продолжим рассмотрение, вернемся к, остановимся подробнее на, затрагивается вопрос, ставится проблема, статья представляет собой описание 等。例如：

（4）Ниже мы обсудим некоторые возникающие осложнения... (И. Богуславский)[1]

（5）Перейдем к вопросу о том, выражен ли в высказывании с союзом «собственно а сравнения» результат сравнения. (Е. Урысон)

2．给出定义（Давание определения）

学术论文中常有许多重要或抽象的概念需要先下定义，才能展开后续的探讨。与此相关，有一类元话语表现为连接被定义项和定义项之间的标记语，包括 определим, будем называть, под чем будем понимать, чем называется что, по определению 等。例如：

（6）Тривиальной областью действия лексемы А называется та лексема В данного высказывания, с которой А непосредственно связана и синтаксически, и семантически. (Ю. Апресян)

1 本文中的例子皆选自俄罗斯科学院语言研究所编辑出版的学术期刊«Русский язык в научном освещении»（2001-2005）。

（7）Будем называть эту лексему «опустошенное а сравнения». (Е. Урысон)

3．提出假设（Выдвижение гипотезы）

学术论文中作者通常在指出需研究的问题后要提出研究假设，与此相关的元话语包括 предположим, допустим, попробуем, выдвинем гипотезу (предположение), возникает гипотеза, если допустить, можно допустить, можно сформулировать гипотезу, наша гипотеза состоит в том 等。例如：

（8）Можно было бы предположить, что само отсутствие связи (полу) сознательно маскирует образ Хл в начале довольно-таки откровенного далее отрывка. (В. Григорьев)

（9）Наша гипотеза состоит в следующем: глагол здесь выбирается по «остаточному» принципу. (Т. Янко)

（10）Если допустить, что словное удвоение есть способ выражения грамматических значений, необходимо четко определить... (О. Крючкова)

4．加确补充信息（Уточнение и добавление информации）

该类元话语表示其后出现的成分将补充说明之前出现的成分，从而限制其外延。这类元话语包括 в частности, при этом, в дополнение к, более того, также, кроме того, более того, сверх того, уточним, добавим, дополним, поясним, возможно уточнить 等。例如：

（11）Приведем в дополнение к рассмотренному материалу еще только один пример — глагол *будить*. (Ю. Апресян)

（12）Добавим, что по тем же причинам естественно отнести к семантическим примитивам и одну единицу из класса показателей кореферентности. (Е. Урысон)

5．强调信息，引起关注（Подчеркивание информации，актуализация внимания）

该类元话语用来突出、强调内容方面的重要成素，提请读者注意力集中，从而使读者更容易理解作者的思想。属于这类元话语的包括 прежде всего, отметим, особо подчеркнем, особо укажем, обратим внимание на, следует подчеркнуть, важно подчеркнуть, нельзя упустить из виду, нельзя обойтись вниманием, особое внимание следует обратить на, большое внимание уделяется 等。例如：

（13）На этом фоне особо важно отметить, что семантика — не единственный (и, возможно, не главный) фактор, влияющий на сочетаемость. (Д. Добровольский)

（14）Особо подчеркну, что изучение непротиворечивости как таковое нельзя обвинить в общественном безразличии или эгоцентричности. (А. Богуславский)

6．换言注释（Введение иной формулировки）

这类元话语标记言语表述方式的转换，作者用它将前后表述方式不同但意义相近的描述连接起来，常见的包括 то есть, или, а именно, по-иному, иначе, иначе говоря, иными словам, другими словами говоря 等。如：

（15）Иначе говоря, значение *сей* в данных конструкциях является дейктическим. (А. Майоров)

（16）Иными словами, подразумевалось, что каждая нетолкуемая лексема участвует в толковании других единиц языка. (Е. Урысон)

7．比较，对比（Сравнение и противопоставление）

作者借助这类元话语从某一角度来比较或对比两件事，它们之间或有差异，或情况相反。常见的包括 с одной стороны, в отличие от, в противоположность, по сравнению с, вместе с тем, в то время как, напротив, наоборот, и всё-таки, аналогичным образом, таким же образом, подобно этому, между тем, сравним, сопоставим, необходимо сопоставить 等。例如：

（17）Но, в отличие от компьютеров, мы сами выбираем свои программы, свои предпочтения. (Г. Золотова)

（18）Сопоставим теперь поведение рефлексивного местоимения (себя, свой) и нерефлексивных личных и притяжательных местоимений (мой, его...). (И. Богуславский)

8．援引实例（Иллюстрация и приведение примеров）

这类元话语的功能就是引出例子和证据，为论证服务。学术论文中实例的出现频率是很高的，它们在客观上能使话语具有实据性，而且也展示了作者对讨论话题的熟悉程度。常见的包括 например, так, к примеру, подтверждаем примерами, показываем на примере, остановимся на примерах, обратимся к примерам, уместно привести цитату, примером является, примером может служить, для иллюстрации приводятся примеры, в качестве примера можно рассмотреть 等。例如：

（19）Проиллюстрируем на примере нескольких глав，как описаны места в первой книге. (В. Аннушкин)

（20）Классическим примером здесь могут служить общеотрицательные предложения. (Н. Шведова)

9．表达意见、评价（Выражение мнения и оценивание）

这类元话语表达作者对命题的主观评议，它涉及主体的态度，能够使话语信息显得更客观、更严谨、更周密。例如：对于一些无定量或无定指的元话语（如 в некоторой степени, немного），作者借助其在范围、程度、数量上的伸缩性，使一些作者个人认为正确但事实又不能完全肯定的话语更加接近实际情况，避免得出主观的结论。而当作者对自己的论述有很大把握的时候，作者也会使用明确表达的元话语来强调某个命题的确定性，强调作者的话语权，常见的包括 с достаточной степенью, как известно, общеизвестно, очевидно, по-видимому 等。此外，作者还可使用 целесообразно считать, к сожалению 等评价性元话语对话语中的命题进行评价，或对自己的言语行为进行评价。例如：

（21）Таким образом, культурный дискурс в какой-то степени определяет социальную практику поведения. (Р. Ратмайр)

（22）Исследование языковой картины мира находится, очевидно, на границе лингвистики и других наук. (А. Зализняк)

（23）Интересно, что у Достоевского встречаются контексты с наречием *чрезвычайно*, в которых нестандартность словоупотребления оговаривается эксплицитно. (Д. Добровольский)

10．总结概括（Подведение итогов）

这类元话语的功能在于把前面已经说过的话加以归纳，强调语句和前面语句的因果关系，引导读者领会结论。这种归纳主要是帮助读者掌握作者的意图，标示话题的结束。属于这类元话语的主要有 таким образом, итак, словом, в итоге, следовательно, в конечном счете, подводя итог, короче говоря, вообще говоря, суммируя вышесказанное, подытожим, заключим, можно заключить, можно сделать вывод, из этого следует (можно заключить,вытекает и др.) 等。例如：

（24）Итак, подводя итоги обсуждения примера (2) и другого сопутствующего материала, отметим, что в русском языке существует не один, а несколько интонационных показателей незавершенности текста. (Т. Янко)

（25）Таким образом, можно сделать вывод о преобладании дефисного написания прилагательных терминологического характера. (О. Онацкая)

四、结 语

学术语篇中元话语手段丰富多样。本文只是简要概括了俄语学术语篇中表达人类思维操作的元话语的一些类型表现。应该指出的是，虽然这些元话语也用于其他语体，但在科学语言中更典型、更常见。元话语尽管不是话语的核心内容，而只是一种辅助性的手段，与命题内容没有太大的关系，但语言的多功能性决定了元话语的使用对于说话者实现话语意图有着重要的意义，它们的使用也是语篇生成过程中的重要一环。对元话语进行研究的理论意义在于可为学术语篇的生成研究提供一个新的角度，而正确理解并使用元话语对于学术阅读和写作也有着突出的实践指导意义。

参考文献

[1] 巴赫金.《言语体裁问题》相关笔记存稿 [C]. 史铁强译. // 钱中文. 巴赫金全集（第四卷）. 石家庄：河北教育出版社，1998a.

[2] 巴赫金. 文本问题 [C]. 晓河译. // 钱中文. 巴赫金全集（第四卷）. 石家庄：河北教育出版社，1998b.

[3] 巴赫金. 陀思妥耶夫斯基诗学问题 [C]. 白春仁，顾亚铃译. // 钱中文. 巴赫金全集（第五卷）. 石家庄：河北教育出版社，1998c.

[4] Апресян Ю.Д. Избранные трудыю. Т. II. Интегральное описание языка и системная лексикография [M]. М.: Языки русской культуры, 1995.

[5] Большакова Е.И., Баева Н.В. Автоматический анализ дискурсивной структуры научного текста [C/OL]. 2004-06-18 [2010-03-07] http://www.dialog-21.ru/Archive/2004/Bolshakova.htm.

[6] Вежбицка А. Метатекст в тексте (на матириале польского языка) [C]. //Николаева Т.М. Новое в зарубежной лингвистике. Вып. VIII. М.: Прогресс, 1978.

[7] Всеволодова М.В. Теория функционально-коммуникативного синтаксиса: Фрагмент прикладной (педагогической) модели языка [M]. М.: МГУ, 2000.

[8] Кожина М.Н. Стилистика русского языка [M]. М.: Просвещение, 1983.

[9] Падучева Е.В. Семантические исследования [M]. М.: Языки русской культуры, 1996.

[10] Ростова А.Н. Метатекст как форма экспликации метаязыкового сознания [M]. Томск: Издательство Томского университета, 2000.

[11] Рябцева Н.К. Ментальные перформативы в научном дискурсе [J]. Вопросы языкознания, 1992a (4).

[12] Рябцева Н.К. Мысль как действие, или риторика рассуждения [C]. //Арутюнова Н.Д. Логический анализ языка: Модели действия. М.: Наука, 1992b.

[13] Рябцева Н.К. Коммуникативный модус и метаречь [C]. //Арутюнова Н.Д. Логический анализ языка: Язык речевых действий. М.: Наука, 1994.

[14] Шаймиев В.А. Композиционно-синтаксические аспекты функционирования метатекста в тексте (на материале лингвистических текстов) [J]. Русский текст, 1996(4).

[15] Шведова Н.Ю. Русская грамматика. Т.1: Фонетика. Фонология. Ударение. Интонация. Словообразование. Морфология [M]. М.: Наука, 1980.

（本文原载《解放军外国语学院学报》2011 年第 3 期）

蒋勇敏

女，1969 年出生，博士，副教授，
硕士生导师。

1991 年毕业于上海外国语学院，获学士学位，同年留校任教。2000～2004 年，作为国家公派留学人员，就读于俄罗斯莫斯科国立大学语文系，先后获硕士和博士学位。长期从事俄语专业核心和必修课程的教学工作。主要研究方向为现代俄语词汇语义学和功能语法学，学术兴趣表现在对汉俄翻译理论与技巧的研究方面。代表性学术论文有《俄语数量名词的功能类型》《俄语计量名词的分类原则及功能特点》等；作为第一作者参编了国家级规划教材《汉俄翻译教程》。

论俄语中数量成语与名词的组合关系

蒋勇敏

摘　要： 为了形象描述或主观评价日常现实事物的数量特征，俄语中广泛使用名词性数量意义的成语表达手段。母语非俄语的学习者，若要正确规范地运用此类单位，则不仅应当了解其作为若干组俄语同义成语列的聚合关系特点，而且还必须明确其与表示数量特征载体名称的名词之间的组合关系，尤其是二者搭配时在句法、语义和修辞方面的制约规律。

关键词： 数量成语；组合关系；句法限制；语义限制；修辞限制

一、引 言

自古以来，数量都是人类认知和描述外部世界的重要范畴，其语言表达手段在我们日常生活、生产实践和科学研究中必不可少，因而长期在语言学领域得到广泛而深入的研究。20 世纪 90 年代末，在俄罗斯著名语言学家邦达尔科（А.В. Бондарко）的主持下，俄语功能语法理论研究取得了实质性进展，见证这一事实的是六卷本系列丛书《功能语法理论》（Теория функциональной грамматики）的相继问世；而在第五卷《质量范畴 · 数量范畴》（ТФГ 1996）第二部分《数量范畴》（Количественность）中所呈现的学术成果，则将有关数量语义范畴的功能语法理论推向了一个新的高度，并在之后的二十余年中对该课题的进一步研究起着积极的指导作用。

数量范畴同时是"科学世界图景"和"语言世界图景"这两种不同类型现实表象的独特片断，前者具有客观性和通用性，而后者表现出主观性和独特性。在语言学研究框架内"运作"的通常是"反映世界日常生活概念"的后者。（Урысон 2003：11）在日常生活中，人们根据数量特征载体的性质不同，将其分为"事物数量特征"和"动作 / 行为数量特征"；在语言学研究中，学者们根据表示数量特征载体词语的词类属性不同，将数量范畴分为"名词性数量范畴"（именная количественность）和"动词性数量范畴"（глагольная количественность）。在现代俄语"数量功能语义场"中充分体现该语言特性的区域是反映事物数量特征的"名词性数量功能语义次场"。

从词汇语义学的角度来看，我们所研究的是若干组与表示各种数量意义的定量数词（один，тринадцать）、不定量数词（много，мало）和形容词（большой，маленький）等俄语实词语义功能对应的俄语"同义成语列"（фразеологический синонимический ряд）；从语言文化学的角度来看，这是承载俄罗斯民族语言文化、表达母语操持者对事物数量特征认识和感受的"现成"语言单位。语料表明，为了生动描述或主观评价日常现实事物的数量特征，与词汇表达手段（即上述同义单词）相比，俄语中更加广泛、频繁地使用成语表达手段。

然而，成语远非在任何语境中都能取代同义单词，对母语非俄语的学习者来讲，正确规范地用俄语成语来表情达意并非易事。为了揭示俄语中"名词性数量意义的成语表达手段"（以下简称"数量成语"）的使用特点，除了应当了解这类单位的聚合关系特点，还必须明确其与"表示数量特征载体名称的名词"（以下简称"名词"）之间的组合关系，尤其是二者搭配时在句法、语义和修辞方面的制约规律。

二、句法限制

俄语成语不仅具有词汇意义，而且存在语法范畴。证实前者的依据是，成语与某个（或某些）单词之间具有同义关系；证实后者的理由是，成语与其所在句中单词之间存在某种方式的联系。词汇意义和语法范畴构成了成语的内容，与之相关的是成语的词汇—语法特征，（ФСРЯ 1987：8）该特征决定了成语所履行的句法功能。

（一）数量成语的词汇—语法特征

正如词类的划分为俄语单词的语法研究提供了操作上的便利，词汇—语法类别（лексико-грамматические разряды）的划分为俄语成语语法特征的描述创造了条件。根据所具词汇—语法特征，俄语数量成语可划分为以下四种类型：

1．名词性成语（именные фразеологизмы）：тьма тьмущая; рожки да ножки, вагон и маленькая тележка; чёртова дюжина, чёртова пропасть; великое множество, астрономическая цифра (астрономическое число), несметное число, считанное число; нетолчёная труба, непочатый край (угол), разливанное (разливное) море, малая толика, полтора человека, капля (песчинка) в море 等；

2．动词性成语（глагольные фразеологизмы）：не знать счёта, не занимать стать, девать некуда, по пальцам можно пересчитать (перечесть, сосчитать); хоть пруд пруди, хоть мосты (улицы) мости, хоть отбавляй, хоть завались 等；

3．形容词性成语（адъективные фразеологизмы）：один-одинёхонек (-одинёшенек), один-единственный; с горошину, с ноготок, с мизинец, с кулак; с булавочную головку, с голубиное (куриное) яйцо, с лошадиную голову, с воробьиный нос, с коровий носочек; с гулькин нос 等；

4．动词—命题性成语（глагольно-пропозициональные фразеологизмы）：бог знает сколько, чёрт на печку не вскинет, имя же им – легион, дверь на петлях не стоит, кот наплакал 等。

从语法单位层级上讲，前三种类型的成语是词组，而所谓的“动词—命题性成语”则是句子，而且“通常都是双部句”；（ФСРЯ 1987：8）前三种成语类型的划分标准为：根据词组的语法中心词或者词组所对应的同义单词的词类属性。

（二）数量成语的句法功能

俄语成语的词汇—语法特征决定了其句法功能，上述四种类型的俄语数量成语在履行句法功能时，表现出以下规律：

1．它们在大多数情况下均可在句中用做简单谓语或合成谓语的一部分。例如：

（1）Горя на путях войны, он видел столько, что свое ему теперь казалось **каплей в море**.（Н. Рыленков. У разоренного гнезда）（战争路上的痛苦他见得多了，以至于自己的痛苦他现在觉得只是**沧海一粟**。）

（2）Буслаев，Ешевский，Сергиевский – разве не вся Россия знает их как самых смелых бойцов науки и образования? Равных им **можно по пальцам перечесть**.（В. Ключевский. Из переписки）（布斯拉耶夫、叶舍夫斯基、谢尔吉耶夫斯基，莫非他们不是全俄皆知的最勇敢的科学和教育斗士吗？与之比肩者**屈指可数**。）

（3）Чехов рассказывал Лейкину в начале июля: «У меня гостей – **хоть пруд пруди**. Не хватает ни места, ни постельного белья, ни настроения, чтобы с ними разговаривать и казаться любезным хозяином».（А. Кузичева. Чехов. Жизнь «отдельного человека»）（契诃夫曾在七月初对列伊金讲："我家宾客**如云**。地方、卧具都不够，我无心与客交谈和尽地主之谊。"）

（4）Она кушает, а я с беспокойством по карманам шарю, смотрю рукой, сколько у меня денег. А денег – **с гулькин нос**.（М. Зощенко. Аристократка）（她吃着，而我不安地摸遍衣袋和裤兜，用手搜寻着自己有多少钱。可钱**只有一点点儿**。）

（5）У самих хлеба осталось – **кот наплакал**, а ты его, черта горбатого, содержишь, кормишь каждый день.（М. Шолохов. Тихий Дон）（你们自己剩下的口粮**少得可怜**，而你却把他这个驼背的鬼东西养着，每天都给吃的。）

2．一些名词性数量成语可单独在句中用做主语，例如：

（6）– Где полк, Сергей Сергеевич? Каким образом ты от него отбился? – От нашего полка остались **рожки да ножки**. Нет больше такого полка в Одиннадцатой армии.（А. Толстой. Хождение по мукам）（"团在哪儿呢，谢尔盖·谢尔盖耶维奇？你是怎么掉队的？我们团只剩下**几员残兵败将**，这样的团在第11军绝无仅有。"）

（7）Должны прийти все, а пришло **полтора человека**.（刘泽荣《俄汉大词典》）（本应所有人都来，可只来了**一两个人**。）

3．形容词性数量成语还可在句中用做定语，例如：

（8）Молодой человек сказал **одно-единственное** слово, которое можно было считать объяснением в любви.（Большой вопрос. ru <http://www.bolshoy vopros.ru/questions/2129011>）（年轻人说了**唯一**一句可被认为是爱情表白的话。）

（9）В Москве и Подмосковье прошёл град размером **с куриное яйцо.**（Взгляд.ru <http://vz.ru/news/2016/8/30/829670.html>）（莫斯科市区和近郊下了一场颗粒**如鸡蛋**

般大的冰雹。)

可见，俄语数量成语的句法限制表现在：它们不能充当所有的句子成分，基本上都能用作谓语，但能充当主语和定语的成语单位在类型或数量上有限。

（三）数量成语与名词之间的句法关系

如同俄语单词之间存在一致、支配和依附语法联系方式一样，俄语成语与单词之间也存在这三种句法关系。（ФСРЯ 1987：8）语料分析结果表明，我们所研究的两种单位之间的句法关系类型为：

1．一致关系

这种语法联系方式出现在形容词性或动词性数量成语与名词之间。例如：

（10）При последней мысли Домна чувствует, как она начинает вся холодеть. Ей уже представлялось, как она останется **одна–одинёшенька** в чужой семье.（Д. Мамин-Сибиряк. Ночь）（当脑海中闪出最后一念时，多姆娜觉得自己开始全身发冷。她已想象过自己**孤孤单单**寄人篱下的情景。）

（11）В кустах змеи да гады всякие **кишмя кишат**, а в парке звери дикие воюют.（Салтыков-Щедрин. Дикий помещик）（灌木丛里一条条蛇和各种各样的爬虫在**密密麻麻地蠕动**，而园林里野兽们在争斗。）

2．支配关系

这种语法联系方式仅出现在动词性数量成语与名词之间。例如：

（12）У нас сад под Минском, яблоки **девать некуда**.（О. Ждан. Во время прощания）（我们在明斯克市郊有个果园，苹果**多得没处放**。）

（13）**По пальцам можно перечесть** все ее экранные и театральные работы.（Ф. Раневская. Философ с папиросой в зубах）（她全部的银幕和戏剧作品**屈指可数**。）

（14）«**Нет отбоя** от клиентов»（Заглавие книги Майкла Порта）（《客户**应接不暇**》）

值得一提的是，表示“很多”或“很少”意义的俄语数量成语与名词的组合通常都能与结构模式为“много / мало + кого-чего”的自由词组形成同义关系，母语非俄语的学习者常常会受后者的影响而将前者组合中的名词也都用第二格的形式表示，然而，俄语中前者的实际使用情况并非如此，组合中的名词可能以其他间接格的形式出现。例如：

1. 第三格形式

（15）Пятнадцать лет тому назад он **не знал счёта** своим миллионам, теперь же он боялся спросить себя, чего у него больше – денег или долгов?（А. Чехов. Пари）（15 年前他**任意挥霍**百万钱财，而如今他却怕问自己什么更多，钱还是债？）

（16）Врагам же **несть числа** – их больше, чем голодных волков в лесу.（Е. Полонская. Свежее преданье）（敌人**多不胜数**，多过林中饿狼。）

2. 第四格形式

（17）Древние наши церкви，построенные иностранцами，**можно сосчитать по пальцам**，– их，может быть，и десятка нет...（В. Стасов. Выставка живописи и архитектуры）（我国由外国人建造的古教堂**屈指可数**，或许连十座都没有……）

（18）Когда подарки **не куда девать**, / Но их поток никак не уменьшается, / Тогда есть основанье утверждать, / Что это Новый год приближается...（Из текста песни）（当礼物**多得无处可放**，/ 可它们仍源源不断，/ 那时就有理由确定，/ 这是新年来临……）

3. 第五格形式

（19）Он нашёл на чердаке огромный，окованный жестью сундук，**битком набитый** книгами старинной печати.（А. Куприн. Прапорщик армейский）（他在阁楼上找到一只体积巨大、用铁皮包钉上的箱子，里面**满满当当**都是花式古体字母印的书。）

（20）Прислуга в доме – **хоть** ими **мосты мости**，несть числа.（Даль. Картины русского быта）（家里的仆人**多极了**，不可胜数。）

可见，俄语数量成语的句法限制还表现在：成语与名词之间存在一致和支配两种方式的句法关系，或要求二者保持语法形式一致，或要求名词使用各种间接格的形式，只有了解并掌握句法限制规律，才能在使用中避免语法错误的出现。

三、语义限制

在表达一定意思的语句中，词与词的组合是严谨的，不是任意的。词在语句中相互影响，其联系是受一定规律制约的。支配句中词与词联系的主要规则是“语义一致律”（закон семантического согласования）<...> 指的是词汇单位的组合必须符合语义成素相互协调一致的原则。（倪波，顾柏林 1995：177）从语义角度而言，两个词汇语义单位正确组合的条件是，它们除了各自的区别义素之外，必须至少有一个共同的义素，以充当联系手段。（张家骅等 2005：36）同样，在说明事物数量特征的语句中，俄语数量成语与名词的组合也不是任意的，与同义词汇表达手段相比，更为严谨。以下我们将按受限程度的不同，对俄语数量成语与名词组合的语义制约因素进行分析。

（一）程度很强的语义限制

受到这种程度限制的是语义搭配性能很弱的俄语数量成语，它们通常只能与表示某种意义的名词固定搭配，否则便不是成语，而是自由词组，因此，语义限制程度强到可以将这种组合视为一个整体。常见的例子有：

1. 只能与表示“金钱”意义的名词 деньги 或 золото 搭配的数量成语：денег / золота **куры не клюют**, денег **как грязи**, денег / золота **хоть лопатой греби** 等；

2. 只能与表示“人堆”意义的名词 толкучка 搭配的数量成语：толкучка **как на базаре**，толкучка **как на ярмарке**, толкучка **как в базарный день**；

3. 只能与表示“蘑菇”意义的名词 гриб 搭配的数量成语：грибов **хоть косой коси**;

4. 只能与表示“一小块”意义的名词 кусочек 搭配的数量成语：кусочек **с коровий носочек**；

5. 只能与表示“麻烦或操心的事情”意义的名词 хлопоты 或 заботы 搭配的数量成语：хлопот / забот **полон рот**。

（二）程度很弱的语义限制

受到这种程度限制的是语义搭配性能很强的俄语数量成语，能与之搭配的名词语义受限程度很小，常见的例子有：表示“很多”意义的成语 видимо-невидимо, тьма тьмущая; нет числа, без числа; девать некуда; хоть пруд пруди, хоть отбавляй 等；表示“很少”意义的成语 едва-едва, чуть-чуть; считанное число; по пальцам можно пересчитать 等。

这类俄语数量成语的特点还表现在：

1. 具有清晰的内部形式，如 девать некуда（“多得没处可放”），по пальцам можно пересчитать（“屈指可数”）等；

2. 运用同词或同根词的反复，如 едва-едва, чуть-чуть; хоть пруд пруди, видимо-невидимо, тьма тьмущая 等；

3. 含有表示抽象数量概念意义的成素，如 несметное количество, без числа, астрономическая цифра, великое множество 等。

（三）一定程度的语义限制

受到这种程度限制的是语义搭配性能中等的俄语数量成语，能够搭配的数量成语和名词各自的义素中必须至少有一个共同的义子。这种义子可以是：

1. 语法义子

即表示“语法性一般意义的义子”（倪波，顾柏林 1995：85）。一些俄语数量成语通常只能与同样含有“动物性”语法义子的名词搭配，如 полтора человека, как собак нерезаных, до Москвы не перевешаешь, отбою нет, как муравьёв 等；而另一些单位则通常只能与同样含有“非动物性”语法义子的名词搭配，如 сорок сороков, вагон и маленькая тележка, хоть улицы мости, через край, по горло 等。

2. 词汇义子

可分为“范畴性词汇义子”（категориально-лексическая сема）和“区分性义子”（дифференциальная сема）。前者是“反映一定单位类别的一般特征（特性）的义子”（倪波，顾柏林 1995：85）。俄语数量成语中典型的例子为 разливанное море，该成语通常只能与同样含有“酒类”范畴性词汇义子的名词搭配。例如：

（1）**Разливанное море** водки, коньяка, всевозможных вин было выпито в тот торжественный день и праздничный вечер.（В. Успенский. Тайный советник вождя）（饮下**海量**伏特加、白兰地及各种各样酒的是那个盛大的日子和节日的夜晚。）

后者是“为各个词所特有，并藉以相互区别的语义成分”，或者说，是反映具体特征（特性）的义子。由于“后者从属于前者，是其下位义子”，（倪波，顾柏林 1995：89–90）为便于表述，我们将两者组合成“区分性义素”，通过以下例子对这种程度的语义限制进行阐释。

俄语数量成语 полтора человека 通常只能与词义中含有“身处某地或在某地工作的人”区分性义素的名词搭配。例如：

（2）Там, в селе Броды, где постоянных жителей теперь осталось **полтора человека**, <...> проживает в своём доме с ранней весны до поздней осени наш старший товарищ Александр Михайлович Правилов...（А. Макеев. Алиби для медведицы）（那里，一个常住居民现在**少得只剩下几个人**的布罗德村，在自己家从早春住到晚秋的是我们年长的同志亚历山大·米哈伊洛维奇·普拉维洛夫……）

一些表示“尺寸大小”的俄语数量成语通常只能与词义中含有“圆形物”区分性义素的名词搭配。例如：

（3）С его огромных густых ветвей свисают красные, желтые и зеленые плоды разной величины – есть **с яйцо**, есть **с кулак**.（Тур Хейердал. В поисках рая）（它巨大茂密的枝头挂着一颗颗红的、黄的和绿的果子，大小不一，有**鸡蛋般大的**，有**拳头般大的**。）

（4）Нашли раз ребята в овраге штучку **с куриное яйцо**, с дорожкой посредине и похоже на зерно.（Л. Толстой. Зерно с куриное яйцо）（有一回孩子们在山谷中发现一个**鸡蛋般大的**小东西，中间有一道小沟，很像一颗麦粒。）

俄语数量成语 непочатый край（угол）通常只能与词义中含有“需付出脑力或体力劳动的行为”区分性义素的名词搭配。例如：

（5）У нас **непочатый край** своих дел, о которых мы должны на этом съезде потолковать откровенно и по-деловому.（М. Шолохов. Слово о Родине）（我们应在这届代表大会上开诚布公、认真严肃地讨论一下的事情**多极了**。）

（6）А забот и хлопот в многодетной семье – **непочатый край**.（Родительский дом – начало начал. Красное Приволжье. 29. 01. 2014）（操心劳力的事儿在多子女的家庭中**多极了**。）

我们认为，对于母语非俄语的学习者而言，与句法限制规律相比，语义限制规律因其很大程度上与语言使用规范相关而更加难以掌握。解决这一难题的途径是：第一，借助俄语详解词典查明我们所研究的成语和名词各自的词汇意义并判断二者是否符合“语义一致律”；第二，对俄语数量成语和名词各自的内部形式进行深入研究，因为形成词汇单位原始意义的基础往往正是事物的某种区分性特征，所以内部形式直接影响到成语与名词的搭配性。

四、修辞限制

上述研究表明，无论从语法还是语义的角度，我们都应当将俄语数量成语与名词的组合视为一个整体，在使用过程中我们还必须考虑其成素在语言风格上（即在描述词汇单位修辞特征的三个方面）的和谐统一。

（一）语体色彩

1. 口语色彩

大多数俄语数量成语因被频繁用于日常生活而带有鲜明的口语色彩，其中不少单位带有俗语色彩（如 без счёта，чёртова пропасть，чёрт знает сколько，хоть завались, нетолчёная труба, до чёрта 等），甚至带有粗俗语色彩（如与 до чёрта 结构和语义都相同的数量成语 до дури, до фига, до хрена 等），搭配的名词通常不带任何语体色彩或带有与之相同的语体色彩，这种组合从整体上呈现出数量成语所带有的语体色彩。例如：

（1）Гульба пойдёт у них, солдаток набредёт, на гармониях пойдут，на балалайках, вина **разливанное море**...（П. Мельников-Печерский. В лесах）（酒宴将办在他们那里，许多士兵的妻子会聚在一起，拉起手风琴、弹起巴拉莱卡琴，酒**多得喝不完**……）

（2）Стал молодой князь на площадку являться, где народу собралось **труба нетолчёная** и немало толпилось всякой бездельной молодёжи.（Д. Аверкиев. Хмелевая ночь）（年轻的公爵开始在广场上现身，那里人群聚集得**水泄不通**，不少挤来挤去的是形形色色无所事事的青年。）

2．书卷语色彩

带有书卷语体色彩的俄语数量成语不多，搭配的名词通常不带任何语体色彩或带有与之相同的语体色彩，这种组合从整体上呈现出书卷语色彩。例如：

（3）– Толпы вершин обступили лагерь, но лишь немногие имеют имена. Остальные – **имя же им легион** – не больше чем светлое видение на фотоснимках...（Е. Симонов. Вершина без адреса）（群峰围绕营地，可仅少数山峰拥有名字，其余的山峰**不计其数**，莫过于照片上一道亮丽的幻景而已……）

（4）Сижу в Москве и принимаю посетителей，им же **несть числа**.（А. Чехов. Письмо А. С. Суворину. 24. 04. 1899）（我待在莫斯科并接待来访者，客人**多不胜数**。）

（5）В жизни **великое множество** действий и событий совершается одновременно，но рассказчики всегда рассказывают их последовательно，цепляя друг за друга，как вагоны в поезде.（Б. Васильев. И был вечер，и было утро）（生活中**非常多的**行为和事件都是同时发生的，然而叙述者们却总是将其像一节节列车车厢似的环环相扣，依次道来。）

（二）感情—评价色彩

1．贬义色彩

语料表明，在表示“很多”或“很少”意义的俄语数量成语中，许多单位都带有贬义色彩，往往在说明事物数量特征的同时对其加以否定的评价，比如词源意义为

“像［通常是好多条一同围着母狗转的］未阉割的公狗”的俄语数量成语 как собак нерезаных，清晰的内部形式足以显示出其所带的贬义色彩，当该成语与含有“人”范畴性词汇义子的名词搭配时，这种组合不仅表示“人多”意义，而且还表明说话者对所指人的否定态度。例如：

（6）В Петербурге исправников этих **как собак нерезаных**.（А. Чехов. Капитанский мундир）（在彼得堡市这些县级警察局长**多如牛毛**。）

2．褒义色彩

语料表明，带有褒义色彩的俄语数量成语并不多，而且搭配能力较弱，比如，成语 не занимать стать 通常只能与词义中含有“人的才能或好品质”区分性义素的名词搭配。例如：

（7）– Послушайте, – говорит средний брат, – бабка-ведунья сказывала: чтоб на ту гору взойти, храбрость нужна, а мне, бывалому солдату, смелости **не занимать стать**.（Польская народная сказка Волшебная гора）（“你们听着，”排行中间的兄弟说道，“巫婆曾说过，登上那座山需要胆量，而我，一名富有经验的士兵，勇气**十足**。”）

（8）Обеим нам ума **не занимать стать**.（С. Маршак. Двенадцать месяцев）（我俩**足**智**多**谋。）

（三）表现力色彩

语料表明，在表示“很少”或“很多”意义的俄语数量成语中，不少单位带有鲜明的表现力色彩，比如，表示“只有一两个人 / 几个人”意义的俄语数量成语 полтора человека 带有戏谑色彩，这种意味的传达主要通过该成语的内部形式（其字面意义为“一个半人”），不仅清晰度很强，而且语义不合乎逻辑：不存在半个人。例如：

（9）В прежнее время, когда был жив отец, к нам на именины приходило всякий раз по тридцать-сорок офицеров, было шумно, а сегодня только **полтора человека** и тихо, как в пустыне.（А. Чехов. Три сестры）（昔日父亲健在时，来我们家参加命名日宴会的每次都有三四十名军官，门庭若市；而如今来的**只有一两个人**，门可罗雀。）

又如，表示“多了去了，太多了”意义的俄语数量成语 хоть отбавляй（其字面意义为“［多得］可以减掉 / 分出一部分”），也带有很强的表现力色彩。例如：

（10）Телегин посасывал трубочку. Она оказалась утехой и успокоительным средством в тяжелые минуты, – их за последнее время было **хоть отбавляй**.（А.

Толстой. Хождение по мукам)(捷列金不时地吸着烟斗。它其实是在痛苦时刻用来抚慰心灵的一种工具，最近这种时刻**太多了**。)

五、结 语

我们在已有名词性数量意义词汇表达手段相关研究理论的基础上，对俄语数量成语与名词的组合关系进行了梳理分析，认为其特点也同样表现在句法、语义和修辞三方面的制约规律上。句法限制体现在：俄语数量成语的句法功能是由其词汇—语法特征所决定的，数量成语与名词之间存在一致和支配两种方式的句法联系；语义限制表现出三种不同的强弱程度，数量成语与名词的组合必须遵循“语义一致律”，影响二者搭配性的还有其各自的内部形式；修辞限制要求数量成语与名词在语体、感情—评价和表现力三种色彩上保持一致。

为了熟练掌握并规范运用俄语数量成语，我们除了借助俄语详解词典和成语词典(尤其是侧重使用方法的积极型教学词典)以外，还可熟记一些含有俄语数量成语的经典例句，这样既能通过上下文概括出使用这类成语的典型语境，又能起到举一反三的作用。

参考文献

[1] 倪波，顾柏林．俄语语义学 [M]．上海：上海外语教育出版社，1995.

[2] 张家骅等．俄罗斯当代语义学 [M]．北京：商务印书馆，2005.

[3] 周纪生主编．俄汉成语词典 [Z]．武汉：湖北人民出版社，1984.

[4] 周纪生主编．俄语成语语源词典 [Z]．武汉：华中师范大学出版社，1988.

[5] СФСРЯ—Словарь фразеологических синонимов русского языка [Z]. Под ред. В.М. Мокиенко. Ростов-н/Д: Феникс, 1996.

[6] ТФГ—Теория функциональной грамматики. Качественность. Количественность [M]. СПб.: Наука, 1996.

[7] Урысон Е.В. Проблемы исследования языковой картины мира: Аналогия в семантике [M]. М.: Языки славянской культуры, 2003.

[8] УФС—Учебный фразеологический словарь [Z]. Е.А. Быстрова，А.П. Окунева，Н.М. Шанский. М.: Издательство АСТ-ЛТД, 1997.

[9] ФСРЯ—Фразеологический словарь русского языка [Z]. Под ред. А.И. Молоткова. Изд. 4-е. М.: Русский язык, 1987.

(本文原载于《中国俄语教学》2017 年第 3 期)

钱　琴

女，1976 年出生，博士，副教授，
硕士生导师。

2001 年毕业于上海外国语大学，获硕士学位，同年留校任教。2007 年获上海外国语大学语言文学博士（外国语言学）学位。长期从事俄语专业教学工作，现任上海外国语大学俄罗斯东欧中亚学院院长助理、中东欧语系主任。研究方向：俄语语言学。发表论文 30 余篇，其中数篇为核心期刊论文，出版专著 2 部、教材 1 部（参编）；参与和主持科研项目 7 项，其中参与教育部人文社科项目 2 项、省部级基金青年项目 1 项，主持并参与校级项目 3 项、横向项目 1 项；主持和参与教学和教改项目 5 项。2018 年获上海外国语大学教育奖励基金教学科研二等奖（申万宏源奖），2019 年获本科优秀教学奖优胜奖等，2021 年获上海外国语大学三八红旗手荣誉称号。

俄语社会语义学浅议

钱　琴

摘　要： 社会语言学是语言学的新兴边缘学科，而社会语义学是社会语言学的一个分支。社会语义学作为一门语言学学科主要研究社会因素对语言单位的意义的形成、变化以及语言单位的使用的影响。本论文主要讨论社会因素对词汇语义的限制、社会因素对词的词汇语义搭配能力的限制等，试图探究社会语义学研究对俄语教学和研究的推动作用。

关键词： 社会语义学；社会因素；词汇语义；词汇语义搭配能力

一、引 言

20世纪以来，随着社会政治、经济、文化等各个领域的急剧变化以及科学技术的迅速进展，社会生活的各个层面也都发生了许多前所未有的变化。而语言作为一种社会现象，必然也随着社会生活的变化而发展。传统的单科性的语言学研究已不能满足当代社会生活的需要，也不能充分和全面地诠释当今语言纷繁复杂的现象，于是在同其他相近和相关学科交叉共轭的基础上产生了众多的新兴语言学学科。社会语言学就是一门语言学的新兴边缘学科。社会语言学是在语言学、社会学、社会心理学及民族学等学科交叉渗透的基础上形成的。同时，自19世纪末期法国语言学家布列阿尔（M. Breal）在其学位论文《古代语言的语义研究》中首次提出语义学（semantique）这个术语并在其学术论文《语义分析——意义学》（*Essai de semantique*）中加以发展后，作为研究语言单位内容方面的语言学学科——语义学（семантика）开始独立门户，异军突起。20世纪以来更是出现了种种不同的语义学，不过主要都是在同较传统的学科交叉的基础上形成的，例如逻辑语义学、哲学语义学、心理语义学、普通语义学、语言语义学（包括词汇语义学、句法语义学等）。正如语言可以从多角度、多层次、全方位地加以研究一样，语言学家们也试图从更新的角度去研究社会语言学，从而产生了一系列第二代边缘学科。例如：社会心理语言学。社会语言学与语义学相结合，则产生了社会语义学（социо-семантика）。社会语义学从某种意义上可以说是社会语言学的一个分支。

俄语社会语义学的建立与发展只是最近一二十年间的事情。其中俄罗斯学者克雷欣（Л.П. Крысин）在这方面成果尤丰，其主要代表作《语言单位语义和搭配中的社会限制》（Социальные ограничения в семантике и сочетаемости языковых единиц）和《现代俄语社会学方面的研究》（Социальные аспекты изучения современного русского языка）迅速获得了俄语语言学界的广泛认同。1997年，莫斯科大学已故知名教授别洛莎普科娃（В.А. Белошапкова）主编的《现代俄语（修订版）》（Современный русский язык）把社会语义学收入了其中的词汇学部分。（Белошапкова 1997：85）

社会语义学作为一门语言学学科主要研究社会因素对语言单位的意义的形成、变化以及语言单位的使用的影响。（Белошапкова 1997：270）

语言学家们传统上把社会因素看作相对于语言或语言现象而言的外在因素，即把它们看作语言中各种关系和变化得以实现的条件，而这些条件又会受到语言本身所固有的内在规律的制约和调整。许多语言学家早已指出，语言中有一些单位是带有社会形态标识的；个人所使用的语言及其社会特性——教育程度、职业、年龄、性别等之间存在着一定的对应关系。（Арутюнова，Падучева 1985：36）而这种对应关系正是社会语言学以及社会语义学的研究对象。社会语言学家们在深入研究社会因素对言语内容结构的作用和影响后发现，人与人的社会差别一方面表现在发音方面（如不同职业的人在说某些词时重音是特定的：矿工常说 добы́ча у́гля，海员常说 ко́мпас，厨师常说 су́па 和 то́рта，警察常说 возбуждённое де́ло 和 осу́жденный за кра́жу），另一方面表现在所使用的不同的语言变体中。这些差别可以影响并渗入语言单位的意义和语言单位同其他语言单位之间的搭配能力。因此可以说，社会因素不仅制约了语言的功能和发展，而且是语言符号内容结构的组成部分之一。

语义学理论认为，语言单位（这里主要指词）的意义取决于两个方面：①语言单位与同一层次或同一序列的其他语言单位的比较，这可以展现它们之间的共性和差别（意义上的区别特征）；②语言单位与同一层次的其他语言单位的搭配能力，这可以确切该语言单位的具体意义。也就是说，词的词汇和句法搭配特点同词的意义有着密不可分的联系。（Караулова 1997：442）实际上，语义学的研究也主要是在这两个方面展开的。社会语义学在方法论上也传承了语义学的特点，着重从社会因素的角度出发对词汇本身的语义以及词汇的搭配进行研究。下面，我们分别从这两个方面来考察一下社会语义学以及它给我们带来的新的启迪和发现。

二、社会因素对词汇语义的限制

研究表明，俄语中有几十个表示人与人之间的不对称关系（асимметричные отношения）的动词和动名词。我们先来看两组词：

第一组：арестовать, благоволить, велеть, взыскание, выговор, выселить, выслать（表示流放的意义）, командовать, приказ, распекать, экзаменовать 等。

第二组：апеллировать, выхлопотать, грубить, дерзить, непочтение, ослушаться, повиноваться, подчиняться, прекословить, пререкаться, резать（表示直说的意义）等。

这两组词表明行为或关系的参与者处于不同社会地位或扮演不同社会角色。在第一组中，行为或关系的施动者的地位高于行为或关系的受动者。例如：арестовать（逮捕），该词的施动者只能是掌握权力并根据法律能采取行动的一方；благоволить（厚待，赏识），只能是上司赏识下属（Начальники благоволят к подчиненным.）；

распекать（责骂），只能是年长的或上级责骂年幼的或下级（如 Старшие распекают младших.）。而在第二组中，情况则正好相反。例如：грубить/дерзить（出言不逊），只能是年幼的对年长的出言不逊（Младшие грубят/дерзят старшим.）；пререкаться（反驳），只能是年幼的反驳年长的（Младшие пререкаются со старшим.）。

上述这些能引起人与人之间不对称关系的词在词义上具有社会定向的特点。此外，还有一些能表示平等关系的社会定向词，例如 дружить, сотрудничать, сосед, сослуживец, напарник, однокурсник。这些词的语义表明，真正的友谊是无所谓谁"高"谁"低"的，真正的合作也是在平等的基础上的，邻居、同事、搭档、同学之间都是平等的关系。

表示社会定向关系的词的语义结构至少包括两个题元；主体（субъект）和受动者（адресат），例如 кто командует кем, кто высылает кого, кто апеллирует к кому, кто выслуживается перед кем。除了主体和受动者题元外，还可加入其他题元。例如：Командир приказал нам наступать（指挥员命令我们进攻）中的内容题元（актант содержания），Его наказали за нерадивость（他因玩忽职守而受罚）中的原因题元（актант мотивировки），Их выселили из квартиры（他们被迫动迁）中的起点题元（актант начальной точки），Декабрист Лунин был выслан на каторгу（十二月党人鲁宁被流放去做苦役）中的终点题元（актант конечной точки）。

有些表示社会定向关系的词可指出发生关系的双方的社会职能。例如：指挥员应指挥，下属应服从，孩子应听父母的话而不该忤逆。动词 командовать, подчиняться, слушаться, ослушиваться 等的词汇意义直接指出行为双方的社会地位的不对称，这是显而易见的；而另一些词则要通过语义分析来解释。例如：动词 благоволить 在乌沙科夫（Д.Н. Ушаков）的详解词典及科学院小词典中解释为"对某人表示好感，怀好意"，但仅仅这点解释是不够的，因为它忽视了一个非常重要的条件，即表示好感和赏识的一方的地位要高于被赏识方，如若缺少了这一补充条件，则会出现这种错误：＊Учитель математики благоволит к своим коллегам.（＊数学老师赏识自己的同事——这里行为双方的地位是相等的）或＊Ученик благоволит к директору школы.（学生赏识校长——逆向而行，主体地位低于受动者地位）。显然，这两个句子从社会语义学的角度来看都是不能成立的。

动词 принять//принимать 在表示接见意义时，动词的主体是相对于被接见者而言地位较高的人物。例如：

（1）Вчера президент Франции принял посла США и имел с ним продолжительную беседу.（昨天法国总统接见美国大使，并与他进行了长时间的会谈。）

（2）Сегодня мэр принимает посетителей.（今天市长接见来访者。）

使用该动词时，社会地位的不对称性是不允许被破坏的，否则会造成错误。例如：

* Директор завода принял министра.（*厂长接见部长。）

* Посол Франции принял президента США.（*法国大使接见美国总统。）

需指出的是，语言对语言外现实情况的变化是极端敏感的；若受动者是前总统，Посол Франции принял бывшего президента США.（法国大使接见前总统），则是正确的，因为现任大使的地位显然要高于前总统。

另外动词 принять//принимать 还有一个重要的、特有的社会条件，即主体（接见者）是场景的“主人”，由他在他的“领地”（如办公室、接见室、宫殿）实现该动词所表明的动作行为。此外还有一点也很重要，即主体是在完成他的社会工作。我们当然不能说“父亲接见儿子”，因为他们只是在扮演其不同的家庭角色，他们的交际没有发生在其工作环境中，而可能只是在家庭环境里，比如在家里的厨房内。

第二组中的动词 грубить 和 дерзить 同样都表示施动者的地位较受动者的地位低。这两个词的意义比较接近，但并非同义词。在一般情况下，грубить 在具体语境中表示行为参与者可能处于两种不同的社会关系：①施动者的地位低于受动者，②两者地位相同。

（1）Не груби отцу!（不要对父亲说无礼的话！）

（2）Мы с тобой друзья, а ты не хочешь говорить со мной нормально: все время грубишь, злишься.（我和你是朋友，但你却不想和我好好说话，总是骂人、发脾气。）

而当施动者地位高于受动者时，就不可使用该动词。例如：

* Отец грубит сыну.（*父亲对儿子说无礼的话。）

* Учитель грубит ученикам.（*老师对学生说无礼的话。）

综上所述，在解释表示人与人之间不对称关系的词的语义时，必须要注明引起这种地位不对称的社会因素。

我们分别用变量 X 和 Y 来表示行为的施动者和受动者，具体分析一下这些带有社会定向意义的词。

X принимает Y 可以具体解释为：

① X 的地位高于 Y 的地位；

② X 在完成他的工作；

③ X 是该场景的“主人”在“自己的领地”上与 Y 交际；

④接触的主动性发自于 Y；

⑤ X 与 Y 接触的目的是交际。

上述解释看上去是在句法关系上的无序组合。我们知道，词的意义及其解释是一种结构，它与断言部分（ассертивная часть）和情态框架（модальная рамка）密切相关。情态框架包括评价（оценка）和预设（пресуппозиция）。所谓“预设”是指使用一个词的合适条件。例如：动词 открыть 在 Откройте，пожалуйста，дверь! 的上下文中预示了使用该动词在如下两个条件中是自然和合适的：①门原来是关着的，②受话者知道，指的是哪一扇门。那么，表示不对称关系的社会语义成素究竟在哪一部分呢？是在断言部分，评价部分还是在预设部分？根据上文所举的例句我们可得出结论：正是词的使用背景和条件才导致了施动者和受动者之间的不对称关系。这种地位不对称的信息很有可能就是在词义解释的预设部分。

但是，很快又会产生这样一个问题：如何在具体情况下、在具体分析某个词时区分出意义的肯定部分和预设部分？区分意义解释的肯定部分和预设部分的标准之一就是看被解释的词在否定性的上下文中的表现，即在该词左边加上否定语气词 не。例如：

Начальник вовсе не благоволит к этой сотруднице.（领导根本不赏识这位女员工。）

这句话不否认领导的地位高于女员工这个事实，否定的仅仅是前者对后者所持的特殊态度。

语气词 не 与上述其他词连用时也能起这样的作用。试比较：

（1）Сегодня мэр не принимает посетителей.（今天市长不接见来访者。）

（2）Мальчишка исправился: стал лучше учиться, не грубит учителям.（男孩改过了：学习更认真，也不再对老师出言不逊了。）

（3）Постарайтесь не дерзить родителям, и все будет хорошо!（尽量别跟父母顶嘴，一切都会好的！）

在所有上述例句中，社会性题元，即施动者和受动者的地位不对称的指示，并没有被否定，否定语气词 не 仍与被分析词的其他意义部分共同在起作用。因此可以说，指出行为参与者地位不对称的题元存在于表明不对称关系的词汇语义的预设中。

三、社会因素对词的词汇语义搭配能力的限制

社会因素对语言单位搭配能力的限制是多种多样的：可以来自语言单位的词汇语义、句法特点以及语言单位在搭配固定话语中的表现。

词的搭配能力在话语范围里会受到一定的社会限制，它们反映了话语所表示的语境的某些特点。下面我们来分析两种情况：

1. 俄语中有一类谓词——动词、动名词、系词 быть 和名词或形容词的搭配——能表明语境参与者的相互作用和相互关系，例如 дружить, ссориться, бороться, обниматься, соответствовать, быть равным, быть другом。

我们若用变量 X 和 Y 来表明这些谓词所指的语境参与者，用变量 P 来表明谓词本身，便可看到明显的规律性：如果 X P（= дружит, ссорится, борется, обнимается, ...）с Y-ом，由此必然可得出 Y P（дружит, ссорится, борется, обнимается, ...）с X-ом，又可得出 X и Y P（дружат, ссорятся, борются, обнимаются, ...）。代入具体的词汇后，只要句型 Коля дружит с Сережей 成立，则可得出 Сережа дружит с Колей 和 Коля и Сережа дружат，这三个句子在语义上是彼此同义的。

这种谓词可称为对称性谓词（симметричные предикаты）。谓词具有对称性的条件是 XPY, YPX, X и YP 这三种表达的同义性，即 XPY =YPX =X и YP。对称性谓词的经典例句是几何图形相等时的表达：如果 Треугольник ABC равент реугольнику DEF（三角形 ABC 等于三角形 DEF），则可得出 Треугольник DEF равен треугольнику ABC（三角形 DEF 等于三角形 ABC）或 Треугольники ABC и DEF равны（三角形 ABC 与三角形 DEF 相等），由第一句话推导出的后两句话毫无例外是必然成立的。

此外还有一种所谓的假对称性谓词（квазисимметричные предикаты），在用这类谓词时，三个句型不一定同义，即 XPY = YPX =X и YP 这个等式不总是成立的。如：谓词 быть похожим 在一般情况下是对称的，即由句型 X и Y похожи（друг на друга）可得出 X похож на Y 及 Y похож на X，后两句与初始句同义。但在具体使用该谓词时，一些因素会使其不对称。例如：句型 Сын похож на отца（儿子像父亲）是可行的，而句型 Отец похож на сына（父亲像儿子）却不可行，虽然完全可以说 Отец и сын похожи друг на друга（父亲和儿子相像）。

在使用谓词 быть похожим 表示亲属关系时有下列规定：X 用于表示较年轻的，Y 用于表示较年长的。若两人没有亲属关系，则不受该条件限制。例如：

На этой фотографии его дед похож на нынешнего президента Франции.（照片上他爷爷像现任法国总统。）

但在这种情况下还有其他一些因素在起作用：通常是指与当时社会地位较高的或人所共知的人物所比较。例如：

Этот старик похож на Чехова.（这位老人像契诃夫。）

而不能反过来说：

* Чехов похож на этого старика.（*契诃夫像这位老人。）

若被比较者（Y）不具有“知名度”的特点，则此人应同时为发话者与受话者所熟悉，而另一个被比较者（X）则只为发话者知道。例如：

– Ты знаешь Сидорова（X）?（你认识西多洛夫吗？）

– Нет. А кто это?（不认识，他是谁？）

– Ну, как же! Такой круглолицый, приземистый, в очках, похож на нашего управдома（Y）.（瞧你，就是那个圆脸的、矮胖的、戴眼镜的人，长得挺像我们房屋管理员的。）

在这种情况下，谓词 быть похожим 的参数顺序若颠倒过来就是很不自然的：

* Наш управдом похож на Сидорова.（*我们房屋管理员长得挺像西多洛夫。）

总的来说，谓词 быть похожим 中 X 与 Y 类似句子实义切分中的主体和述体：Y 是已知，是行为参与者已经知道的人物，而 X 是新知，是新进入受话者知识域的人物。

2．第二种情况与发话者在言语行为结构中的特殊角色有关，这可以用物主代词 мой 与一些名词的搭配时产生的特殊意义来说明。

在与名词 семья 搭配时，мой 这个代词有下述特点：词组 моя семья 通常出自父亲或者母亲之口，很少由“非领导型”家庭成员——儿子或者女儿的口中说出来，特别是未成年的孩子口中，他们可用 наша семья 来代替 моя семья。

同样，мой отдел, мой цех, моя лаборатория, моя бригада 等在有些语境中也受到限制：词组 мой отдел, мой цех 一般用于部门（车间）主任与向上级领导交谈时，而当他对员工说话时一般使用 наш отдел, наш цех；另外，普通员工一般不说 мой отдел, мой цех，较常见的是 наш отдел, в нашем цехе。代词 мой 的使用特点主要体现在它与一些隐含层级建制、存在上下级之分的名词连用时，即与名词 семья, отдел, цех, завод, бригада, взвод, батальон, полк, дивизия 等词连用时。而在与其他词连用时则无此特点，例如 моя деревня。例句：

Провожать меня вышла чуть ли не вся моя деревня.（我家乡的人差不多都出来送我了。）

代词 мой 在与表示人物的常驻地点的名词连用时，也有这种特点，例如 дом, квартира, изба, комната。词组 мой дом, моя квартира, моя изба 表明说话者是住房的主人，或是永久的，或是暂时的，一般出自一家之主之口，未成年的家庭成员一般不能使用。

四、结 语

通过以上的分析我们可以看到，社会因素不仅影响语言的演化过程，加快或减缓这一过程，它还影响到语言单位在使用规范中的结构。通常，在正确理解和使用一些语言单位时可以了解人与人之间的社会关系。社会语义学正是研究社会因素对语言符号意义及词汇语义搭配能力的作用的一门学科。随着我国俄语教学逐渐摆脱纯语言框架的约束并不断向俄罗斯社会、政治、文化、经济等方面拓展，俄语社会语义学一定会在教学中显现它应有的价值并进一步推动我国俄语教学的发展。

参考文献

[1] 王德春，孙汝建，姚远．社会心理语言学 [M]．上海：上海外语教育出版社，1995.

[2] Bréal M. Essai de sémantique [M]. Science des significations. Paris: Hachette, 1924.

[3] Арутюнова Н.Д., Падучева Е.В. Истоки，проблемы и категории прагматики [С]. В сб.: Новое в зарубежной лингвистике. Вып. 16 . М.: 1985.

[4] Белошапкова В.А. Современный русский язык[М]. М.: 1997.

[5] Караулова Ю.Н. Русский язык. Энциклопедия[М]. М.: 1997.

[6] Крысин Л.П. Социальные ограничения в семантике и сочетаемости языковых единиц [С]. В сб.: Семиотика и информатика. Вып. 28. М.: 1986.

[7] Крысин Л.П. Социальные аспекты изучения современного русского языка[М]. М.: 1989.

（本文原载于《中国俄语教学》1999 年第 3 期）

叶 红

女，1968 年出生，博士，副教授，
硕士生导师。

1990 年毕业于上海外国语大学，获学士学位；1993 年上海外国语学院俄语系硕士毕业后留校任教。长期从事俄语教学工作。主要研究方向为俄罗斯文学，发表《蒲宁与现代主义》等多篇学术论文，出版专著《蒲宁创作研究》，参编《俄罗斯文学词典》、教材《俄语综合教程》(3、4)，出版《步履维艰 我们是亚美尼亚人，您是吹黑管的》等译著多部。

蒲宁在中国

叶 红

摘 要：蒲宁作为20世纪世界文学史上公认的语言大师，其极富个性的创作很早就引起了中国读者的浓厚兴趣。在中国，对于蒲宁的译介和研究几乎是同时展开的。本文通过对蒲宁作品在中国八十余年的译介和研究资料的梳理，展示了中国学界在不同的历史阶段对蒲宁的文学地位以及创作风格的研究状况和理解的变化。

关键词：蒲宁；俄罗斯文学；中国

一、引 言

在俄罗斯文学的长河中，在众多闻名遐迩的文学大家中，伊凡·阿列克谢耶维奇·蒲宁（Иван Алексеевич Бунин）始终是一个独特的名字。尽管他出于各种原因选择了孤寂地远离时代潮流，无论是政治潮流，还是文学潮流，甚至是远离了祖国，但可以毫不夸张地说，他对生活深刻的思考、对现实真实的反映和对俄罗斯语言精妙的运用都为丰富底蕴深厚的俄罗斯文学宝库和源远流长的世界文学宝库做出了巨大贡献。1933 年他以杰出的文学成就荣获了诺贝尔文学奖，成为俄罗斯作家中首位诺贝尔文学奖的获得者。

蒲宁作为 20 世纪世界文学史上公认的语言大师，其富于个性的创作吸引了世界各国读者的浓厚兴趣，这其中当然也包括热爱俄罗斯文学的中国读者。在这篇文章中，就让我们共同来回顾蒲宁的作品在中国所走过的八十余年的经历。

二、初入中国：边缘地带的蒲宁[1]

蒲宁的作品最早于 1921 年传入中国。该年 9 月，上海商务印书馆发行的《小说月报》特为俄国文学出了一期号外——《俄罗斯文学研究》，其中不仅刊登了由沈泽民翻译的蒲宁（当时译为蒲英）的小说《旧金山来的绅士》（Господин из Сан-Франциско）[2]，在由茅盾撰写的《近代俄国文学家三十八人合传》的文章中还对蒲宁进行了介绍，这是国内有关蒲宁的最早的介绍文章。在当时，茅盾已看到了蒲宁风格的独特之处，文章开篇作者写到："蒲英……和巴尔芒（即巴尔蒙特 К. Бальмонт）等的新派不同，和高尔该（即高尔基 М.Горький）一派更不同。在现代俄国诸作家中，蒲英真是个特异的人物。他的散文就是诗，诗就是散文。"尽管这是一篇仅约 800 字的简介，但文字几乎涵盖了蒲宁创作的最主要的几个方面，如茅盾指出了蒲宁作品体裁的多样和主题的变化，他说："蒲宁擅长于短篇小说、诗和记事体的短篇。他的诗多描写自然，他的小说多描写旧日的繁华与现代的寂寞与悲哀。他又曾游历东方、埃及、土耳其小亚细亚各地，看了古代人类的文化遗迹，愈觉得现代人的寂寞；他的那一卷《太阳的宫殿》诗集便是怀古悲今的作品。"[3]

"蒲宁也做农民生活的小说，但是他的农民小说和俄国其他作家的农民小说又有不同。他不是农民中人，也不曾在农民队中生活，不曾受过农民所受的痛苦。他只是一个游历者、观览者，把他游历时、观览时所得的印象写出来罢了。他的农民生活短

---

1 该作家在中国有约定俗成的两个译名"蒲宁"和"布宁"，在本文行文中采用"伊凡 · 蒲宁"。

2 见《小说月报》，1921 年，第 12 卷，号外，译文类 147 ~ 164 页；注：该期页码的编写为每篇文章均从第 1 页开始，因此这里只能用"译文类"标明。以下凡与此"号外"有关的注解均不标注页码。

3 现译《太阳神庙》。1907 年，蒲宁以《太阳神庙》为题创作了一首诗歌。1909 年，作家又以此题创作了一篇游记。这里评论家指的是 1917 年彼得格勒（现圣彼得堡）出版的蒲宁的诗歌集《太阳神庙》。

篇集《乡村》（1910）便是如此。在这里虽然描写了农民的困苦，一个兵灾过后所受的创痛与虐辱，但是也不过是旅行人所见的印象罢了，决不是身受者的喊声。”（《小说月报》1921年，第12卷）

由此，茅盾认为“蒲英的作品不能在俄国思想界发生一点影响，也是千真万真的；他只是一个文学的游戏者罢了”。（《小说月报》1921年，第12卷）

蒲宁在进入中国的最初几年中并不属于中国文学评论家“热衷”的作家，读者只能在为数不多的刊物上见到他的名字。如在郑振铎编写的《俄国文学史略》（1924年，商务印书馆）的第13章中提到了蒲宁，但作者基本上重复了茅盾的诸观点，并未进行深入的挖掘；1926年《小说月报》第17卷第10期上发表了赵景深翻译的《柴霍甫》（即契诃夫 А.Чехов），在该期的扉页上首次刊出了蒲宁的肖像；1927年，在蒋光慈编撰的《俄罗斯文学》（创造社出版社，1927年）的扉页上也刊出了蒲宁的肖像，名字译为“布林”，但在行文中却使用了“蒲宁”，译名前后竟然出现了差异；1929年，在汪倜然撰写的《俄国文学ABC》（世界书局，1929年）中，作者对蒲宁进行了极其简短的介绍，同样是重复了前人的观点，并没有什么新意。

1929年上海的北新书局出版了蒲宁作品的单行本《张的梦》（Сны Чанга），这是我国最早发行的蒲宁作品的单行本。书中包括《张的梦》（即《阿强的梦》）、《轻微的欷歔》（Легкое дыхание）和《儿子》（Сын）三部短篇，译者为韦丛芜。在书前的“小引”中，译者谈道：“伊凡·蒲宁是……近代少有的短篇小说大家。……他的作品充满了回忆的魅力与凄凉，他是旧的斯拉夫灵魂的恋慕者，但也是不得已于情的恋慕而已。”（韦丛芜1929：2）译者还指出了十月革命对蒲宁产生的影响，他说：“一九一七年的十月革命，革掉了他的贵族的地位，革掉了他的田产和乡庄，并革掉了他的版税，甚至还革掉了他的俄国读者——甚至还革掉了他的创作力，因为革命以后，我们就没有看见过他的惹人注意的作品出现。”（韦丛芜1929：2）译者的观点尽管与事实有出入，但却是情有可原，因为在蒲宁的创作经历中，1917~1920年的确是他一生创作的最低谷，其原因与其说是十月革命，不如说是由各派力量的争斗所带来的暴力行径。尽管作家在流亡期间，创作力又一次爆发，其代表作《米佳的爱情》（Митина любовь）、《中暑》（Солнечный удар）、《骑兵少尉叶拉金案件》（Дело корнета Елагина）等作品均创作于该时期，但由于当时交通、通信等原因，造成国内对其作品鲜有了解。

但是在这里译者对蒲宁作品的理解显然出现了严重的偏差，在“小引”的后半部，译者对三篇作品的内容分别做了介绍。在介绍《轻微的欷歔》时，译者这样写道："《轻微的欷歔》叙述一个最美貌最活泼的中学女生，因一旦受诱失身，遂加入了秘密党，伪嫁给一个军官，以至牺牲性命。最后叙她的一个中学教师，并且是她的同志，每礼拜到墓地去哭她，可以看出俄国帝制时代的妇女革命之一般，即使是经过文人渲染以后。"（韦丛芜 1929：4）这样的理解显然与作者的创作意图是完全南辕北辙了。蒲宁对革命的态度是众所周知的，他为此还付出了永别祖国的沉重代价。蒲宁的笔下从来就没有所谓的革命者或反革命者，他的主人公永远只是面对生活和世界的人——男人和女人。在这篇作品中作家表达的是青春、美与生活的悖谬之间激烈的冲突，展示了人们对生命战胜死亡的诗意的向往。正如作家帕乌斯托夫斯基（К. Паустовский）所说："它不是小说，而是启迪，是充满怕和爱的生活本身，是作家悲哀而又平静的沉思，是对少女美的墓志铭。"（Паустовский 1995：362）

纵观蒲宁在中国最初的经历，我们不难得出这样的结论，蒲宁的作品显然不是关注的焦点，和当时对屠格涅夫（И. Тургенев）、果戈理（Н. Гоголь）、托尔斯泰（Л. Толстой），甚至是安德列耶夫（Л. Андреев）、柯罗连科（В. Короленко）等作家作品的译介相比，只能说，蒲宁是个处于边缘地带的作家。因此，最初的文章往往只是只言片语，简单介绍而已。介绍也多带有些贬责之意，这是由作品的内容决定的，因为在当时，人们需要的主要是能够推动新民主主义革命进程的俄苏作品，而不是"怀古悲今"的蒲宁。

但可喜的是，在最初阶段的中国蒲宁学研究中，其最大的成果就是揭示了作家创作的多样性，肯定了作家对各流派特点的融会贯通，而没有将其仅仅定位在某某流派上。

三、骤然升温：获诺奖后的蒲宁

1933 年蒲宁荣获了诺贝尔文学奖，授奖仪式是在该年 12 月举行的，但蒲宁获奖的消息早在 11 月就传遍了世界。中国文学界以极快的速度对此做出了反应。11 月和 12 月，茅盾分别在《申报 · 自由谈》和《文学》杂志上两次撰文介绍蒲宁，第一篇为《蒲宁与诺贝尔文艺奖》，另一篇是《一九三三年诺贝尔文艺奖金》。但在这两篇文章中，时任左翼作家联盟领导人的茅盾丝毫不掩饰自己对此次授奖的不屑以及认为"白色的"蒲宁是"勉强"得奖、是政治因素在起作用的观点，整个行文很有些讽刺小品的味道。他说："今年的诺贝尔文学奖忽然与蒲宁发生关系，可说是一件意外的事。""这回诺贝尔文学奖金委员会大概是很痛心于俄苏文学中的'新趋势'而企图挽救，于是'不采用俄国文学中新趋势，能保持旧有作风'的蒲宁就中选了。"（茅盾 2001：303）在茅盾看来，瑞典科学院青睐的是那些富有"理想主义"的作家，而他们眼中的“所谓‘理想主义’只是粉饰主义或装金主义罢了”，尽管蒲宁在流亡之前创作了许多“颇不理想”的作品，他的《乡村》“并没把旧俄的农奴生活加以美的‘理想化’”“他的诗大都描写旧俄乡绅阶级的崩溃；即如他那篇最得英美人传诵的《旧金山来的绅士》也写了‘文明’的空虚和‘无常’之威胁与不可免”。但茅盾猜想“也许一九二五年以后，布宁做过些‘理想主义’的作品，可惜我们不知道，无从介绍，真是不胜遗憾”。最后茅盾还是下了这样的结论，即正是这些所谓“理想主义”的、“在这破烂的旧世界脸上装金”的作品成为蒲宁获得诺奖的真正原因。（茅盾 2001：305）

12月钱歌川在《新中华》杂志上撰文介绍蒲宁，文章题为《本年度诺贝尔文学奖金的得奖者布宁》，文后还刊有桐君翻译的小说《日射病》（Солнечный удар）。文章作者在开篇就指出，尽管中国对蒲宁了解甚少，尽管诺奖既未授予众望所归的已故的托尔斯泰，也未授予依然健在的高尔基，但我们不能认为蒲宁就不该获奖，因为“他在俄国的文学史上自然也有他很重要的地位”。在谈及蒲宁的创作风格时，作者认为：“布宁虽被列入19世纪末及20世纪初的俄国现代主义作家之中，但现代主义一语极其宽泛，内部又分有无数的派别，而布宁却不属于其中的任何一派。他与当时很有势力的象征派不同，描写社会的世态及其心理，用笔极其细腻，而有写实主义的手腕。他与高尔基一流的社会主义的作家又不同，对于所描写的现象是极端的个人主义，对于从现实中所取来的各种形象之解释，则是强烈的唯美主义。由这两个特点结合起来，便成为布宁独有的写实主义，即所谓新写实主义。”（钱歌川 1933：53–54）他的这一观点的提出对后来的评论人无疑具有很大的引导作用，并在后人的评论中得到了不断的拓展和深化。介绍尽管简略，但较前人更加客观，观点也更加独到。

1934年，《清华周刊》第42卷第1期上发表了一篇《伊凡·蒲宁论》的长篇文章，作者为郑林宽，文后还附印了郑桂泉翻译的蒲宁的小说《儿子》。这是国内第一篇客观的、不以政治立场为立足点，而完全从文学价值的角度对蒲宁进行评价的文章，作者对蒲宁作品的内容了解透彻，对其创作方法分析精当，文中的许多观点即使对于今天的研究者来说也很有参考价值。可以毫不夸张地说，这篇文章堪称新中国成立前中国蒲宁学研究领域最为重要的一篇文章，极具学术价值。

在这篇洋洋洒洒八千多字的文章中，作者鞭辟入里之处就在于揭示了蒲宁艺术风格的复杂性，观点新颖，绝无流俗之嫌，而且每个论点并非泛泛而谈，而是有翔实的论据予以支持。作者认为，从创作的风格来看，尽管蒲宁的艺术“受到了屠格涅夫、阿克萨珂夫（С. Аксаков）、柴霍夫，在某一限度内又相当受过托尔斯泰的影响”，并在20世纪初“与高尔基写实主义之群有点近乎”，但“他的艺术是按照他自己的道路发展，并且在二十世纪最初二十五年间他在俄罗斯文坛保持他个人的优越地位"。（郑林宽 1934：63）从作品的体裁上看，与上述这些作家相比，蒲宁不仅"是一个天才的诗人"，其诗风既承普希金（А. Пушкин）诗歌之神韵，又不乏现代主义诗歌创作的韵味；同时也是一位"伟大的"小说家，堪与屠格涅夫、契诃夫、别雷（А. Белый）并列。蒲宁总的特色就表现在"他并不创造一个'逸世而独立'的超人生的新世界，他并不像其他作家那样俨然如创造者似的立在外界来说话。蒲宁不将现实变形而成为一种仿佛身外之物，在他的作品中永远可以找到他的。在这一意义上，蒲宁不妨被称为'主观'作家"。（郑林宽 1934：64）在当时做出如此的判断，不禁令人啧啧称赞。主观性与写实性相结合的确是蒲宁区别于同时代作家的最大的特征。

在具体分析作家的"主观性"特征时，作者指出了其三大表现：一、作品中情节的淡化。他说："情节、描述的意味、动作的展开，姑无论其或有或无，在大多数蒲宁的作品中都是立于次要地位，尤其在他长篇的作品中更缺乏上述元素。"因此作者认为，有鉴于此，《乡村》（Деревня）、《旱峪》（Засуха в раю）以及《阿尔谢尼耶夫的一生》（Жизнь Арсеньева）都不能称其为小说。二、写作视角的独特。文章作者认为，蒲宁在作品中从来都不是一个全知全能的叙述者，而是作品中的角色，他常常"将注意力贯注在一个人物身上，别的人物都从主角的眼中表现给我们看"，因此作者认为，如此写法是与托尔斯泰和陀思妥耶夫斯基（Ф. Достоевский）那样的直接的、写实的心理描写相悖的，人物往往不是靠直接的"心灵之描述"展示出来，而是"藉外在的事物，周围的空气烘托出来的"，作者称之为"衬托法"，这种方法在《乡村》《旱峪》，特别是流亡期间创作的爱情小说中表现得更为突出。三、在指出作家现代主义特征的同时，作者也客观地分析了作家的写实主义风格，他指出，"蒲宁又不失为一位写实作家，他的眼光不仅仅只是向内看，……他的眼光还向开阔的世界展望"。这一特点集中体现在蒲宁以变化万千的丰富语言"入细入微，恰到好处"地对大自然所进行的描写，但同时作者针对某些俄国评论家认为蒲宁"是冷漠的、无情的"，他的描写也是"过度的写实主义，处处显得累赘"的观点进行了反驳。作者认为，"若把蒲宁视为'流水帐'式的写实主义者，那是"大谬不然的"，蒲宁的写实主义是"含有诗的性质"。（郑林宽 1934：63）作家罗列事实，看似累赘，实则是诗人气质以及诗歌的创作方法使然。作者说，蒲宁面对世界"表面上看来丝毫不动情"，但他绝不是一位"说实的安然的作家，他实际上是并不安然的，他能够使我们不安静""能够激发我们内心深处的感情，拨动我们的心弦"，而这一切的秘密就在于他描写的"具体与不落虚空"。

作者还精辟地分析了作家主观性创作风格的形成原因，他认为："蒲宁的这种方法可从他确信人类灵魂的不可侵犯性及神秘性这件事找到相当的解释。”“这是蒲宁作品中的哲学以及心理的关键。”“他的作品全浸着一种神秘的追求。最令人不可解的是世界上所发生的事物，我们那可怜的人类理智被它们困惑得无以自拔啊！”非常可贵的是，评论家在论述了蒲宁创作的风格等诸多方面后，又回到了主题上来，他指出，蒲宁喜以爱与死为资料，但他的死绝不是一味悲观绝望的死。“蒲宁这种死的感觉为另外一种生之感觉所包，这种感觉与那对世界魅力神奇的感觉是一样的敏锐。这是生之喜悦及死之恐怖的混合品，诗篇的精神盖过传道书，悲观主义找不到立足的地方。”（郑林宽 1934：66）如此观点无疑已是触及到了作家心灵的深处。

1935年《世界文学》第一卷第3期特辟了“Pirandello[1]与Bunin特辑”，其中刊登了蒲宁的著名小说《中暑》《一个陌生的朋友》和回忆录《托尔斯泰会晤记》，译者分别为陶映霞和毕树棠，同时附有一篇对蒲宁的介绍文章——《关于Ivan Bunin》，（陶映霞，毕树棠 1935：454–455）没什么新观点。

四、几近消失：20世纪40年代后的蒲宁

20世纪40年代，随着第二次世界大战的爆发，中国的俄罗斯文学译介工作的重心转向了世界的反法西斯文学，蒲宁又一次淡出了人们的视线。我们仅能在不多的几本书中找到他的名字。例如：李林从英文转译的小说集《伊达》（李林译，文化生活出版社）中收录了蒲宁的同名小说；在出版于1947年的米川正夫（Yonekawa Masao）的《俄国文学思潮》（任钧译，正中书局）和1948年季莫菲耶夫（Л.И. Тимофеев）著的《苏联文学史》（上册，水夫译，海燕书店）中也能看到蒲宁的名字。

20世纪50年代到70年代末，蒲宁在众所周知的大气候下在中国就几乎销声匿迹了。

五、重新聚焦：蒲宁在20世纪70年代后的中国

尽管从20世纪50年代初开始，苏联文坛对蒲宁重新评价的呼声日益高涨，并在20世纪60、70年代有了卓有成效的行动，但在中国文坛，蒲宁的作品却经历了更长久的不公正的待遇，直到1978年12月，党的十一届三中全会纠正了十年“文革”的

1 皮兰德娄，意大利剧作家、小说家，代表作有《西西里的柠檬》《六个寻找作者的剧中人》《亨利四世》等，获1934年诺贝尔文学奖。这里的英文均为原文标识。

错误，中国文坛终于迎来了真正的春天，蒲宁的作品也在这股强劲春风的吹拂下又一次回到了中国读者的案台上。

1978年7月《外国文艺》杂志创刊，当时杂志辟有一个“外国文艺资料”的专栏，在第一期创刊号上刊登了一篇《诺贝尔文学奖金及获奖者》的文章，在这里蒲宁的名字在沉寂了近三十年后又一次出现在了中国读者的视野中。文章简洁、客观地介绍了作家的主要作品，并指出“高尔基称他为‘语言的巨匠’，授奖是‘因为他严谨的艺术才能，使俄罗斯观点、传统在散文中得以继承’。”[1]这之后，在全国的许多杂志上，读者陆陆续续地读到了蒲宁创作于各个时期的优秀作品。1979年6月《外国文艺》第三期上发表的蒲宁后期创作的短篇小说六篇：《完了》(Конец)、《中暑》《幽暗的林间小径》(Темные аллеи)、《乌鸦》(Ворон)、《在巴黎》(В Париже)和《三个卢布》(Три рубля)，引起了广大读者极大的兴趣；两个月之后的8月，《百花洲》第一期上又刊登了《从旧金山来的先生》。值得注意的是，上述诸篇译作全都出于一人之手，他就是上海译文出版社的戴骢先生。谈到蒲宁作品在中国的译介不谈戴骢先生是不可能的，因为他不仅是新时期最早译介蒲宁作品的翻译家，而且是翻译总量最大的翻译家。1991年，戴骢先生在百花文艺出版社出版的《蒲宁散文选》的“译后漫笔”中这样写道：“屈指算来，我与蒲宁的‘文字之交’已有了18个年头了。18年前偶得蒲宁短篇小说集《从旧金山来的先生》，是苏联在50年代出版的，虽薄薄的一本，只收了四五个短篇，可在当时的处境下，读后已大有偷食禁果的喜悦。随后想方设法，借到了9卷本《蒲宁文集》的6卷，不觉技痒，断断续续地开始译，……久而久之，翻译蒲宁的作品成了我业余爱好的重要内容之一。”(蒲宁 1991a：267)

20世纪80年代，蒲宁作品在中国的译介进入了继作家获得诺贝尔文学奖后的第二个高潮。1980年，当时的《苏联文学》杂志第三期首先刊登了蒲宁的《末日》(陈馥译)和《忧虑》(Забота，冯春译)两篇短篇小说；次年的1981年可称得上是中国俄罗斯文学翻译史中的“蒲宁年”。这一年的4月上海译文出版社出版了《蒲宁短篇小说集》(戴骢译)，同月外国文学出版社推出了《布宁中短篇小说选》(陈馥译)，随后的9月外语教学与研究出版社的《米佳的爱情》(郑海凌译)面世，12月四川人民出版社又出版了蒲宁中短篇小说选《故园》(Суходол，赵洵译)，4本书中共收录蒲宁的作品35篇(不计重复的译作)，一年的翻译量远远超过了之前60年翻译的总量。在这之后，两卷本《蒲宁选集》(安徽人民出版社，戴骢和任重译)、蒲宁笔

1 该文未标注作者姓名。

下的著名中篇《乡村》(云南人民出版社，叶冬心译)以及《阿尔谢尼耶夫的一生》(长江文艺出版社，章其译)都陆续面世，1985 年 3 月四川文艺出版社还推出了蒲宁在中国的第一本诗集《夏夜集：蒲宁抒情诗选》(Летняя ночь，赵洵译)；另外在许多作品集中，蒲宁的作品也频繁出现。例如：《外国文艺》1983 年第四期上刊有戴骢先生翻译的帕乌斯托夫斯基的名篇《伊凡·蒲宁》(Иван Бунин)，《俄罗斯中篇小说集》(1983 年 4 月，山西人民出版社)中收录了《米佳的爱情》(姜明河译)，《飞天》1983 年第五期刊登了《轻轻的呼吸》(Легкое дыхание，冯玉律译)，《俄国短篇小说选》(1984 年 7 月，中国青年出版社)中收录了《旧金山来的先生》(陈馥译)，《苏联文学》1988 年第六期刊有作家的游记《鸟影》(Тень птицы，亢甫译)。

但是相对于翻译界，我国的文学研究界此时对蒲宁的评价还是极其谨慎的。这一阶段的评论文章有一个非常鲜明的特征，那就是研究者多数都充分肯定蒲宁作品的艺术特色和十月革命前作品的社会价值，但却否定作家的世界观和流亡期间作品的思想内容。例如：评论人在指出作为现实主义作家的蒲宁具有独具一格的创作风格，那就是现实主义的创作原则与平淡的情节、开放式的散文结构、写意的人物描绘、精当的细节描写和极具音乐美的语言[1]等完美结合的同时，往往不忘以对待“十月革命”的态度为尺度指出蒲宁思想的阶级性和局限性，或站在社会分析的角度否定蒲宁作品的思想内容，但观点多因循苏联评论界的老套路，对蒲宁个人及其创作并未进行新的有价值的再挖掘。许多文章都强调了蒲宁“没有预见到历史的发展”“堕落到反对革命的立场上”，但究其原因作者仅仅指出是因为作家是“贵族老爷”，因“蒲宁头脑中根深蒂固的贵族阶级思想”。对作品的评价也不乏有失公允之处。例如：有作者认为，蒲宁流亡期间“因断绝了与祖国人民生活的联系，创作源泉日趋枯竭，写出的多是抚今追昔，怀念旧俄的作品，失去了以往的思想艺术的深度和力量”。(张羽，陈燊 1984：661)甚至有作者认为蒲宁的经典名篇《米佳的爱情》和《阿尔谢尼耶夫的一生》等作品仅仅是“尚有一定的文学价值”(杨茂祥，俎浚 1987：213)。1986 年刊登在《贵州师范大学学报》(哲社版)上的文章《试析布宁小说中的“爱与死”主题》批判的“火力”则更加猛烈，对蒲宁爱情题材的小说几乎是进行了彻底的否定。作者认为蒲宁写于不同时期的有代表性的爱情小说“具有不同程度的畸形性质”，表现为它

1 这几个特点在下列文章中均有表述：张杰.“散点”与“透视”——蒲宁中篇小说〈乡村〉思想艺术浅析 [J]. 外国文学欣赏，1986(4). 68–71；钱善行. 一部具有“头等的艺术价值”的中篇小说——评蒲宁的早期代表作〈乡村〉的艺术技巧 [J]. 外国文学研究，1986(3). 45–53；郑海凌. 蒲宁和他的散文体小说 [J]. 苏联文学，1988(6). 87–91.

们“翻来覆去总跳不出这样一个程式：始则男女艳遇，美色醉人，一见钟情。继则感情勃发，情欲亢进，接着是他所谓的‘性的弥撒’。结果不是庸俗平淡，无聊腻味，就是生离死别，自杀惨死之类。这一程式如果用一个简单的公式来表述的话，就是‘爱情加死亡’”。作者挖掘这一切的原因，认为都源于作家阶级的局限、视野的偏见和生活圈子的狭窄。作者写道：没有先进的思想作为指导导致了蒲宁“在观察世界、描写爱情、分析生活时，常常带着破落贵族的悲观态度、阴暗心理和没落情绪，使得他面对人心浇薄、物欲横流时代众多的爱情丑剧和悲剧时，不能正确地透视社会现象，把握时代潮流，分析事物本质”，因此作家一生虽则“塑造了数以百计的人物形象，特别是妇女形象，竟没有为俄国文学的传统画廊提供一个像普希金笔下的塔吉雅娜、屠格涅夫笔下的叶莲娜、车尔尼雪夫斯基（Н.Г. Чернышевский）笔下的薇拉和托尔斯泰笔下的娜塔莎等那样具有典型性和时代意义的‘俄罗斯文学中最迷人的俄罗斯妇女形象’”，也跳不出“爱与死”的俗套。因此，作者认为，如果将蒲宁与俄罗斯其他文学大师，特别是普希金、托尔斯泰、契诃夫进行横向比较的话，那么蒲宁就“显得特别欠缺俄罗斯文学史上经典作家那种博大的胸怀，深刻的思想，敏锐的远见和把握时代潮流的腕力”。若将蒲宁不同时期的作品做纵向比较的话，那么“流亡期间的创作较之这之前的成就，那是不可同日而语的”。作者认为，这不仅是因为“由于脱离了人民与故土，灵感枯竭，再也写不出像《乡村》那样的杰作来，只有搜肠刮肚，发掘记忆”，还因为蒲宁在迎合“冥顽下流、不务正业，成天津津乐道往日的欢乐和失去天堂”的白俄读者的低级趣味，也多少是受到了西方颓废文学的影响。（杨通荣 1986：43–48）

20 世纪 80 年代的如此状况显示了中国的蒲宁学研究尚不够成熟。这种状况在 20 世纪 90 年代得到了极大的改观。

20 世纪 90 年代蒲宁作品的翻译取得了新的突破。除了更多的出版社加入了出版蒲宁作品的行列、作家的名篇均不断有新译本出现之外，又有更多的作品被译介进中国。译文集主要有 1991 年漓江出版社的《米佳的爱情》（王庚年等译）、1997 年人民日报社出版的《蒲宁散文精选》（戴骢译）以及 1997 年辽宁教育出版社的《最后一次幽会：伊万·布宁散文集》（Последнее свидание，陈馥译），而散见于各类报纸杂志上的译文则数量更多[1]。1998 年三卷本的《蒲宁文集》问世，安徽文艺出版社出版，译

1 例如：《白天的星星》（1993 年，中国社会科学出版社）中收录了《秋》（Осень）、《雾》（Туман）、《静》（Тишина），译者为戴骢；《世界文学名著故事集》（1998 年，重庆出版社）收录了《三个卢布》（未注明译者）；《外国文艺》（1995 年，第 4 期）刊登了蒲宁的诗歌，译者为戴骢；《俄罗斯文艺》（1997 年第 1 期）刊登了《一夜霞光》（Свет незакатный），译者为贾放。

者依然是资深的翻译家戴骢先生[1]。三卷中共收录了小说84篇、诗歌140首、人物特写6篇以及散记3篇，总字数达到105万字，时至今日这套文集依然是国内囊括蒲宁作品数量最多的“重量级”出版物。至此，蒲宁一生中最重要的、最为读者耳熟能详的作品已基本被译介到了中国，正如戴骢先生在文集第一卷的“译后漫笔”中写的：“本卷所收140首诗，虽仅是蒲宁诗海中之一瓢，却多少反映了蒲宁诗歌的总貌。”（蒲宁 1998：356）这句话尽管是针对诗歌而言的，但笔者认为，它用在整部文集中都是适合的。

相对于20世纪80年代中国的蒲宁学研究，20世纪90年代应该说是更加深入，研究的视野也拓宽了许多，更重要的是对蒲宁的评价更加客观和公正，以真正的文学价值为标准。这一阶段的研究者已日益意识到了前一时期“某些人揪住布宁对十月革命缺乏认识……不放，只讲布宁在十月革命前的文学活动而对他在国外写的文学作品避而不谈或一笔带过的做法”（见蒲宁 1991b：3）的片面性，提出了“对布宁的全部文学遗产认真研讨，探索其创作分期和特点，借鉴其表现手法和写作技巧，汲取丰富的营养，以利自己的研究和创作”（见蒲宁 1991b：3）的说法，无疑，这是在一个新时期开始之际的一个具有重大意义的倡议，也是中国的蒲宁学研究走向成熟的标志。

20世纪90年代中国蒲宁学研究领域的一件值得重视的事是上海外语教育出版社出版了国内第一本系统研究蒲宁的专著《跨越与回归——论伊凡·蒲宁》，它的作者是上海外国语大学俄语系的冯玉律教授。作者不仅回顾了蒲宁一生的生活经历，更细致地梳理了蒲宁各个不同时期的创作特点，揭示了蒲宁不以流派作茧自缚的复杂且极具特色的美学原则以及其风格特征的演化过程。在这本专著中，笔者认为，最有新意之处就在于作者本着科学的态度矫正了仿佛已“盖棺定论”了的蒲宁与十月革命之间的关系，深刻挖掘了表面现象背后隐藏着的真实原因，而不是人云亦云地“扣大帽子”。作者认为，蒲宁是站在一个人道主义者的角度看待革命的，作者写道：“蒲宁是个人道主义者。他目睹了资本主义制度的弊病和旧俄社会的黑暗，便想从人性、道德等方面来为种种危机寻找根源。这位作家曾经追随过托尔斯泰，也受到东方哲学，特别是佛教思想的熏陶。他反对暴力，幻想用文化、用精神、用‘上帝的法则’、用‘美’来拯救俄罗斯，而把阶级斗争视为全民族的灾难。风起云涌的俄国革命使他陷入了极度的苦恼和惶惑之中；面对战乱、破坏和饥荒，他感到绝望。蒲宁离开祖国本出于无奈，结果酿成了他一生中最大的悲剧。”（冯玉律 1998：2）如此观点对后来的研究者无疑是起

1 第一卷的诗歌是戴骢和娄自良合译。

到了重要的引导作用，开拓了一条新的思考途径。另外，还应该强调的一点是，在解读作家、揭示其作品真正的人文价值的过程中，专著作者决不泛泛而谈，而是对作品的文本进行了具体而精细的艺术分析，全书仅小说就提到了近百篇，足见作者对蒲宁作品的谙熟程度。因此，该专著一经面世就成为许多蒲宁研究者必备的参考书就不足为奇了。

六、蒲宁在21世纪初的中国

随着21世纪的到来，无论是俄罗斯，还是中国国内，蒲宁作品的出版和蒲宁学的研究都掀开了崭新的一页。1999年，在莫斯科大学举办的“俄罗斯文学回顾与展望”国际研讨会上，俄罗斯学术界提出了21世纪最具研究价值的五位作家名单，蒲宁名列榜首。而在我们国内21世纪开始的这几年，作家更多的作品被译介成中文，更重要的是，这里的“作品”不仅仅只是蒲宁的诗歌和小说，而是包括更多的内容。早在1999年，辽宁教育出版社就出版了蒲宁的专著《托尔斯泰的解脱》（Освобождение Толстого，陈馥译），2001年上海文化出版社在国内首推以名篇《耶利哥的玫瑰》（Роза Иерихона，冯玉律译）命名的蒲宁创作于各个时期的游记随笔集；2002年1月东方出版社又推出了《蒲宁回忆录》（Воспоминания，李辉凡译）。关于译介这些作品的意义，有译者恰如其分地说：“过去，我国只出版了蒲宁的作品，只看到他创作的一面。这本书出来后，我们可以对他的生平、政见、世界观等诸多方面有所了解。”（蒲宁 2002：7）2004年，上海译文出版社出版了蒲宁作品选集，名为《耶利哥的玫瑰》（冯玉律，冯春译），其中相当一部分译文是首次与中国读者见面。例如：《圆耳朵》（Петлистые уши）、《夜航途中》（В ночном море）、《理性女神》（Богиня разума）、《晚间的时候》（Поздней ночью）。这些作品在中国的问世无疑是中国蒲宁学研究事业的幸事，为中国的研究者更全面更客观地了解蒲宁提供了丰富的资料来源。

在新世纪的国内蒲宁学研究领域，我们看到，一批成熟而卓有成效的青年研究者队伍正在国内形成，而平静、客观地分析蒲宁丰富的艺术和精神世界已日益成为他们的准则。在新世纪的各类学术刊物上，我们可以看到《诗意的隐喻无言的启迪——蒲宁小说〈轻盈的气息〉的叙事方式》《现实主义创作艺术的拓展——重读布宁中篇小说〈乡村〉》《蒲宁与现代主义》《转向主体情感世界的艺术创作——蒲宁小说创作中的现代意识探索》《从归纳走向解构——蒲宁创作艺术的再认识》以及《蒲宁小说文体解析》等文章[1]，更有数篇大部头的博士论文以蒲宁为研究对象，如北京大学温仙哲的《布宁与张爱玲小说的类型学比较》，北京师范大学刘贵友《伊凡·布宁小说创作研究》以及本文作者的《永不枯竭的心灵之泉——论伊凡·蒲宁小说创作中的“永恒主题”及风格特征》，研究者都选取了新的视角，发表了新的见解，努力对蒲宁进行全方位的、更深层次的揭示。

七、结 语

时光荏苒，日月穿梭。屈指算来，蒲宁的作品在中国已走过了八十余年的历程，这一历程并不平坦，而是充满了冷漠、贬谪和误解，但更多的却是真诚的探索和科学的态度。在一代一代的翻译人和研究者的努力之下，蒲宁作品中所蕴含的客观真理、生活经验、审美价值以及作家对生活的深刻思考不仅没有随着它们产生时代的逝去和作家生命的消逝而失去生命力，相反，它们就像陈年的醇酒，历久弥香，在一代一代的读者心中获得了永久的魅力。

参考文献

[1] 冯玉律．跨越与回归——论伊凡·蒲宁 [M]．上海：上海外语教育出版社，1998.
[2] 茅盾．茅盾文集（33 卷，外国文论五集）[M]．北京：人民文学出版社，2001.
[3] 茅盾．忆契诃夫 [J]．世界文库．上海：生活书店．1935（6）.
[4] 蒲宁．米佳的爱情 [M]．王庚年译．桂林：漓江文艺出版社．1991a.
[5] 蒲宁．蒲宁回忆录 [M]．李辉凡译．上海：东方出版社．2002.
[6] 蒲宁．蒲宁散文选 [M]．戴骢译．天津：百花文艺出版社．1991b.
[7] 蒲宁．蒲宁文集（第一卷，诗歌散文卷）[M]．戴骢，娄自良译．合肥：安徽文艺出版社，1998.
[8] 蒲宁．张的梦 [M]．韦丛芜译．上海：北新书局，1929.
[9] 钱歌川．本年度诺贝尔文学奖奖金的得奖者布宁 [J]．新中华，1933（I，24）.
[10] 陶映霞，毕树棠．关于 Ivan Bunin[J]．世界文学，1935（I，3）.
[11] 杨茂祥，俎浚．诺贝尔奖金获得者辞典 [Z]. 西安：陕西人民教育出版社，1987.
[12] 杨通荣．试析布宁小说中的“爱与死”主题 [J]．贵州师范大学学报（社会科学版），1986（3）.
[13] 张羽，陈燊编选．俄国短篇小说选 [M]．北京：中国青年出版社，1984.
[14] 郑林宽．伊凡·蒲宁论 [J]．清华周刊，1934（42 卷，1）.
[15] Паустовский К. Золотая роза [M]. Санкт-Петербург: КАРАВЕ, 1995.

（本文原载于《俄罗斯文艺》2005 年第 1 期）

1 此处提到的文章的作者和发表刊物分别为：曹而云．名作欣赏 [J]．2001（3）；刘炜．俄罗斯文艺 [J]．2002（1）；叶红．俄罗斯文艺 [J]．2002（3）；管海莹．俄罗斯文艺 [J]. 2002（6）；张祎．俄罗斯文艺 [J]．2002（6）．张祎．外国文学研究 [J]．2003（4）.

翻译

张超人（张草纫）

男，1928年出生。

1949年12月考入华东革大附设俄文专科学校。1950年12月提前毕业，留校任教，讲授俄译汉课程。1953年5月，在北京俄文专科学校，参加全国各学科统一教材俄语课的编写工作。1954年5月，回校后继续在俄语系工作。1956年7月，调到俄语系汉俄词典编写组，该词典由商务印书馆正式出版后，颇得俄语界好评。已出版的作品约有130多册，主要包括《俄罗斯抒情诗选》（上、下册）、《浆果处处》、《俄国史教程》（与浦允南合译）、《纳兰词笺注》、《二晏词笺注》、《黄仲则选集》等。

翻译的理解和表达

张超人

摘　要：概括而言，翻译就是正确地理解原文和确切地用译文语言表达出来。本文从理解和表达两方面论述了翻译问题。其中理解方面重在词的意义，涉及词的搭配、语法关系、上下文等问题；表达方面包括选词、选择句型、避免模棱两可等问题。

关键词：翻译；理解；表达

翻译的问题，概括起来说，不外乎是理解和表达。也就是说，怎样正确地理解原文和确切地用译文语言表达出来。在这方面，理解是关键。没有正确的理解就不可能有正确的表达。这当然并不是说表达上不能有变通的余地，而只是说，变通的表达也要以正确的理解为基础。原作是已经写定的东西。

对原作意思的理解，不管你翻译与否，应该是一致的。当然，也可能会由于语言本身的局限性或者由于作者写得不够清楚而在理解上产生分歧，但这只是个别的、特殊的现象。而在一般的情况下，理解是不应该有分歧的。因为一个词（或词组）尽管可能有几个意义，一个单独的句子尽管可能表示几种意思，但在具体的语言环境中，在一定的上下文中，它们的意义是限定的，不可能既这样理解又那样理解。通过对词的搭配、语法关系、上下文中叙述的环境和具体事实的分析，是可以得到正确的理解的。

1. 词的意义，有时受同它相搭配的词的限制，或者受某种特定的语法关系的限制，就是说，一个词虽然是多义的，但它同另外一个词搭配在一起时，或者在某一种特定的语法关系中，只可能表示一种意义。

例 1. По-видимому, речь идёт о протоколе показаний М.М. Литвинова, который 10 марта 1908 года *адресовал* ЦК РСДРП *протест* против передачи показаний Заграничному Центральному бюро. Л. Тышка, предполагая, что ЦК РОДРП *будет рассматривать протест*, предупреждал Ф. Кона о соблюдении конспирации. (Ленин: «Полное собрание», издание пятое, том 47, стр. 347; 以下简写为 Ленин, т. ..., стр. ...)

看来指的是马・马・李维诺夫的供词记录，他于1908年3月10日向俄国社会民主工党中央委员会**提出抗议**，反对把供词转给国外中央局。利・梯什卡认为俄国社会民主工党中央委员会将**审理这个抗议**，并提醒费・柯恩，要他保密。（初稿[1]，注125）

протест 在苏联科学院编的四卷本《俄语词典》（Словарь русского языка）中有两个释义：1. решительное возражение против чего-л., заявление о несогласии с чем-л., о нежелании чего-л.，即“抗议”；2. официальное выражение несогласия с каким-л. решением, постановлением，即“抗议书”。

这里 протест 同 адресовать 和 рассматривать 搭配在一起，指的是“抗议书”。所以应当理解为“提交了一份抗议书”和“研究这份抗议书”。

例 2. Хорошо бы знать, какую предельную сумму можем мы в крайности, когда нигде ничего не раздобудешь и грозит органу смерть, получить от Вас *наверное*. (Ленин, т. 46, стр. 422)

最好能让我们知道，在无法从任何地方筹集经费，机关报面临夭折危险的万不得已的情况下，我们**大概**能从您那里最多得到一笔多大的款子。（初稿177页）

наверное 有两个意义，而且用法是不同的。用作插入语的时候，解释为“大概”，

1 指我们自己翻译的《列宁文集》未定稿，下同。

而作为一般的副词，解释为“准定”“一定”。这里是副词，所以应当理解为：“我们准定能从您那里最多拿到多大的款子。”

例 3. *Признаюсь*, я очень удивился, услышав ее говорящею по-человечески. (Гоголь: «Собрание художественных произведений в пяти томах», том 3, стр. 263; 以下简称为 Гоголь, т. 3, стр. ...)

我得承认，我听见狗说起人话来是不胜惊奇的。(《彼得堡故事》166页；以下简写为《彼》…页)

признаться 的本义是“承认”，但用作插入语，词义发生了变化。这个词在《俄语词典》中的释义是：2. неопр. признаться и *1 л. ед. ч. буд. вр.* признаюсь. Употребляется также как вводное слово в значении: говоря откровенно, если сказать правду. 所以应当译成“说实在的”“老实说”。

2. 有时一个词的意义在句子中无法确定，必须根据具体事实或上下文，才能确定。

例 4. Сейчас посылается 1) сообщение о *выселении* духоборцев; 2)...(Ленин, т. 46, стр.9)

现在寄去1）关于**驱逐**反对正教仪式的教徒的报道；2）……(《列宁全集》34卷3页)

выселение 译成“驱逐”，意思不够确切。выселение 既是 выселить 又是 выселиться 的动名词。выселиться 的意思是“迁居”，而 выселить 的意思是“使迁居”。在这一句中，выселение духоборцев 表示迫使 духоборцы 迁居呢，还是 духоборцы 自己迁居，是无法确定的。必须查考历史事实。

在《历史百科全书》中可以查到：“反对宗教仪式的教徒遭到政府方面的镇压，对其实行大规模的强制性迁居。”因此，这里的 выселение 应该是 выселить 的动名词。这一句应当理解为：“1）关于强迫反对正教仪式的教徒迁徙的报道……”

例 5. Я глядел на всю канцелярскую *сволочь* и думал: «Что если бы вы знали кто между вами сидит Господи боже! какую бы вы ералаш подняли, ...» (Гоголь, т. 3, стр. 256)

我望着这群**瘟官们**，想：你们还不知道谁坐在你们中间哪……老天爷，你们要是知道了，就会怎样地骚动起来，……(《彼》181页)

сволочь 在《俄语词典》中的释义是：1. собир. прост. устар. Люди низкого происхождения или положения. 2. собир. прост. Сброд, подлые, скверние люди.

这一段引文的上下文，描写一个疯子自以为是西班牙国王，趾高气扬，不把过去的同僚放在眼里，所以用的是第一个意义，意思是“官卑职小的人”，并没有骂人的意思。《俄语词典》在 сволочь 这个词的第一个意义中就是引用果戈理的这一句作为例证的。这里可以译成：“我望着所有这些芝麻绿豆大的官儿……”

3．理解一个词（或词组），不能仅仅满足于知道大概的意思，应当确切地理解它所表示的是思想还是行动，是动作还是状态，以及数量的多寡，范围的大小等等。

例 6．...ЦО *предпринимает* издание популярного органа, ...(Ленин, т. 46, стр. 384)

……中央机关报**打算**出版一份通俗性的报纸，……（初稿 153 页）

“打算”是指头脑中在考虑，而 предпринимать 的意思是“着手进行”，表示出版报纸的工作已经开始进行了。所以这一句应当译成：“中央机关报正在筹备出版一份通俗性的报纸，……”

例 7．...барышня моя Софи была в чрезвычайной *суматохе*. (Гоголь, т.3, стр. 249)

……我的小姐莎菲**心情十分不宁**。（《彼》175 页）

суматоха 在《俄语词典》中的释义是：беспорядочная торопливая беготня, суета, суетливые хлопоты，它指的是表露出来的行动，而不是内心的情绪。因此，这一句应当理解为：“我的小姐莎菲搞得手忙脚乱。”

例 8．...были аресты с 1 на 2 Ⅻ, а комитет не может выяснить, *среди кого* и по какому случаю...(Ленин, т. 46, стр. 169)

……12 月 1 日晚到 2 日晨发生了几次逮捕，而委员会不能查明**有哪些人**，由于什么原因而被捕……（初稿 64 页）

среди кого 是指在怎样的一类人中间，在工人中间、学生中间，还是社会民主党人中间等，而并不是指具体的哪几个人。所以应当译成：“而委员会不能查明在什么人中间进行逮捕，由于什么原因。”

4．理解一个词（或词组），除理解其本身的含义以外，还必须理解它同其他词的关系。因为如果对词与词之间的关系弄不清楚，那么即使对各个单词意义的理解是正确的，对整个句子的理解仍然可能发生错误。

例 9．Алексей *слышал что-то* об этом год тому назад, но ... (Ленин, т.46, стр. 155)

阿列克赛一年前**似乎听说过**这件事但……（初稿 56 页）

что-то 表示不肯定，但这是指听到的内容不清楚，而“听到”本身是肯定的。译成“似乎听说过”就把“听说过”这个动作变得不肯定了。因此，这一句应当译成：“关于这件事，阿列克赛一年前曾经听到过一点，但……”

例 10. Так как ответа на это прошение не было, то я в бытность мою в городе Минусинске, *в 20 числах мая*, лично явился к г-ну исправнику и повторил свою просьбу. (Ленин, т. 46, стр. 453)

因为没有收到这一申请书的复文，所以我在去米努辛斯克城时，**于五月下旬曾面谒**局长先生，再次提出我的要求。（初稿 207 页）

В 20 числах мая 是指五月下旬的几天，具体天数没有说明，但不是一天，因为 числа 是复数，而面谒局长只是一次，因此 в 20 числах мая 不可能修饰动词 явился，只能修饰 бытность。这一句应当理解为："所以五月下旬我在米努辛斯克城逗留期间，曾面谒局长先生……"

例 11. Ах, Меджи, Меджи! Если б ты знала, кто это: брюнет, камер-юнкер, а глаза какие! *Чёрные и светлые, как огонь*! (Гоголь, т. 3, стр. 250)

啊，美琪，美琪，你知道他是谁：一个头发乌黑的漂亮小伙子，一位侍从官，他有一双多么吸引人的眼睛啊！**又黑又亮，像一团火**。（《彼》176 页）

светлые，как огонь 是常用的搭配，但 чёрные 与 как огонь 则在概念上联不起来，因此应当理解为它们之间是没有关系的。在汉语中，"又黑又亮，像一团火"也不可思议。因为形容"火"只能说"亮"，不能说"黑"。这一句可以译成："他有一双多么吸引人的眼睛啊！漆黑的瞳仁，闪着像火一样的亮光。"

如果说对原文意义的理解还比较容易取得一致认识的话，那么在表达上却往往会产生很大的分歧。直译与意译的争论，对"信、达、雅"或"忠实、通顺"的理解，以及保持原作风格、形象等方面的问题，主要都是表达方面的问题。由于这些问题都需要作专门的论述，这里暂且不谈，仅限于用一些具体例子来说明表达上应当注意的问题。

1. 在表达的时候，经常碰到的一个问题是怎样挑选合适的词。除术语外，原文的一个词在译文语言中往往能找到几个同义词或近义词。这些词虽然基本意义相同，但在修辞色彩、使用场合等方面有差别。因此必须加以选择。

例 12. Письмо написано Н.К. Крупской *по поручению* В.И. Ленина. (Ленин, т. 46, стр. 379)

这封信是娜·康·克鲁普斯卡娅受列宁的**委托**写的。（初稿 145 页）

"委托"的语气比较慎重，一般的场合只消用"托"。这一句可以译成："这封信是列宁托娜·康·克鲁普斯卡娅代写的。"因为从事情的性质（代写一封信）以及列宁同克鲁普斯卡娅的关系来看，用"托"比用"委托"更确当一些。

例13. Троцкий хочет не партию строить вместе с большевиками, а создавать свою фракцию. Что ж, – пусть попробует! «Своей» фракцией он отобьёт кое-кого у меньшевиков, немного у нас, а в конце концов неизбежно *приведёт* рабочих к большевизму. (Ленин, т. 47, стр. 209)

托洛茨基不是想同布尔什维克一起建设党，而是想建立他自己的派别。好吧，就让他去试试吧！他利用“自己的”派别能从孟什维克那里拉去个把人，从我们这里拉去几个人，而归根结蒂他将不可避免地**使**工人们**走向**布尔什维主义。（初稿311-312页）

这里把 приведёт рабочих к большевизму 译成“使工人们走向布尔什维主义”，而不是译成“把工人们引向布尔什维主义”，是处理得比较好的。因为这是对托洛茨基进行批判，意思是说托洛茨基危害革命的活动终究将会被工人们所识破，坏事变成好事，促使工人们走向布尔什维主义。如果译成“把工人们引向布尔什维主义”，那就变成称赞托洛茨基了。

2. 除选词外，还有一个选择句型的问题。句型不同，表示的意思也会有差别。首先要注意表达的角度，也就是把着眼点放在什么地方。这里可以举一个修辞学的例子来说明。陈望道先生在《修辞学发凡》中引用陈善《扪虱新话》中的一段话：“文字意同，而立语自有工拙。沈存中记穆修、张景二人同造朝，方论文次，适有奔马践死一犬，遂相与各记其事以较之工拙。穆修曰：‘马逸，有黄犬遇蹄而毙。’张景曰：‘有犬死奔马之下。’今较此二语，张当为优。然存中但云‘适有奔马践死一犬’，则又浑成矣。”（陈望道 1976：57）接下去，《修辞学发凡》中指出：“其实张语并不见得优，沈语也不见得怎样浑成。只因张着眼在犬，沈着眼在马，各为一句，穆着眼在犬马两物，就此记以两句罢了。”（陈望道 1976：57）

下面我们再举几个例子来比较一下。

例14. Сейчас получил Ваше второе письмо и спешу ответить: может быть, если поторопитесь, *ваш ответ ещё застанет меня здесь* (до 12 VI наверное буду здесь). (Ленин, т. 46, стр. 6)

刚才收到您的第二封来信，现在赶紧作复。如果您也抓紧，**我也许还能在这里收到您的回信**（6月12日以前我大概还在这里）。（初稿7页）

……如果您赶快回复的话，**也许您的回信寄到的时候，我还没有离开这里**（6月12日以前我肯定还在这里）。

上面的第一种译法，把着眼点放在“我”上，考虑“我能收到您的回信”。第二种译法，把着眼点放在“您的回信”上，意思是说：我的行期已经确定，如果您的回信需要让我看到的话（并不是我需要看到您的回信），那么要赶快寄来。这个译法虽然字面上同原文不一致，但意思却比较接近。

例 15. Мы очень просили бы дать нам ответ в двухнедельный срок. При отсутствии ответа нам придётся считать Лигу не признающей Ⅲ съезда. Разумеется, *указанный срок в случае надобности может быть нами продлен.* (Ленин, т. 47, стр. 33)

殷切希望你们在两星期内给我们答复。在没有收到答复的情况下，我们只能认为同盟不承认第三次代表大会。当然，**必要时我们可以延长上述期限**。（初稿 222 页）

……当然，**如有必要，上述期限我们可以延长**。

上面的第一种译法，把着眼点放在“我们”上，意思是说：我们认为有必要就延长，认为没有必要就不延长。第二种译法，把着眼点放在“期限”上，意思是说：期限虽然定了，但在必要时是可以延长的。这个译法与原文比较接近。

3．表达的时候，应当把原文的意思表达清楚，防止产生模棱两可的现象；而且要尽可能使译文不致与原作的意思有出入。

例 16. Получил материалы ростовцев и *письмо троих из них*. (Ленин, т. 46, стр. 252)

收到了罗斯托夫人的材料……和**他们中间三个人的来信**。（初稿 112 页）

“三个人的来信”是三个人合写的一封信呢，还是每人各自写一封信？不清楚。而原文是很明确的。所以应当译成“三个人合写的一封信”。

例 17. *Расписка* в получении 60 фунтов и 20 фунтов с *указанием* их назначения будет напечатана в нашей газете «Вперёд». (Ленин, т. 47, стр. 15-16)

领取 60 英镑和 20 英镑的**收据及其用途的说明**将刊登在我们的《前进报》上。（初稿 215 页）

“收据”和“说明”是一件东西呢，还是两件东西？从译文看是两件东西，但原文显然是指一件东西。所以应当译成：“收到 60 英镑和 20 英镑并写明用途的收据，将刊登在我们的《前进报》上。”

4．原文的词的形象，在译文中有时需要保留，有时可以用对当的形象代替。关于这个问题，过去已有过不少专门的论述，因此这里不准备多谈。不过要补充一点，就是原文中原来有形象的词，如果在具体使用的场合已经失去了形象，那么在翻译时也无需保留形象。例如：“毛遂自荐”“司空见惯”，只表示“推荐自己”和“见惯”的意思，原来的平原君门客“毛遂”和作为官名的“司空”的形象已经没有了，因此不需要译出来。硬译出来反而是画蛇添足。

例 18. Милая Фидель, я все не могу привыкнуть к твоему *мещанскому* имени.

Как будто бы уже не могли дать тебе лучшего? (Гоголь, т. 3, стр. 247)

亲爱的菲岱尔！我总看不惯你这个**小市民式**的名字。难道就不能给你起一个好一些的么？（《彼》173 页）

мещанский 在《俄语词典》中的释义是：1. прил. к мещанс (в 1 знач.). 2.переп. Ограниченный мелкособственническими интересами，обывательский; свойственный мешанину (во 2 знач.). мешанин 的第一个意义是“小市民”，第二个意义已由“小市民”引申为“庸俗的人”。因此 мещанский 的第二个意义是“庸俗的”。这一句只需译成“我总听不惯你这个俗气的名字”，就可以了，不必保留“小市民”的形象。

例 19. ...К тому же из-под ворот каждого дома несет такой *ад*, что я, заткнун нос, бежал во всю прыть. (Гоголь, т. 3, стр. 246)

再加上从每家人家的门缝里流出一种**地狱一样的恶臭**，使我不得不捏紧鼻子，三脚两步地赶快跑开。（《彼》172 页）

ад 在《俄语词典》中的释义除本义“地狱”外，用作转义的意思是：Обстановка，условия，пребывание в которых мучительно，невыносимо. 由此可见，已经没有原来的“地狱”的形象了。在这一句中，译成“恶臭”已经足够。在同书的另一个地方还有一句：Такого ада я ещё никогда не чувствовал（стр. 262），译成“我还从来没有受过这样的活罪”（《彼》185 页），把“地狱”的形象丢掉了，处理得比较好。

5. 如果原文的词（或词组）有引申的义项，译文应当尽可能把这种意思表达出来。

例 20. Сначала я объявил Мавре, что она услышала, что перед нею испанский король, то *всплеснула руками* и чуть не умерла от страха. (Гоголь, т. 3, стр. 255)

我首先告诉了玛芙拉我是个什么人。当她听说西班牙皇帝站在她面前的时候，她**摆动双手**，差点吓死过去。（《彼》180 页）

всплеснуть руками 在《俄语词典》中的释义是：вскинув руки，ударить слегка в ладоши под влиянием какого-то сильного чувства. 译成“摆动双手”，不仅动作不对，而且完全没有把意思表达出来。当然，由于不同民族的风俗习惯不同，外国人特有的动作所表示的感情色彩往往是很不容易传达的，有时只能表达出基本的意思，有时需要加注说明。这里可以译成：“当她听说站在她面前的是西班牙国王的时候，她大吃一惊地举起双手一拍，差点儿吓死。”

例 21. Оттуда я пошел прямо в директорскую квартиру. Его не было дома. Лакей хотел меня не впустить, но я ему такое сказал, что он и *руки опустил*. (Гоголь, т. 3, стр 257)

我打那儿直奔部长的住宅。他不在家。仆人想拦阻我，可是我说了几句话，他**就把手放了下来**。(《彼》181 页)

опустить руки 在莫洛托克娃 (Молоткова) 主编的《俄语成语词典》中的释义是：утрачивать способность или желание действовать, делать что-либо. 按字面译成“把手放了下来”，没有表达出确切的意思。从上文叙述的情节判断，所说的话无非是表明自己的身份是西班牙国王，所以把仆人吓得不知如何是好。因此可以译成：“仆人想拦住我，不让我进去，可是我对他说了一句话，就吓得他急忙垂下双手，不知所措。”

上面列举的这些例句，是我在最近一年的译校工作中所接触到的，现在整理出来，供同志们作进一步的分析和探讨。由于篇幅的限制，有些地方谈得很粗糙，有不妥当的地方，请同志们批评指正。

参考文献

[1]　陈望道. 修辞学发凡 [M]. 上海：上海人民出版社，1976.
[2]　Словарь русского языка: В 4-х т. [Z]. М.: Русский язык, 1957-1961.

（本文原载于《外国语》1978 年第 2 期）

吴克礼

男，1940年出生，教授，博士生导师，
普希金奖章获得者。

曾任上海外国语学院副院长、中华人民共和国驻俄罗斯联邦大使馆教育参赞。参加和独立编撰词典10余部，发表论文和撰写序言20余篇。主要著作有《当代俄罗斯社会与文化》《文化学教程》《俄苏翻译理论流派述评》，承担的课题有国家“211工程”重点项目《俄罗斯译学百科词典》和“新世纪高等学校俄语专业本科生系列教材”。因在俄语教学、俄罗斯文化传播和俄语高级人才培养方面的杰出贡献，曾获时任总理普京亲自颁发的奖章和“俄罗斯世界”基金会颁发的俄语年奖三等奖。

双语词典编纂法新探

——从翻译到对比

吴克礼

摘　要： 目前，我国编纂双语词典的主要方法是翻译法。本文针对这一方法所存在的不足，提出在翻译法的基础上增加对比法，以提高双语词典的编纂质量。

关键词： 双语词典；编纂；翻译法；对比法

目前，我国编纂双语词典的主要方法是翻译法，编者在出发语中挑选一部合适的详解词典作为蓝本，根据其词目的释义逐一译成归宿语，这样一部双语词典就诞生了。在编写过程中，虽然也按照实际情况作了适当的增删，但基本上是翻译。从效果来看，用这一方法编成的双语词典，在它所涉及的两种语言之间架起了桥梁，为使用这两种语言起着积极的作用。

但是翻译法也存在着不足之处。

首先，词目的翻译过程是线性过程，即从出发语的某一点（一个词目或义项）开始，以该词目或义项在详解词典中的释义为依据，向归宿语作一直线，直线的另一端就是译文。设出发语中的那一点为x，其释义为y，译文为z，那么这一线性过程可用下图来表示：

x（词目或义项）————→ z（译文）
y（释义）

试举一例：

teacher (x) ———————————— 教师（z）
person who teaches（教书的人）（y）①[1]

分析这一过程，不难看出该过程中的两项（x，y）是已知项，而另一项（z）为未知项。未知项是根据已知项y推导出来的。大量实践表明，这种推导大多是正确的。但也有：①不正确的（误译），②不确切的（内涵不完全对等），③受出发语的词目释义影响的（用译成的词目释义代替归宿语中现成的词语）。说明这三种情况的例子在不少文章中都有，这里不再一一列举。

其次，这一线性过程中的未知项即使推导出来是正确的，也不容易确定所得的结果是不是这一过程的终点。例如："教师"是根据y推导出来的正确结果，但整个过程是否就到此为止了呢？请看下图：

x (teacher) ———————————— z ($z^1 \cdot z^2 \cdot z^3 \cdots$?)
教师 老师 教员
y (person who teaches)

汉语中"教师"有不少同义词。编者一般不会只提供一个译文。那么在篇幅相近、对象相同的词典中，这一过程的终点在何处呢？是 $z^1 \cdot z^2$ 呢？还是 $z^1 \cdot z^2 \cdot z^3$ 呢？还是更多呢？在已经出版的几本英汉词典中，teacher的译文数量不一。有的举：教员、老师、先生；有的为：教师、教员、老师、先生；还有的是：教师、教员、老师。为什么会出现这种现象？是出于不同的目的呢？还是不清楚归宿语中z具体究竟指多少词？$z^1 \cdot z^2 \ldots$ 的终点何在？

1　见 The Advanced Learner's Dictionary of Current English（《现代高级英语字典》）。

最后，翻译法的依据是词目在详解词典中的释义，因此它的译文仅仅是在语义方面与出发语的相应词目或义项对应，至于词目或义项在构词、组合关系、聚合关系方面的特征，以及在言语中的应用都无法在译文中得到反映。

如果在翻译法的基础上采用对比法，那情况就不同了。

在一部词典中，除了宏观结构（整部词典）和微观结构（一个词条），还存在着若干中观结构。中观结构介乎宏观和微观之间，是以词汇的某个特征集合该宏观结构中具有这一特征的所有词的词汇体系。以词的聚合关系为特征，则语义场是一个中观结构；以构词为特征，则词族为另一个中观结构；以组合关系为特征，词的组合又是一个中观结构。对比法就是这些中观结构的对比。本文仅以语义场为例来说明这一方法。

编者在处理一个词目或义项时，把它放在它所属的语义场中，确定它在该场中的层次，以及该层次上的位置，然后在归宿语中圈定相同的语义场，根据词目或义项的释义，确定相应的层次及位置，最后加以共时的比较。见下图：

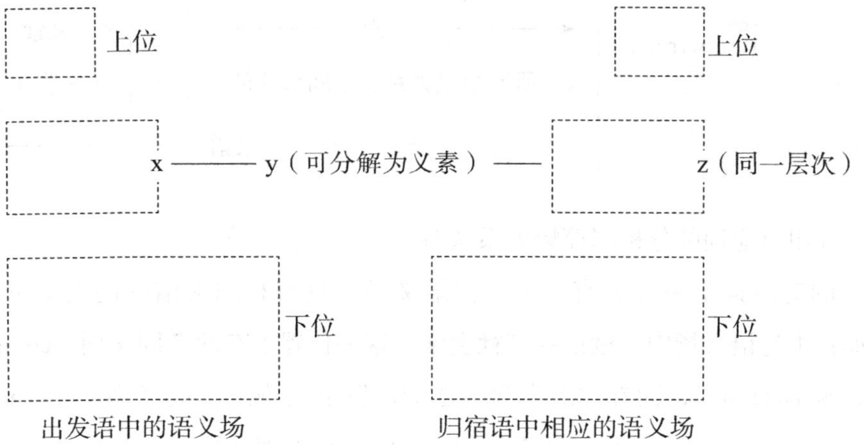

对比之下，不外乎以下几种基本情况：

1. 归宿语在相应层次的位置上有对应词。这种情况姑且称为有位。碰到有位，先分析两个词的义素测定其义谱（义谱就是词的义素之和），然后把它们进行对比。这样做可能有两种结果。

（1）相等　在同一层次同一位置上的两个词的义谱相等。例如：学科语义场中的各门学科。

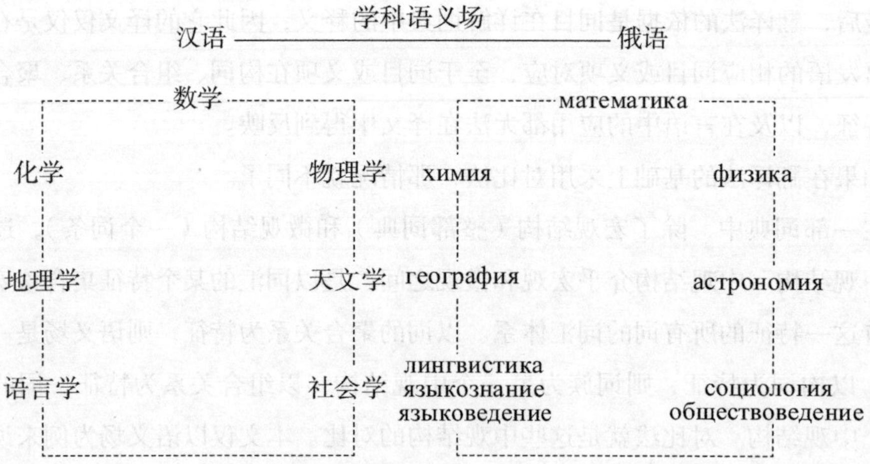

从上图可以看出，在相同的语义场中这一层次的位置上都有对应词。分析几组对应词的义素，对比其义谱，可知它们是相等的。

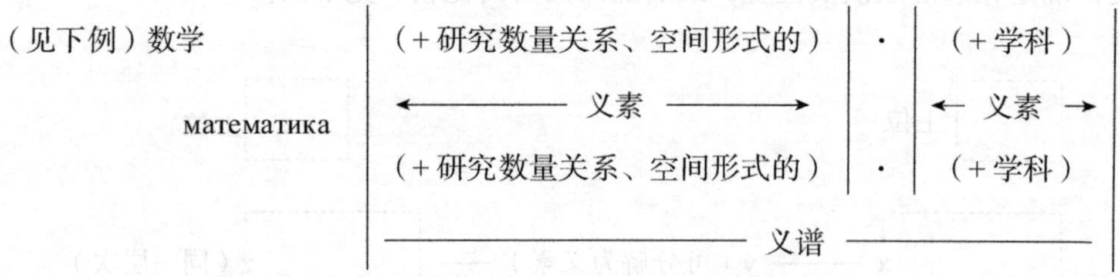

其他几组对应词的分析因篇幅关系从略。

相等的对应词不一定只有一个，在语义场中具有相同义谱的同义词可能有几个。例如：上述语义场中，俄语在“社会学”这一位置上有两个同义词（социология与обществоведение），而在“语言学”这个位置上出现三个同义词（лингвистика，языковедение，языкознание）。如果采用翻译法，在处理“社会学”和“语言学”这两个微观结构时，就不容易确定其线性过程中z的终点，而对比法则不然。在语义场中，所有的同义词都一目了然。编者可以根据词典篇幅和对象自觉地提供一定数量乃至全部同义词。但是，义谱相等的对应词在整个宏观结构中是少数。

（2）部分相等　在相同层次相同位置上的两个词的义谱有同有异。例如：疑问代词语义场。

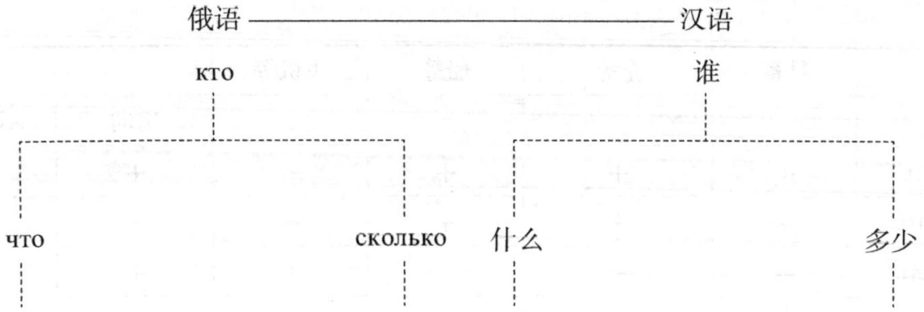

кто 和“谁”处于同一层次和同一位置，看似相等，其实不然。试分析两者的义素，并对比其义谱。

俄	生物				事物		汉
	人		动物				
кто	+	+	+	−	−	−	谁

кто 的义谱为：（+疑问）·（+人）·（+动物）
“谁”的义谱为：（+疑问）·（+人）·（−动物）

可见，кто 的对应词不仅有“谁”，而且应加上“什么 [动物]”。

又如：不用肢体移动的语义场

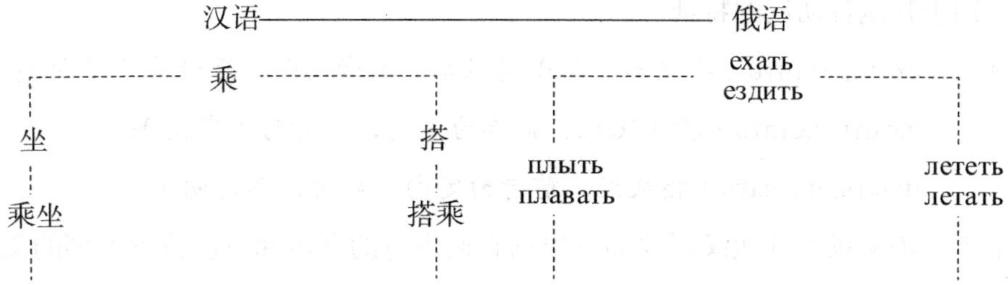

我们用下表来分析义素，并确定其义谱。

	牲畜	车等	船等	飞机等		
乘	+	+	+	+	+	+
坐	−	+	+	+	+	+
搭	−	+	+	+	+	+
搭乘	−	+	+	+	+	+
骑	+	只指骑自行车和摩托车	−	−	+	+

续表

	牲畜	车等	船等	飞机等		
					定向	不定向[1]
ехать	+	+	+	−	+	−
ездить	+	+	+	−	−	+
лететь	−	−	−	+	+	−
летать	−	−	−	+	−	+
плыть	−	−	+	−	+	−
плавать	−	−	+	−	−	+

①定向、不定向为俄语动词特有的义素。

由上表可知，汉语的“乘”义谱最长。

乘（－步行）·（＋借助牲畜或所有交通工具）·（＋移动）·（± 定向）

ехать（－步行）·（＋借助牲畜或车、船等交通工具）·（＋移动）·（＋定向）

ездить（－步行）·（＋借助牲畜或车、船等交通工具）·（＋移动）·（－定向）

лететь（－步行）·（＋借助飞机）·（＋移动）·（＋定向）

……

因此，在汉俄词典中，它的对应词应包括上表中列举的全部俄语动词，并逐一说明其区别于其他各动词的特征。

乘　ехать, ездить（指坐车、船或骑牲畜，前者定向，后者为不定向）；

　　лететь, летать（指坐飞机，前者为定向，后者为不定向）；

　　плыть, плавать（指乘船，前者为定向，后者为不定向）。

至于该语义场中其他汉语动词可根据它们本身的义谱和对应位置上词的义谱进行类似的处理。

上述两例说明，义素分析和义谱对比可以使编者容易发现进行对比的两个词中的共同义素和区分性义素，从而作出正确的处理。此外，用翻译法处理微观结构可能会“挂一漏万”，造成“不完整”的对应体，而对比法使编者有可能看到两种语言中相同语义场同一层次的全部词汇，从而大大地丰富词目的对应体。

部分相等的现象在两种语言的对比中比比皆是，而且情况复杂。如上所述，对比法在解决这个问题时比翻译法考虑的因素多，因此也更为严密。

2．归宿语在相应层次或相应位置上无对应词。这类情况姑且称为零位。出现零位有两种可能。

（1）绝对零位　出发语中词目所表示的是该语言中的特有事物。例如：汉语的“馒头”是特有事物，在俄、英语中都无表示这一事物的名词。所以虽然两种语言中都有食品语义场，但在俄语、英语的这一位置上却没有对应词，出现零位。

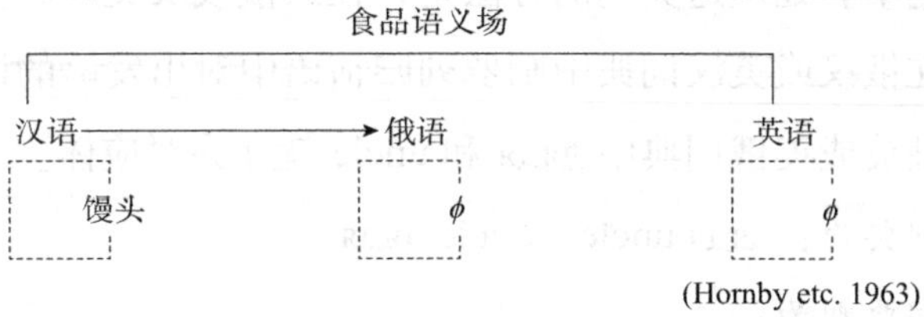

“馒头”因为是特有事物，所以不仅在英、俄语中，而且在其他所有外语中都无对应词，都出现零位。因此称为绝对零位。为了填补这个零位，编者可以根据“馒头”的义素、义谱，作出处理。（并不是把义素、义谱译成外语）必须指出，各个语种在处理同一词目时方法不同，所以结果也不同。（处理方法另文探讨）例如：

馒头（＋面粉做的）·（＋蒸成的）·（－馅儿）·（＋食品）

俄语中采用意义近似的现成词：пышка, пампушка（圆面包，小面包）《汉俄词典》

英语中采用词组：steamed bun, steamed bread（蒸成的圆面包，蒸成的面包）《汉英词典》

（2）相对零位　因出发语和归宿语的词所划分的客观现实不同而出现的零位。例如：亲族语义场中男性旁系亲族这一层次[1]。

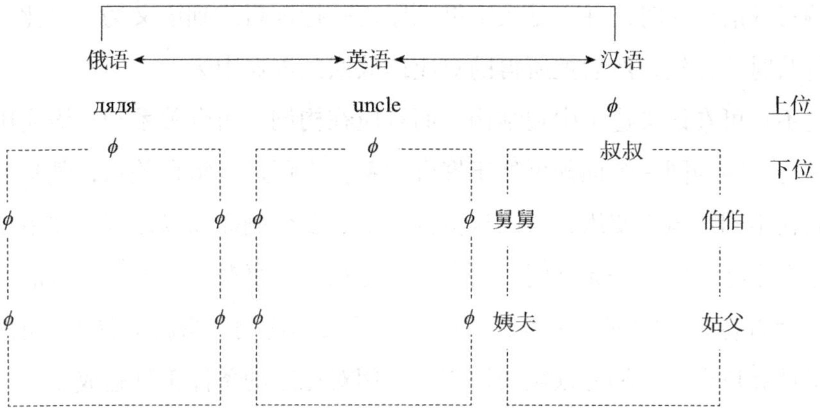

可见，由于各种语言划分客观现实的不同，各种语言的词在相同的语义场中所处的层次也不同。英语的 uncle 与俄语的 дядя 在同一层次，处于有位状态，义谱相同；

1　这一语义场中汉语的每个词几乎都有同义词。例如：叔叔、叔父。俄语 дядя 有同义词和具有主观评价色彩的词。例如：дядька, дядечка, дядюшка。这里为了方便、醒目，不全部列出。

但在汉语的这一层次上缺少对应词，出现零位。而汉语在下一层次（下位）却有“叔叔、伯伯……”等词，这些词在英语和俄语中都没有对应词，在它们的语义场中出现零位，但在它们的上一层次（上位）却都有名词。因此，这类零位是相对的，并不出现在所有的外语之中。处理这类词的方法是，在汉俄或汉英词典中用词组作为对应体来填补零位，而在俄汉或英汉词典中则罗列归宿语中对出发语的词目来说处于下位的那些词。至于在俄英或英俄词典中 дядя 和 uncle 就互为对应体。

英俄或俄英词典为：дядя uncle；uncle дядя.

汉俄或汉英词典则为：

叔叔　　млaдший брат отца　　（父亲的弟弟）

　　　　father's younger brother

其余各词可依此类推。

俄汉或英俄词典是：

дядя

　　　　叔叔、伯伯、姨夫、姑夫、舅舅

uncle

从上述各例来看，一个对应体的产生已不再是线性过程的结果，其已知项也不再是 y。它是在两种语言相同的语义场这个空间中，上下对照，左右兼顾，根据语义而确定的位置。然后分析义素，确定义谱，进行对比。由此可见，对比法是立体的比较，比线性过程，可资参考的因素要多得多。

在编写双语词典时，并不是按字母顺序逐一把词目放到语义场去对比，而是按语义场进行共时的比较，然后把所得的对应体放回到词典中去。

对比不仅可在语义这个中观结构，而且应在构词、组合关系和言语应用等其他中观结构进行。因为同一个词既可处于聚合关系，也可进入组合关系；既是词族中的一员，又能在不同语境中使用，所以从多种角度、多个侧面加以比较，并指出两种语言的异同是完全必要的。毫无疑问，这个工作是艰巨、复杂的，但是随着语义学的进一步发展，随着各种类型词典（类义、同义、反义、构词、搭配等词典）的相继出版，随着电子计算机在词典编写领域的推广，采用对比法的条件正日趋成熟。

参考文献

[1] Hornby, A.S., Gatenby, E.V. & H. Wakefield. *The Advanced Learner's Dictionary of Current English* [Z]. London: Oxford University Press, 1963.

（本文原载于《辞书研究》1986 年第 3 期）

冯玉律

男，1939 年出生，教授，
博士生导师。

1958～1963 年在上海外国语学院俄语系就读。毕业后留校，长期从事俄罗斯语言文学的教学和研究，先后担任俄语实践课教研室主任、俄语理论课教研室主任、俄语系副主任。1987 年被聘为副教授，1990 年开始担任硕士生导师。1994 年被聘为教授，1996 年起担任博士生导师。1998～2010 年担任上外督学。1999 年和 2002 年先后荣获上外年度教学科研一等奖、二等奖，1996 年荣获国务院颁发政府特殊津贴证书，2013 年被中国翻译协会表彰为“资深翻译家”。1984～1986 年在（苏联）国立莫斯科大学语言文学系访学，回国后多次参与上海市政府外事翻译工作。1990 年完成京剧《曹操与杨修》俄译，并作为主译随上海京剧团出国巡演。出版《跨越与回归——论伊凡·蒲宁[1]》《苏联二十年代文学斗争史实》等学术著译，翻译果戈理、屠格涅夫、冈察洛夫、蒲宁、高尔基、帕斯捷尔纳克、阿斯塔菲耶夫、贝科夫等俄苏作家的作品，并撰写有关文学和译学研究的论文多篇，总字数（含再版）约 400 万。

词语的文化内涵与翻译

冯玉律

摘　要：语言的载储功能首先通过词语显示出来。分析和比较语言所蕴含的不同民族的文化差异及其同翻译有关的问题，理应首先从词语着手。本文从词语的不等值现象、词语概念的分类范畴、词语的文化背景知识、词语的联想—派生意义等方面，分析了词语的文化内涵与翻译问题。

关键词：词语；文化内涵；翻译

1　即伊万·布宁。

常常可以看到这样的情况：一个熟悉专业的人，只要掌握了基础外语，便可以借助工具书来从事科技翻译。那是因为自然科学知识和逻辑思维规律对世界上所有民族都是共同的，一致的。而且，一般来说，科技作品的用词含义单一，句式也比较固定。这样，在翻译时便比较容易找到所需的对应的语言形式。

但是，即便是一个精通外语的人，却也未必能够仅仅借助工具书来译好文学作品。那是因为文学作品中的用词常常是多义的，句式是多样的。其语言特点既取决于作家个人的风格，又取决于民族文化的传统。所以，在为翻译文学作品而寻找对应的语言形式时，除了要了解作品反映的社会生活，了解作家的创作个性之外，还要分析和比较作品的语言所蕴含的不同民族文化的差异。唯有这样，才能保证译文的质量。

由此可见，对从事翻译，特别是从事文学翻译的人来说，探讨语言的文化价值乃是一个颇有意义的课题。

什么是文化？据国外有些学者估计，迄今为止世界各国学术界对“文化”所下的定义已不下 200 个。（Верещагин，Костомаров 1990：23）有的定义偏重于人类的物质生产成果，有的定义则偏重于人类创造的精神产品——知识和观念。而从广义来看，作为社会现象的文化，是一定的人的群体创造和积累的物质财富和精神财富的总和。为了便于研究，人们往往将文化分成不同的层次：表层文化，又称器物文化，指的是有形的、可以感知的物质及精神的产品，如饮食、服饰、器具；中层文化，又称制度文化，指的是人际关系中的礼仪风俗、行为准则等；深层文化，又称观念文化，指的是人的价值观念、思维方式、审美情趣等。

人类在创造文化的过程中必须交流思想，协调行动，而语言则是人类最重要的交际工具。与此同时，语言作为思想的直接现实，又是信息和知识的载体。一个民族的器物、制度和观念必然会在这个民族所操的语言上留有印记，由此体现出了语言的文化载储功能（культуроносная，кумулятивная функция）。

在语言中，词语是最积极、最活跃的一个部分：社会生活的变迁、民族文化的发展无不在词语中得到直接和迅速的反映。语言的载储功能首先也是通过词语显示出来的。那么，我们在分析和比较语言所蕴含的不同民族的文化差异及其同翻译有关的问题时便理所当然地首先从词语着手。

这些文化差异在词语中表现在哪些方面呢？

笔者认为，它们主要表现在词语的不等值现象、词语概念的分类范畴、词语的文化背景知识和词语的联想 – 派生意义这几个方面。

（一）词汇的不等值现象

某种事物为一个民族所独有，而反映这种事物的概念的词还不能在别的民族的语言中找到等值的形式。这样，便产生了词汇的不等值现象。词汇的不等值现象直接说明了文化之间的差异。

在语言发展史上，由于民族之间在经济、政治、文化各方面的交往，由于一个民族独有的事物及其概念逐渐为别的民族所了解和接受，常常会出现语言间词语借用的情况。例如：俄国十月革命以后建立了苏维埃政权。在当初，“苏维埃（совет）”这个外来词对绝大多数中国人来说是陌生的。但是，随着中国共产党的诞生，关于红色革命政权的思想传播得越来越广，“苏维埃”这个词便进入了现代汉语的基本语汇。又如，还在前几年，苏联人对中国的武术和气功是很不了解的。他们只觉得新奇和神秘，连这个名称也叫不出来：到底是“功夫”还是“中国拳术”？到底是“呼吸运动”还是“瑜伽”？可是，到今天，有关武术和气功训练班的广告频频出现于俄国报刊；有关武术和气功的书籍译成俄语后走俏非凡，甚至“武术协会会长”的头衔也在俄国人的名片中出现。那么，ушу和цигун这两个词很可能会在俄语中站住脚跟。

借词是一种重要的社会语言现象。任何一种有生命力的语言总会在同别的语言的接触中借用一些它本来没有、而社会生活的发展要求它非有不可的语汇。反过来，别的语言也会向它借用某些同样需要的语汇。等到一种语言的词语被借用到另一种语言中成为借词之后，它们所表达的概念也会渐渐融合到另一个民族的文化和生活之中。以汉语为例，像咖啡、啤酒、情报、干部、民主、科学、社会主义、五年计划等借词早已成为汉语中不可或缺的基本语汇，谁都不会在使用这些词语时感到有什么“异国情调”。

借词的构成与不等值词的翻译有着密切的联系。当然，这并不是说，一个不等值词从别的语言译过来后便一定会成为借词，一定能够进入本民族语言的基本语汇。那要取决于社会的发展、生活的需要，是一种自然选择的结果。但是，构成借词和翻译不等值词的途径是一致的。

下面，我们从汉俄语两个方面来观察一下这些途径。

就汉语而言，来自俄语的不等值词的翻译（或借词的构成）主要通过以下途径：

一是音译。例如：布尔什维克（большевик）、孟什维克（меньшевик）、苏维埃（совет）、克格勃（КГБ）、卢布（рубль）。有些音译词还有逐渐被意译词所取代的情况。例如：“肃反委员会”取代了“契卡”（Чека），“连衣裙”取代了“布拉吉”（платье）。

二是音译加表意的汉字，一起构成一个偏正结构的合成词。如：沙**皇**（царь）、克里姆林**宫**（Кремль）、伏特加**酒**（водка）、马合**烟**（махорка）、芭蕾**舞**（балет）。

三是半音译半意译，将原词语的一部分按读音，另一部分按语义来译出。如：列宁主义（ленинизм）、托尔斯泰学说（толстовство）、奥勃洛莫夫性格（обломовщина）、斯拉夫派分子（славянофил）、斯达汉诺夫运动（Стахановское движение）。

四是音译组合，或称为“仿造”（калькирование），即把原词的组成部分都按语义译成汉字，然后按照汉语的构词法把它合成新词。如：红场（Красная площадь）、改革派人士（перестройщик）、国际女郎（интердевочка）。

五是全意译，即不是按照原词的构成部分译成汉字，而是按照原词整个语义译成汉语，或者说，按原词的语义创造一个新词。如：茶炊（самовар）、卫星（спутник）、课堂讨论（семинар）。

就俄语而言，来自汉语的不等值词的翻译（或借词的构成）主要通过以下途径：

一是音译。例如：чай（茶）、гаолян（高粱）、шелк（丝）、сампан（舢板）、кан（炕）、сюцай（秀才）。属于此类的某些词语的音译还有着历史的渊源。如：мандарин（清朝官员）是从“满大人”音译过去的。而 чин（官阶）则是在彼得大帝从中国引入官职制度，并将原来清朝的九品制扩大成俄国的十四品制时从汉语词“卿”音译过去的。

二是音译加表意的同位语。如：**гора** Тайшань（泰山）、**река** Хуанхэ（黄河）、**цветок сливы** мэйхуа（梅花）、**китайская скрипка** хуцинь（胡琴）。

三是半音译半意译，将原词的一部分按读音，另一部分按语义，借助俄语相应的词缀译出。例如：даосизм（道教）、конфуцианство（孔子学说）、гоминдановцы（国民党人）。

四是意译组合（仿造），即把原词的组成部分按语义译成俄语相应的构词成分或词，然后按照俄语的构词和搭配的规则，结合成新的词或词组。如：однооконник（同窗）、камышовый круг（蒲团）、Скала ожидания мужа（望夫崖）、гора Спящего дракона（卧龙岗）。这类词语也不能从字面上来理解意思，它们往往包含着丰富的文化背景知识。所以，在俄语译文中都加上了注释。

五是意译加音译，即将原词按语义译出之后再在括号内音译出该词的汉字读音。如：Тринадцать могильных холмов（Шисаньлин）（十三陵）、Гора Долголетия（Ваньшоушань）（万寿山）、Небесное царство Великого спокойствия（Тайпин тяньго）（太平天国）。这种处理不等值词的方法常用于学术著作的翻译，其目的是为了使俄语译文更加完整和精确。

不等值词若比较生僻，它们经过翻译之后在绝大多数场合是需要注释的。注释时应该注意两点，一是必须充分地揭示不等值词所包含的民族文化内涵，因为这种内涵往往同作品上下文的深层意思相联系。举个例子说，在普希金的小说《村姑小姐》（Барышня-крестьянка）中，女主人公丽莎从使女娜斯佳处获悉邻居家的少爷阿列克赛回庄园了。她听说那个人“是个美男子”，便产生了好奇心，想跑去瞧瞧。可是，由于两家不和，她又不便闯去，就打算把自己打扮成乡下姑娘。使女觉得这个主意不错，接口说：

– И в самом деле; наденьте толстую рубашку, **сарафан**, да и ступайте смело в Тугилово...

在普希金的历史小说《上尉的女儿》（Капитанская дочка）中，当布加乔夫农民起义军即将围攻白山要塞时，要塞司令催促妻女赶快逃走，他说：

– Ну, довольно! Ступайте, ступайте домой; да коли успеешь, надень на Машу **сарафан**.

两例中сарафан都被译作“萨腊范”。那么，这个“萨腊范”到底是什么衣服呢？原来，那是旧俄时代农村妇女经常套在衬衫外面的一种独特的无袖连衣裙。在贵族小姐看来，这种衣服普普通通，土里土气，平时根本不会去穿它。可是，在上面两种场合却需要它了。使女建议丽莎“套上萨腊范”，其深层的意思是：这样穿才像个乡下姑娘。要塞司令叮嘱老伴给女儿“穿上一件萨腊范”，其深层意思是：打扮得土气一点，免得给人认出是个小姐，招来麻烦。

所以，在给“萨腊范”一词作注释时无论如何不能忽略它是“农村妇女的衣服”这一特点的。可是，在这两篇小说的好几种汉语译文里，сарафан或是简单地译为“长马甲”“长背心”，或是注释为“一种女式的无袖长衣”[1]。这不能不说是一个缺陷。

注释时需要注意的第二点是：随着国情的变化，不等值词的民族文化内涵也会起变化。举个例子说，“玛特辽什卡”（матрешка）是俄罗斯特有的民间玩具——一种木制的彩绘玩偶，一个套着一个。它的名称是由俄罗斯农村妇女最流行的一个名字——“玛特辽娜”（Матрена）演变而来的，外形也是农妇的样子。在我国的几本俄汉大词典里都把这个词的意思解释为“村姑形状的木偶”“一种农妇装束的玩偶”等等。但是，近年来，俄国市场上出现的“玛特辽什卡”已经不是什么“村姑形状”了。有小男孩，

---

1 例如：普希金小说集[C]．湖南人民出版社，1983年，第121页，364页；普希金小说集[C]．安徽人民出版社，1982年，第22页。

有国家领导人，还有外国领导人。这个不等值词的内涵正在起变化——它仍是彩绘的木制套偶，但未必是村姑和农妇的样子了。

（二）词语的概念分类范畴

有人把文学比作雕塑艺术，认为语言相当于雕塑家手中的大理石、青铜和黏土，也是一种材料。这有一定的道理。但还得指出，语言这种材料又跟雕塑家所用的直接的，物理性的材料不同。一块黏土脱离了塑像便没有什么内容和含义可言，而一个词脱离了上下文却依然是有内容的。它在我们的意识中概括地反映了现实中的某类客体，表达了这类客体的概念，充当了独立的称谓单位。用语义学的术语来说，这便是词所具有的两重性：在具体的言语环境中具有所指意义（денотативное значение），脱离了具体的言语环境则具有能指意义（сигнификативное значение）。

由于自然条件、社会环境、历史传统的区别，不同的民族对同一类客体观察和理解的角度往往有所不同。心理学家早就发现，人们在受到外界刺激时，经常选择他们认为重要的那一部分作出反应，这种选择是无意识的，称为“选择性注意”。这一原则同样适用于语言。当人们遇到需要用语言描述的客观事物时，往往是将注意力集中于他们认为有实用价值的那一部分，并创造出不同的名词和形容词去详细分辨他们认为应当分辨的现象。但是如果他们认为这一事物对社会无价值，就满足于只用一个很笼统的名词去概括它……（童恩正 1989：128）所以，不同民族的语言即便是在反映同一类客体的词语的概念上也会有分类的范畴、外延的大小、内涵的深浅的区别，从中可以看出文化的差异。

举个例子说，中国传统文化的核心内容便是伦理，而这种伦理的基本性质又是家族伦理性。所以，在汉语的亲属称谓中父系或母系、直系或旁系、辈分及长幼的排列都非常明确，一点都不能含糊。而俄语中的亲属称谓却不一样，只是标明辈分。比如，俄语中 дядя 一词概念的外延非常大，它统指 брат отца или матери，муж тетки。类似的情况还有：外祖父母和祖父母的称谓不分，都是 дедушка 和 бабушка；外甥儿女和侄儿女的称谓不分，都是 племянник 和 племянница；表兄弟姐妹和堂兄弟姐妹的称谓不分，都是 двоюродные братья и сестры，等等。

有时候，俄罗斯作家在作品中用一些附加语来具体说明亲属关系。例如：

① Оставшись рано круглым сиротой, я с шести лет жил у дяди, **брата моего отца**. (Г. Успенский)

② В Сормове жил дядя Николай, **брат моей матери**. (А. Гайдар)

即使这样写了，译者也不一定能马上弄得准。像在第一个句子中，брат моего отца 是指“伯伯”还是“叔叔”？

出于同样的原因，普希金的著名诗体小说《叶甫盖尼·奥涅金》（Евгений Онегин）中第一章的开初几行诗便使我们的译者发生了分歧。这几行诗的原文是这样的：

Мой **дядя** самых честных правил,

Когда не в шутку занемог,

Он уважать себя заставил

И лучше выдумать не мог.

《叶甫盖尼·奥涅金》现有四个汉译本，如何处理诗中与 дядя 对应的称谓？正是在这里产生了疑问：有两位译者将它译成“叔父”，另两位译者则将它译成“伯父”。哪种译法对呢？除了“伯父”和“叔父”，这里的 дядя 是否还会指与父亲同辈的其他男性近亲（比如姑父、姨父、舅父）呢？即使通观整部作品，也不容易得出结论。

再举一个例子，我国的饮食文化源远流长，历史悠久。中国菜色、香、味、形俱备，已经高度艺术化。它的烹饪技术十分发达，这在汉语的词语中也反映了出来。光是表示开油锅做菜的动词就有“煎”“炒”“炸”“爆”“熘”“煸”“炮”“汆”“烹”等，分别表示在用油的多少、火候的大小、烧制的速度、作料和水的添加等方面的细微差别。可是，与其相应的俄语动词却只有一个 жарить。于是，“炮羊肉”译成 жаренная баранина，“炒虾仁”译成 жаренные лущенные чилимсы，“油煎鱼”译成 жаренная рыба，“油汆花生”译成 жаренный арахис，“爆牛肉”译成 жаренная говядина 等等。在一般场合，这样做也足够了。但是，在专门向国外介绍中国烹调手艺的时候就难以通过。有人搜集到20世纪初我国餐厅的一份“全羊席”的菜单，整个席面便是用羊身上的各个部位做成128道菜。（张铭远 1990：38）且不说“麒麟顶”“芙蓉珠”“五龙摆尾”“白猿戏桃”这类隐喻性的菜名，就是像“炸酥皮羊肉”“烹炒羊肉”“水磨羊肉”“锅制卷羊肉”等名称的翻译也够伤脑筋的了。

从俄语中同样可以找到从词语的概念分类范畴看出民族文化差异的例子。

众所周知，俄罗斯的冬天是漫长的。特别是在二月份，天气很坏，经常刮暴风雪。俄罗斯人对这种自然现象观察得很仔细，他们用好几个名词来表示它的不同形态[1]：

---

1 释义参考 «Словарь соверменного русского литературного языка» в 17-и томах, издательство Академии наук СССР.

метель — 除了统称“暴风雪”之外，这个词还表示在暴风雪中风通常是夹着雪向着一个方向刮的[1]。

вьюга — 表示在暴风雪中风一阵阵劲吹，雪在空中盘旋飞舞。

поземка — 表示在暴风雪中风贴地而吹，将雪搅得漫天飞舞。

пурга — 表示这种暴风雪来势迅猛，常出现在空旷地带。

буран — 特指草原上的暴风雪。

метелица — 表示暴风雪的势头较弱，风经常也贴地而吹，此词常用于民间诗歌言语之中。

кура — 统指暴风雪，但带有方言色彩。

然而，在中国的大部分地区，暴风雪却是一种比较陌生的现象。人们对它的特征不像俄罗斯人那样分辨得细致入微，汉语中也没有那么多对应的名词来表示它的种种形态。所以，当文学作品中出现这些俄语词的时候，译者一般总是仅仅用“暴风雪”这个概念外延较大的汉语词来作为对应的语言形式。例如：

（1）**Вьюга** злится，**вьюга** плачет; Кони чуткие храпят... (Пушкин)

（**暴风雪**在怒号，**暴风雪**在哭泣；敏感的马儿打着响鼻……）

（2）Сурово **метелица** выла

И снегом кидала в окно... (Некрасов)

（**暴风雪**凄厉地咆哮着，向窗口挥洒着雪花……）

（3）– Господи-батюшка ! Вишъ，несет какая **кура** !... (Л. Толстой)

（“哦，老天爷！瞧，**暴风雪**刮得好厉害！……”）

从前面几个例子可以看出，词语的概念分类范畴也是语言的载储功能的一个不可忽略的方面。不同语言中对应词的概念在外延和内涵上的差异常常会给翻译带来许多困难，需要再三斟酌。在翻译时还应该注意两点：

一是要尊重各个民族的语言使用习惯。如果说在将俄语句子 Это моя тетя (тетка) 译成汉语时要具体落实为“这是我的婶母（伯母、姑母、舅母、姨母）”的话，那么在将汉语句子“这是我的伯母”译成俄语时就只要说 Это моя тетя (тетка) 就可以了。在通常情况下不必说明这是 жена старшего брата моего отца。否则，只会使俄罗斯人感到诧异。

二是要考虑言语环境和上下文的要求。一般来说，在对应词语的概念外延存在差

1 释义参考 «Словарь синонимов русского языка» в 2-х томах, издательство «Наука», Ленинград, 1971.

异的情况下，将概念外延较小的词译成概念外延较大的词是可行的（如把 вьюга 译成“暴风雪”，把“炸”“氽”，译成 жарить）。但是，还应考虑到词的概念的外延和内涵成反比这一点：外延小，则内涵深，词所包含的内容就比较具体；外延大，则内涵浅，词所包含的内容就比较笼统。翻译时便不能处处照搬，而应有所变通。

（三）词语的文化背景知识

词语不仅能表达某一客体的概念，而且还能在人们的头脑中引起各种联想。联想作为心理现象，是一种“取决于先前经验的概念之间的联系，即由于在意识中出现了一个概念而引起另一个相似、相关或者相对立的概念的出现。”（Словарь иностранных слов 1964：76）围绕某个概念，在人的头脑里往往储藏着许多有关的信息，在必要的时候便会通过联想出现在脑海中。这些与词语所表达的概念相关的信息可以称为“词语的背景知识”。由于各个民族有着不同的“先前经验”，各种语言中即便是表达同一概念的对应词语也会具有不同的背景知识，反映着民族文化的差异。

举个例子说，“松”这个词表达了一种树的概念，指的是一种常绿乔木，树皮多为鳞片状，叶子针形，花单性，雌雄同株，结卵圆形或圆锥形的球果，有木质的鳞片。“松”这个词会使人联想到松针、松球、松子、松仁、松脂、松香、松木、松涛……甚至松鼠、松鸡等等。而在中国的文化中，“松”这个词则又有着特殊的意义。还在2500年前，孔子便赞叹：“岁寒，然后知松柏之后凋也。”历代文人有不少咏松的诗句。例如：“寄言谢霜雪，贞心自不移”（隋・李德林），“百尺无寸枝，一生自孤直”（唐・宋之问）。由于松树不畏风霜严寒，人们将它同竹、梅并列，称为“岁寒三友”，又把它同竹、梅、兰一起称为“四君子”，认为它们都代表着一种刚直不屈、孤高傲世的品格。由于松树四季常青，人们又把它视作长寿的标志，将它同丹顶鹤、梅花鹿放在一起，赋予一种神奇的色彩。而在当代，人们又把松树看作革命志士高风亮节的象征：“大雪压青松，青松挺且直。欲知松高洁，待等雪化时。”（陈毅）

在俄语中也可以找到类似的例子，比如 береза（白桦）。这种有着白色树皮和带锯齿的卵形叶子的落叶乔木在北半球是常见的，但是只有在俄罗斯的中部和北部地区才长得特别茂盛。自古以来，白桦树就同俄罗斯人的生活密切相关：它的细长木条可以用来燃烧照明，它的枝干可以用作取暖的燃料，它的树皮纤维可以用来编成结实的绳子，它的树枝扎成扫帚可以在澡堂里使用。白桦树汁甘美可口，有治病的功效。白桦树的叶子又散发出阵阵清香，能杀菌消毒，清新空气。白桦树皮不仅用来编制篮子和箩筐，而且在古代还是书写文字的材料。正是靠着桦皮书（берестяная грамота）的记载，俄罗斯人才得以了解祖先的文化和生活。白桦树在每年四月长出绿叶，所以古代俄罗斯人把四月称为 березозол（由表示“白桦”和“绿色”两个词的词根合成），并且将四月定为新的一年的开始。14 世纪中叶，俄罗斯人把新年节日改到丰收的九月。可是，四月的庆祝活动照常举行，演变成了白桦树节（праздник березки）：姑娘们走进树林，给白桦树缠上彩带，戴上花冠，边唱边跳起轮舞。白桦树标志着欢乐和幸福：当小伙子到姑娘家去求婚时，如果得到的是白桦树枝，那就表示同意；如果得到的是松树枝或橡树枝，那就表示拒绝。俄罗斯人喜爱白桦树，所以不少地名、人名都与它有关（如 Березовый，Березкин，Березин），甚至歌舞团和商店也以“小白桦树”命名。在俄罗斯文学中，小白桦树的形象始终充满着诗意。叶赛宁就这样写：

Зеленая прическа,
Девическая грудь,
О тонкая березка,
Что загляделась в пруд?...

在文学翻译中，熟悉词语的文化背景知识十分重要。一个作家在创造艺术形象的时候，他不仅着眼于对形象的刻画和描绘，而且还寄托着自己的思想和感情。所以，即使就艺术形象本身而言，它还包含着表层和深层两个方面。而把这两个方面联系在一起的便是联想。但联想是受到文化背景的制约的，所以只有了解文化背景，才能挖掘艺术形象深层的含义，才能在翻译过程中避免武断臆测和曲解原作的精神。

举个例子说，李白有一首脍炙人口的五言律诗——《送友人》：

青山横北郭，白水绕东城。
此地一为别，孤蓬万里征。
浮云游子意，落日故人情。
挥手自兹去，萧萧班马鸣。

有位俄国汉学家将这首诗译成了俄语。他把“此地一为别，孤蓬万里征”译为：

На речном берегу
Предстоит нам расстаться с тобой,
Одинокий твой парус
Умчится далеко-далеко.（Гитович 1957：65-66）

译者将原诗中的“此地”具体地译成“在河岸上”（на речном берегу），因为他在后面将“孤蓬”误译为“孤篷（即孤帆）”（одинокий парус）。出现这种偏差的原因不仅在于“蓬”和“篷”这两个汉字字形相近，易于混淆，还在于译者不了解“蓬”这个词的文化背景知识。蓬，飞蓬是一种菊科植物，茎高尺余，叶如柳，开小白花，秋天干枯后，能随风飞起，有点像俄罗斯人所说的 перекатиполе（风滚草）。在古代的送别和咏怀诗词中，飞蓬、转蓬、飘蓬、秋蓬是经常出现的形象。例如：“饮罢离亭西去，浮生长恨飘蓬”。蓬草的随风远飘、行踪不定、漫无目的是表层的形象，其深层则暗喻人生的坎坷、世事的错迕、身世的飘零，充满了慷慨悲凉的情调。而帆却不一样，帆是乘着顺风扬起的，是主动而有目标的。所以，李白在写到“帆”的时候使用的笔调总是比较明朗、乐观，甚至以风帆来象征希望——“直挂云帆济沧海”。

可见，将“孤蓬”译成“孤帆”既未转达原作的艺术形象，又曲解了原作隐含的喻意。

可是无独有偶，在李白这首《送友人》诗的几种英译本里也屡次出现错译“孤蓬”的现象。（裘克安 1991：35–36）这进一步证明：词汇的文化背景知识对文学翻译来说是多么不可缺少。

在文学创作中，词汇的背景知识往往又同某个或者几个作家描绘同类情景以揭示一定的题旨或者母题（мотив）的现象相关联。当然，这种现象也带有民族文化的特点。

举个例子说，“暴风雪”这个词常常会使俄罗斯人联想起天气的突变、旅人的迷路、与严寒的生死搏斗、幸运或不幸的结局……不少俄罗斯作家喜欢以暴风雪为背景来展开故事的情节，从而揭示这样的题旨：狂暴、威严的外界力量致使人的思想或者生活发生重大的转折。

比如，在普希金的短篇小说《暴风雪》（Метель）中，大家闺秀玛丽亚违抗父母之命，决定私奔，同青年军官弗拉基米尔秘密结婚。可是，一场暴风雪使弗拉基米尔晕头转向，怎么也找不到他们准备举行婚礼的那所小教堂。而另一个在暴风雪中迷路的军官布尔明却被人错当作新郎，拉到了神父的跟前……

在普希金的历史小说《上尉的女儿》中，草原上的暴风雪促使正在赶路的彼得·格里尼约夫同后来成为农民起义领袖的普加乔夫相遇。这次一面之交对格里尼约夫今后的命运，特别是对他同女主人公玛丽亚之间的悲欢离合起了决定性的作用。

1856年，列夫·托尔斯泰根据自己的亲身经历写了短篇小说《暴风雪》（Метель）。年轻的主人公从高加索回家，在顿河草原冒着暴风雪通宵赶路……他在回忆和幻梦中似乎又回到七月份他老家的花园中，精神抖擞，洋洋自得，一心巴望受到人们的欣赏和夸奖。可是，一当他听到有人掉进池塘大声呼救时，却畏葸不前……现在，在迷漫的风雪中，他害怕，他觉得自己十分渺小。倒是那些被认为“低人一等”的马车夫却不知疲倦地勇往直前……于是，他有了省悟。

在 19 世纪下半叶的俄国文学作品中，描写暴风雪的场面屡见不鲜。十月革命爆发以后，“暴风雪”这个词又成为革命和社会剧变的象征。勃洛克（А.А. Блок）在长诗《十二个》（Двенадцать）里描绘了 12 名赤卫队员穿过暴风雪走向伟大的神圣目标的浪漫主义形象，而在第一部反映十月革命的长篇小说《荒年》（Голый год）里，作家皮利尼亚克（В.А. Пильняк）在“第七章（最后一章，无题）”中只写了三个词：

Россия. Революция. Метель.

俄语中 метель（暴风雪）这个词所具有的与文学题旨的固定联系和特定的象征意义在汉语的对应词中是没有的。

当然，这不是说，词语的背景知识是一个封闭的、僵死的东西。随着各个民族之间经济、政治和文化的交流，它也会变化，也会扩大和丰富起来。源自圣经诺亚方舟传说的“鸽子”和“橄榄叶”不是在汉语中也获得了象征和平的意义吗？人们有时甚至把鸽子直接呼为“和平鸽”。在高尔基的《海燕之歌》（Песня о Буревестнике）介绍到中国之后，“暴风雨中的海燕”不是也常常作为革命战士的比喻而为人熟知吗？更有意思的是两个方位词——“左”和“右”。在中国的传统文化中它们的褒贬色彩本来是已经确定的：“右”表示尊贵、重要，所以重视文化艺术称为“右文”，重要的职位称为“右职”，帝王的贵戚称为“右戚”，名门望族称为“右族”；而“左”却表示地位低、不协调、不适当、不正派等，所以降职叫“左迁”，有分歧叫“意见相左”，歪门邪道叫“左道”……可是，自从法国大革命中雅各宾派坐到国民公会的左边席位之后，随着关于资产阶级民主革命思想的书籍以及后来的马列主义著作被译介到中国，这两个方位词在汉语中又获得了另一种含义。到今天，“左翼”“左派”表示进步和革命，“右翼”“右派”代表保守和反动——这已经成为中国人的常识。

所以，翻译处于熟悉他民族语言的文化背景知识和丰富本民族语言的文化背景知识这两个环节之间，其媒介作用是显而易见的。

（四）词语的联想 – 派生意义

俄国语言学家什梅廖夫（Д.Н. Шмелев）指出：“那些跟周围世界中某些现象的概念有着固定联系的具体实在的联想，总会以某种方法（不全是直接地）反映在词汇之中。而且，多义词的语义结构，以及有着派生关系的单个的词之间的含义联系正是由这些具体的联想来决定的。”（Шмелев 1977：226）换句话说，联想是产生多义词的派生意义和比喻意义的基础。那么，它所带有的民族文化的特点也自然地会反映在这些派生意义和比喻意义之中。这是语言的载储功能在词语上体现出来的又一个方面。

举个例子说，中国的玉器制作已有7000年辉煌的历史。据汉代许慎在《说文解字》中的说法，玉是“石之美兼五德者”。所谓五德，即指玉的五个特性：坚韧的质地、晶润的光泽、绚丽的色彩、致密而透明的组织、悠扬悦耳的声音。在中国古代，玉除了充当祭祀的礼器、辟邪的佩饰之外，一直是权力、财富和高贵门第的象征。这种文化背景，以及围绕“玉”这一事物所引起的一系列联想也在词义上反映了出来。我们可以将汉语中的“玉”这个词同俄语的对应词作一比较。

在汉语中，“玉”这个词的概念外延比较大，它是软玉和硬玉的统称。所以，在俄语中与其对应的是两个词 нефрит（软玉；羊脂白玉）和 яшма（硬玉；碧玉）。当“玉”这个词作为修饰语，表示“玉制的”意思时，译者便可以根据上下文从 нефритовый（сделанный из нефрита）和 яшмовый（сделанный из яшмы）两个俄语形容词中作出选择。例如：

玉壶——яшмовый (нефритовый) чайник,

玉盘——яшмовое (нефритовое) блюдо,

玉樽——яшмовый (нефритовый) бокал,

玉镯——яшмовый (нефритовый) браслет,

玉环——яшмовое (нефритовое) кольцо

但是，汉语的“玉”这个词还具有丰富的文化内涵。它在联想和比喻的基础上产生了比俄语中的对应词多得多的派生意义和比喻意义：珍贵的、神圣的、美好的、纯洁的……这可以从由“玉”这个字参与构成的大量的成语和合成词中看出来。例如：“金玉满堂”“锦衣玉食”“金枝玉叶”“金玉良言”“珠圆玉润”“冰清玉洁”“亭亭玉立”“金童玉女”。

所以，俄罗斯汉学家在翻译中国古典文学作品中与“玉”一词相关的用喻或用典时总要作一番仔细的推敲。他们大致上有三种处理方法：

一是将隐喻译成明喻。例如：北宋词人苏轼写了一首《洞仙歌》，起始两句是“**冰肌玉骨**，自清凉无汗……”俄译为：

Изваяна словно

Из яшмы и льда

Что в зной

И прохладу и свежесть дарят…（Цветет мэйхуа 1979：147）

将“冰肌玉骨”直接译成：佳人的肌肤“犹如用美玉和冰雪雏塑而成”。

二是将隐喻译成直接所指意义，即用具体指称某人某物来取代隐喻。以“玉人”这个词来说，如果用俄语译成 нефритовый человек，苏联读者根本不会联想到汉语对应词中所包含的意思，甚至还会产生误解。于是，译者便根据上下文来选用表示具体所指意义的词语。例如：在元稹的《莺莺传》中，莺莺小姐叫红娘给张生捎去一首五言诗。

待月西厢下，迎风户半开。

拂墙花影动，疑是**玉人**来。

这里的“玉人”指的是心爱的人，所以在俄语译文中用了 милый 这个词。

Под западным флигелем жду я луны，

Ветром слегка приотворена дверь.

Движутся тени цветов на стене，

Кажется мне – мой **милый** идет:（Китайская литература 1959：384）

在马致远的杂剧《汉宫秋》第一折中，汉元帝唱道：“车碾残花，**玉人**月下，吹箫罢……”这里的“玉人”指的是宫娥，所以俄语译文中用了 девушка 这个词。

Безжалостно давят колеса

опавших цветов лепестки.

Девушка ночью на флейте

играет песню тоски.（Юаньская драма 1966：239）

而在辛弃疾的词《满江红——倦客新丰》中有这样几句：“人易老，欢难足。有**玉人**怜我，为簪黄菊。”这里的“玉人”指的是美貌的女郎，所以俄译者用了 красавица 这个词。

Вот и старость! А счастье дается

С каждым годом труднее，труднее.

Здесь со мною **красавица** рядом，

Что не даст подружится с тоскою

И поможет вплести хризантему

В прядь волос моих нежной рукою.（Цветет мэйхуа 1979：308）

三是将隐喻的词语按字面来翻译，然后以注释的形式说明它们在中国传统文化、中国古典文学中所具有的特定意义。例如：在关汉卿的杂剧《关大王独赴单刀会》的第二折中，鲁肃邀请道人司马徽陪关羽喝酒。老道得知鲁肃要在酒席上向关羽索取荆州，便坚决不肯赴宴，还劝鲁肃趁武艺高强的关羽喝醉时早点逃命，否则准是死路一条。

他若是**玉山**低趄，你安排着走；

他若是宝剑离匣，你则准备着头。……

俄语译文是这样的：

Коль «**яшмовую гору**» он наклонит

– Бежать готовьтесь тотчас же от смерти !

И если меч свой вытащит от ножен

– То подставляйте голову !...（Юаньская драма 1966：120）

然后在注释中指出：«яшмовую гору» – образное выражение，означающее «тело героя»（“玉山”表示“主人公的身躯”的一种形象的说法）。

在《聊斋志异》的《雹神》篇中，主人公请求天师到雹神那里说说情，在下雹时照顾一下他的家乡。天师回答说：“此上帝**玉勅**，雹有额数，何能相徇?”俄语译文是这样的：

– Да，но ведь это **яшмовый** указ Верховного владыки. Града полагается определенное количество. Как он может сделать что-либо по вашему желанию?（Китайская литература 1959：607）

然后在注释中指出：Яшмовый – один из эпитетов，прилагаемых к тому，что относится к императору.（玉的，在此是专用于跟帝王有关的事物的修饰语）。

同样，在俄语中也可以找到不少具有丰富的联想－派生意义的词汇。比如，бархат（天鹅绒，丝绒）这个词便是一个典型的例子。天鹅绒、丝绒一类纺织品是在9世纪从东方国家和拜占庭传入俄罗斯的。（Муравьев 1984：17）它们质地柔软，色泽鲜艳，人们把它们广泛用于制造衣服、帐幕和装饰品。天鹅绒、丝绒在俄罗斯人的头脑中引起了丰富的联想，所以 бархат 这个词在俄语中经常用于形象类比。由其派生的形容词 бархатный 不仅可以表示“用天鹅绒，丝绒制成的”，而且还在联想和比喻的基础上产生了其他意义：美好的，柔软的，细密的，温柔的，悦耳动听的，暖和宜人的……在俄译汉时也有几种处理的方法。

译成明喻。例如：

（1）Взглянул зверек в последний раз из своей норки на **бархатную травку**... да и забился в самую глубь. (Тургенев)

（小兽从洞穴里往**丝绒一般的青草**最后望了一眼……便钻进了深处。）

（2）Генка пристально вглядывается в **бархатное небо** и в сияющие звезды. (Нагишкин)

（根卡目不转睛地仰望着**天鹅绒一般的天空**和闪闪发光的星星。）

（3）Егорушка увидел **черные бархатные брови**, карие глаза и выхоленные женские щеки. (Чехов)

（叶果鲁什卡看见两道**丝绒样的黑眉毛**、一对棕色的眼睛、一张娇嫩的女性的脸蛋儿。）

译成具体所指的性质。例如：

（1）Огни и **бархатный звон колокола** манили к себе. (Чехов)

（灯火和**柔美的钟声**吸引着人。）

（2）Это не был **бархатный сезон** – осенний месяц，когда в Крым приезжали столичные гости. (Никулин)

（这不是在**气候宜人的季节**，不是在京城来客蜂拥到克里米亚的秋天的月份。）

在汉语中一般是不用“天鹅绒”“丝绒”来形容眼睛、眼神、目光的温柔的。所以，遇到原作中有此类词语时常常译成所指的性质：“温柔的眼神”“和蔼的目光”等。但是，也可能有例外。莱蒙托夫（М.Ю. Лермонтов）的《当代英雄》（Герой нашего времени）中有这样一段话：

У нее такие **бархатные глаза** – именно **бархатные**: Я тебе советую присвоить это выражение, говоря об ее глазах: нижние и верхние ресницы так длинны, что лучи солнца не отражаются в ее зрачках. Я люблю эти глаза без блеска: они так мягки, они будто бы тебя гладят. (Лермонтов)

（“她有一双**天鹅绒似的眼睛**——的的确确像**天鹅绒**，我劝你谈到她的眼睛时一定要用这个形容词，——上下睫毛真长，连阳光也照不到她的瞳仁。我爱这双眼睛，它们看上去不是亮晶晶的，而是十分柔和，好像在抚摩你一般。”）

在上面这段描写中，原作者为“天鹅绒似的眼睛”作了详尽的注释。

这里提到了把具有联想 – 派生意义的语汇译成明喻，译成具体所指意义或者按字面直译后加注释这几种做法。此外，还得考虑一个问题，那便是：当一种语言中的某个比喻译到另一种语言中，由于文化背景的差异而显得不习惯、不协调、无法达到同等的艺术效果时，能否用另一种语言中别的相应的比喻来进行翻译呢？也就是说，如何处理比喻层次上的不等值问题呢？从翻译实践来看，用一种比喻来译另一种比喻的可能性还是存在的。举个例子说，在俄语中 бархатный 这个词同 рука 搭配，形容手的美好、纤细、柔软、滑润、有光泽……而汉语中的“玉手”也有着类似的意义。所以，笔者在翻译《曹操与杨修》一剧时曾经把曹操的一段唱词“牵玉手，睹芳容，可怜贤妻懵懂人……”试译成：“И **бархатную руку** я беру，/ И на цветущее лицо гляжу. / Моя бедняжка，ты не знаешь，что к чему…”（冯玉律 1991：54–55）

再看下面一个句子，对比以下三种不同的译文：

Позади круглых **бархатных плеч** ее виднелись две соблазнительные родимые ямочки. (Григорович)

（1）在她丰满的，像**丝绒一般的双肩**后面隐隐约约地露出两个可爱迷人的小圆窝。

（2）在她丰满的，**纤细光润的双肩**后面隐隐约约地露出两个可爱迷人的小圆窝。

（3）在她那双丰满的**玉肩**后面隐隐约约地露出两个可爱迷人的小圆窝。

译文（1）中将 бархатные плечи 直译成“像丝绒一般的双肩”。用“丝绒”来比喻肩膀在汉语中是不习惯的，带有明显的“翻译腔”；译文（2）中译出所指的性质“纤细光润的双肩”，这当然是符合汉语习惯的，但是失去了原作中的形象性；译文（3）中用“玉肩”这个比喻，既避免了“翻译腔”，也有了形象性。

当然，有些问题，如“翻译腔”，是否应该一概排斥？处理比喻的不等值应掌握什么样的分寸？还需进一步探讨。

上面，我们对词语中反映出来的不同民族的文化差异及其同翻译相关的问题作了粗浅的探讨。就研究语言的文化价值而言，本文仅仅涉及很小一部分。斯洛伐克翻译理论家安东·波波维奇指出：“翻译过程不能仅仅归结为语言和文学两个方面，它要复杂得多。当代的翻译学正受到其他学科领域的研究成果的影响。”（Попович 1980：34）文化人类学、社会语言学、心理语言学和民俗学的理论与方法应用于翻译研究便为我们开阔了视野，展示出了一片新天地，一片有待我们辛勤耕耘的新天地。

参考文献

[1] 冯玉律．让民族文化走向世界——《曹操与杨修》译事心得 [J]．外国语，1991（4）.
[2] 裘克安．李白《送友人》一诗的英译研究 [J]．外语教学与研究，1991（3）.
[3] 童恩正．文化人类学 [M]．上海：上海人民出版社，1989.
[4] 张铭远．黄色文明——中国文化的功能与模式 [M]．上海：上海文艺出版社，1990.
[5] Верещагин Е.М., Костомаров В.Г. Язык и культура [M]. М.: Русский язык, 1990.

[6] Ли Бо. Избранная Лирика / Пер. с. кит. А. И. Гитовича; Вступ. Б. И. Панкретова; Примеч. Г. О. Монзелера. М.: Гослитиздат, 1957.

[7] Мамаева. Р. М. Китайская литература [M]. М.: Учпедгиз, 1959.

[8] Муравьев А.В., Сахаров М.А. Очерки истории русской культуры IX-XVII вв. [M]. М.: Просвещение, 1984.

[9] Попович А. Проблемы художественного перевода [M]. М.: Высшая школа, 1980.

[10] Словарь иностранных слов / Под ред. Ф. Н. Петрова и др. Изд. 6-ое, переработанное и доп. [Z]. М. Советская энциклопедия, 1964.

[11] Цветет мэйхуа. Классическая поэзия Китая в жанре цы / Пер. с. кит., Вступ., примеч. М. И. Басманова. [M]. М.: Худож. лит., 1979.

[12] Шмелев Д.Н. Современный русский язык – лексика [M]. М.: Просвещение, 1977.

[13] Юаньская драма / пер. с. кит., примеч. Л. Н. Меньшикова; Вступ. ст. В. В. Петрова. – Л. М.: Искусство, 1966.

（本文原载于《外国语》1993 年第 1、2 期）

陆永昌

◎ 男，1950 年出生，教授。

1975 年毕业于上海外国语学院，同年留校任教。长期从事苏俄文学、名著选读、文学理论、俄汉翻译理论与实践、比较文学等课程教学与研究，主攻文学翻译实践、文学翻译理论与俄罗斯文学研究，发表各类文论百余篇，出版的主要著作与教材有《快乐家庭教育》、研究生教材《俄汉文学翻译概论》，主要译著有《钢铁是怎样炼成的》《童年》《契诃夫短篇小说精选》《赌徒》《白夜》《森林报》《列宁的一生》《帕纳耶娃回忆录》《鲸群离去》《强盗老头们》等二十余部。作为主要编写人出版了《苏联文学词典》《当代阿拉伯文学词典》《青年文学手册》《中西比较文学手册》等。曾兼任高年级教研室主任、理论教研室主任、翻译教研室主任、系办公室主任、工会主席、系总支书记。曾在上海市政府教育卫生办公室工作，1991～1993 年受国家教委委派，在俄罗斯莫斯科国立语言大学翻译系任教。上海市作家协会会员、上海市翻译家协会会员、中国硬笔书法协会会员。2001 年《论文学翻译标准中的“动态”内涵》获上海外国语大学第六届科研成果二等奖；2007 年论文《翻译，将中国文化推向世界》获上海市哲学社会科学联合会颁发的上海市社会科学界第五届学术年会优秀论文奖；2008 年论文《礼仪之邦为何被妖魔化——文化战略与翻译进程思考》获上海市哲学社会科学联合会颁发的上海市社会科学界第六届学术年会优秀论文奖；2009 年论文《翻译，将中国文化推向世界》获上海外国语大学第十届科研成果三等奖；2010 年论文《论文学翻译标准中的“动态”内涵》获教育部高等学校外语专业教学指导委员会俄语专业教学指导分委员会颁发的全国首届全国高校专业俄语优秀论文二等奖；2010 年研究生教材《俄汉文学翻译概论》获教育部高等学校外语专业教学指导委员会俄语专业教学指导分委员会颁发的全国首届全国高校专业俄语优秀教材三等奖。

论文学翻译的“动态”标准

陆永昌

摘　要：现行的文学翻译标准“信”或者说“信”“达”“雅”把翻译看成是一种固定的、不变的东西，这难以驾驭文学翻译的全过程。实际上，文学翻译活动是动态的，它与时代、人类的精神和语言发展同步。人们接受理解的基础、精神需求的水准、语言发展的进程等是文学翻译过程中重要的动态内涵。文学翻译的标准是动态的。

关键词：文学；翻译；动态

一、问题的提出

近代译学理论家严复在《天演论》译例言中提出的“信”“达”“雅”是一个广为人们所接受的标准。它言简意赅，颇受推崇和重视，几乎成了翻译的“金科玉律”，一谈翻译，必谈“信”“达”“雅”。尽管不少学者对“达”“雅”的提法疑义较多，但“信”都能接受，即必须以无条件的“忠实”为标准，“忠实”是翻译质量的唯一标准，也就是在词语（词、词组、短语）的语义、词语的修饰色彩、句法的逻辑、句法的结构、行文的风格、艺术的形象等诸多方面，都讲“信”，换句话说，构成原作品一切艺术要素都要讲“信”。毫无疑问，文学翻译标准的确立为规范翻译起了极为重要的作用。

然而，文学翻译是个非常复杂的过程，远非一两个定义或者几个字所能包罗的。

多少年前，在我们认识外国的初期，我们将“England”翻译成“英国”，把“France”翻译成“法国”，我们把外国人，如作家Лев Николаевич Толстой（列夫·尼古拉耶维奇·托尔斯泰）简化成“托氏”，“Федор Михаилович Достоевский”（费多尔·米哈依洛维奇·陀思妥耶夫斯基）——陀氏。然而，现在我们不会把国名“Madagascar”（马达加斯加）“Mauritania”（毛里塔尼亚）再分别翻译成“马国”和“毛国”，再长的国名、地名，我们一般都会用音译的方法全部翻译出来，例如阿根廷的首都“Buenos Aires”译成“布宜诺斯艾利斯”，加拿大的“Chesterfield Inlet”译成“切斯特菲尔德因莱特”等等……同样的翻译标准，不同的时代为什么会出现不同的译法？

翻译界无人不知“牛奶路”的风波，这是发生在20世纪30年代初一场辩论中的事，辩论的结果，将天空中一道“白色的光带”（Milky Way）直接译成“牛奶路”的赵景深——赵老爷被钉上了“耻辱柱”。多少年来，“牛奶路”被认为是翻译界的一大笑话，是公认的翻译“大忌”，一谈到外国文学生吞活剥或者幼稚可笑的译例时，常常以“牛奶路”为戒。然而，事过境迁，近年“牛奶路”的问题在《文汇报》《中华读书报》《读者导报》等报上重提。（陆永昌 1999.8.4；1998.8.20；1998.5.8）这些文章提出，在我们按常规将“Milky Way”翻译成中国人所说的“银河”后，读者必定以为，西方人对天空中“白色的光带”的认识与我们的一模一样；尽管英美人对“银河”的解释与我们差不多，“the pale white band of stars that can be seen across the sky at night”（夜空出现的一道白色星带），但认识上与我们大相径庭，他们把它称为“牛奶路”有着深刻的文化背景，“牛奶路”与他们生活环境以及宗教有着千丝万缕的关系。我们把它翻成“银河”并没有把这深层次的色彩表达出来。文章呼吁原汁原味的翻译：文学翻译所要表达的不仅仅是思想，还必须再现其中包括思维方式差异在内的所有色彩。这得到多方的肯定。那么昔日已经有“定论”的东西，或者被认为是“天经地义”的事，在新的时代背景下为什么会被重新认识？

我们曾立为“经典”的翻译，多少年后会被新的“经典”所替代。以高尔基（Алексей Максимович Пещков，Максим Горький，1868-1936）的《海燕之歌》（Песня о буревестнике）为例，瞿秋白的译文，可以说是公认的经典翻译，在历史上起过重大宣传作用，但是目前中学教科书里使用的并不是瞿秋白的翻译“经典”而是戈宝权先生的译文。同一部作品在不同时期为什么出现不同的翻译“经典”？

按照一般的逻辑，古人讲古语，现代人说现代语言，但是我们翻译古希腊著名文艺理论家亚里士多德（Aristotle，公元前384～前322）的作品，为什么不用两千多年前同时代人孔子的语言？“古人”也能说现代语？众所周知，中国的现代语法学研究，是以1898年出版的《马氏文通》为开端，几乎是模仿西洋语法学理论，或者以西方语言语法体系为基础，建立了汉语语法体系，词类划分，句法结构，甚至连标点符号都是引进的。自然而然，“画上一个圆满的句号”是前不久才流行的，像这样的语言怎么可以出现在对几百年、几千年外国文学作品的翻译中？ 这与“信”又怎么能联系在一起？既然强调“信”，我们翻译时为什么不用与被翻译作品的外国作家同时代的语言翻译？等等……

显而易见，我们现行的文学翻译标准“信”或者说“信”“达”“雅”远远不能包罗一切。

诚然，翻译的外国文学作品本身是一种固定不变的东西，但文学翻译活动是一个极为复杂的过程，是人们认识的一种精神活动，是“活”的过程，是一种“动态”，是变化、发展着的，与社会的进化、历史的演变、人类的精神生活有着密切的联系。然而，目前我们通行的标准胡子眉毛一把抓，把整个文学翻译过程看成是一种静态，是“死”的、一成不变的东西。以一孔之见，这很难以驾驭文学翻译的全过程、促进文学翻译的发展。文学翻译标准中应该包含丰富的动态内涵。动态内涵至少应该包括：接受理解的基础、精神需求的水准、语言发展的进程等等。

二、翻译过程始终是运动着的过程

1. 读者的认识日新月异

翻译，面对的是广大读者。如果说在商业上顾客是上帝，那么在翻译领域，广大读者毫无疑问就是译者的“上帝”。所谓接受理解基础，是指广大读者群接受理解的基础。广大读者群的理解接受直接制约着文学翻译的全过程，制约着语言的转换。广大的读者群接受的基础愈高，“信”的程度也愈高。我们上面谈到了以前我们对外国国名、地名、人名的处理方法，因为中国人习惯于简短的国名、地名、人名，中国的传统就是如此。另一方面，那时由于长期的封建社会的闭关自守政策，造成一种与世隔绝的状态，人们无法记住或者极不习惯西方的一大串的前不巴村、后不着店式的长人名、长地名。在很长时期的翻译中，外国国名、地名、人名与中国的传统同化了。在认识外国现象时，有时总是“转化”成中国的来理解，比如林纾把法国小说《巴黎茶花女遗事》译成汉语后，人们喜欢把它说成是“外国的《红楼梦》”等等。

为了说明理解基础直接制约着文学翻译的全过程，制约着语言的转换，我们再以马雅可夫斯基（Владимир Владимирович Маяковский，1893-1930）的《开会迷》（Прозаседавшиеся）的翻译为例，诗人马雅可夫斯基为了形容会议如此之多，他用了俄语字母表中的一系列字母 А-Б-В-Г-Д-Е-Ё-Ж-З 表达各种各样繁多的会议。在封建社会，绝大多数中国人对外语一窍不通，头脑里对俄语字母更没有概念。如果我们把这些字母搬过来，人们会感到莫名其妙，起不到原有的艺术效果。中国人对“冗长”“名目繁多”有自己的表达方法。党八股的八条罪状就有：空话连篇，言之无物，装腔作势，借以吓人，无的放矢，不看对象，语言无味，像个瘪三，甲乙丙丁，开中药铺……这里的“甲乙丙丁”就表达了类似的修辞色彩。著名翻译家飞白在翻译苏联诗人马雅可夫斯基《开会迷》时也是运用这一方法，把诗中俄语字母А-Б-В-Г-Д-Е-Ё-Ж-З转换成中国人的表达方式“他正在出席甲乙丙丁戊己庚辛委员会”。

如果今天翻译，那么把А-Б-В-Г-Д-Е-Ё-Ж-З译成“ABCDEFG委员会”也未尝不可。如今英语大量普及，平常生活中直接使用的英语很多，如表示初步的知识用“ABC”，世界贸易组织直接用“WTO”，国民人均产值——GDP，美国国家篮球协会——NBA等等。这构成了今天转译成英语字母的基础。人们不了解俄语，不能把俄语字母直接搬过来，但是到人们对俄语相当熟悉了解时，直接译成“А-Б-В-Г-Д-Е-Ё-Ж-З委员会”也就瓜熟蒂落。

翻译的历史过程中，人们为“直译”“意译”争论了很多时间。撇开人们的接受基础谈论“直译”“意译”难有结果。以前在很长的一段时间里，由于人们接受能力很低，我们在外国文学翻译的过程中往往将外国文化不同的表达方式换成中国的表达模式，以求读者理解。一个世纪前林纾在翻译外国文学作品时就曾经将英文女仆Rose的名字翻译成中国文学作品中的春香，以前在翻译过程中这类采取中国化的办法较为普遍，即把国外的表达方式转换成中国的。例如，把“流着鳄鱼的眼泪”译成“猫哭老鼠——假慈悲”，“七次量衣一次裁”译成“三思而后行”，尽管俄罗斯遍地找不到竹子，但是我们还是将俄罗斯的说法“雨后蘑菇”转换成“雨后春笋”，连翻译的外国文学作品中也出现“说曹操，曹操到”等等。但是，当今世界随着各民族间交往的增多，人们的理解接受能力已今非昔比，自然而然要求原汁原味的翻译，反对变了味的译文。作为一名翻译工作者，自己本身就是一个中介，一个桥梁，目的就是要增进不同国家、不同民族的了解，其中包括文化的了解、思维的了解。各国人民间频繁的交往与接触使得人们对异国文化、风土人情的了解与接受能力大大增强，也就是说，文学翻译转换的基础大为提高，原汁原味的文学翻译就上了一个新的台阶。人们认识外国的现实并非都要经过中国的思维方式，更多地采取中国化的方法已经显得不合时宜，应该根据读者接受理解的能力，最大程度地再现各国文化的特色与差异。更何况，原汁原味的翻译可以大大丰富祖国语言，像“大棒加胡萝卜”“倒盆子时不要将盆子里的水和盆子里的婴儿一块倒掉了”“条条大路通罗马”“时间就是金钱”等，经原汁原味的翻译已经成了祖国优秀语言的一部分。如今重提“牛奶路”也就不足为奇。

2. 读者的精神需求日益增长

翻译活动本身就是满足人们的精神需求，而人们的精神需求在日益增长。物质上，在新中国成立初期，或者其后的很长一段时间，大家的目标是解决温饱。而如今人们的目标已经转向小康。可以想象，过了若干年后，还会有新的标准，人们对文学翻译的精神需求水准也像芝麻开花那样节节高。

在19世纪末20世纪初，处于闭关自守完全封闭下的中国人，能有一扇窗看看世界，那就非常满足，对文学翻译的精确性自然要求不高。不懂外语的林纾先生，其翻译尽管离原文较远，还是赢得了广大的读者群。但是如果在今天，谁对原作随意增添、任意删减，他的译文必然成为众矢之的。同时，人们今天无论如何也不会满足于一知半解或一般的了解。要了解别国的国情，还要了解外民族的思维方式，要"打破砂锅问到底"。在说动歪脑筋时，我们不但要知道我们自己的"项庄舞剑，意在沛公"，还要了解俄国人的"拉的是孩子的手，动的是孩子妈的脑筋"、英国人的"许多人都是因为喜欢保姆去吻孩子"、法国人的"贵妇人都是因为爱骑士而去吻他的侍从"、德国人的"吻的是孩子，想的是孩子的妈"的表达方式。过去人们对外国文化了解的要求已经无法与今天相比。

比如，在翻译俄罗斯诗人茹科夫斯基（Василий Андреевич Жуковский，1783-1852）的叙事诗《斯维特兰娜》（Светлана）"寒冷的圣诞节前夜 / 姑娘们在卜算未来 / 大把谷粒撒向鸡群 / 脱一只鞋扔出窗外 / 扒开积雪细细找寻 / 伫立窗下把话语猜 / 盛一碗冰冷的清水 / 用火焰将蜡烛熔化 / 绿宝石耳坠沉水底 / 覆盖上洁白的手帕 / 齐声唱起占卜歌谣"时，我们会自然而然地问：姑娘们为什么在寒冷的圣诞节前夜把大把谷粒撒向鸡群？为什么要脱一只鞋扔出窗外？扒开积雪找寻什么？伫立窗下猜什么？姑娘们为什么要在一盆清水上溶化蜡烛……原来姑娘们把谷粒撒向鸡群，是看鸡吃食的反应。如果它们安静地啄食谷粒，姑娘未来的伴侣就是个温顺安静的人，反之则是个粗暴好斗之人。姑娘脱鞋扔出窗外，要看鞋尖所指的方向。在她们看来，鞋尖所指就是求婚者来的方向。她们扒开积雪找寻头发，谁要是找着一根黄色头发，她的未婚夫必定是个金发男子，如果在雪中找着一根白发，则命中注定要嫁给老头子。在一盆清水上溶化蜡烛，倒入水中的薄薄的、半透明的蜡层会形成各种奇异的花纹，然后把这些薄片取出，举在手上，观察它们映在墙上的影子。如果出现花朵是好兆头，影射出十字架是坏兆头、死亡兆头……

再例如，我们读果戈理（Николай Васильевич Гоголь-Яновский，1809-1852）的《两个伊万吵架的故事》（Повесть о том, как поссорился Иван Иванович с Иваном Никифоровичем），两个伊万地主"德高望重"，都是"非常好的人"，被认为是"全密尔格拉得市的光荣与骄傲"。这两个地主是一对老邻居，关系一直很密切，然而只是因为伊万·尼基福罗维奇无意中讲伊万·伊万诺维奇像一只鹅，此两人积下了深仇，并闹到法院。法院考虑到他们都是本市的显赫人物，便极力从中调解，结果无效后，市长亲自出面请客，眼看两个伊万就要和解了，突然一个伊万嘴里无意中又冒出了一个“鹅”字，又使两个人剑拔弩张，打官司打得倾家荡产，直到两人快进棺材，他们的冤仇也了结不了……这是因为“鹅”！“鹅”在中国诗人的笔下美极了：“鹅，鹅，鹅，曲项向天歌。白毛浮绿水，红掌拨清波。”可在俄罗斯，它是“滑头”“不讲信用的人”“骗子”“蠢货”的象征。

历史上由于互相不理解，民族间造成的误解甚至流血太多了，各国人民渴望各民族间更多的了解，迫切需要更多的合作、交流与融会。人们这类精神需求水准随着时代的进步日益增长。文学翻译应该考虑到人们日益提高的精神需求水准，不断提出与之相适宜的艺术处理方法。

3. 读者的语言不断发展

语言发展的进程更是左右着文学翻译的过程。

众所周知，翻译是运用一种语言把另一种语言所表达的内容重新表达出来的语言活动。文学翻译依赖的是语言，完全靠生动的“活”的语言塑造形象。因此，语言发展的进程是文学翻译“动态”的重要内涵。一般来说，在文学翻译过程中，除了个别的地方，如公告，需要用特有的古老的文体反映历史的痕迹外，不会用与原作家相同时代的语言来翻译作家的作品，译者一般都是使用现行的规范语言。我们看亚里士多德《诗学》第9章中关于诗人与历史学家的比较的一段译文：“诗人的职责不在描述已发生的事，而在于描写可能发生的事……诗人与历史学家的……差别在于，历史学家描述已发生的事”（杨周翰等 1979：52），显然这不是与亚里士多德同时代人孟子使用的语言。莎士比亚（William Shakespeare 1564-1616）的戏剧《哈姆莱特》（*Намlet*）中有一段：“What art thou that usurp’st this time of night, /Together with that fair and warlike form/In which the majesty of buried Denmark/Did sometimes march? by heaven I charge thee，speak!”原文中有不少古英语，如今聪明绝伦的电脑已无法识认，但著名翻译家朱生豪翻译时没有用与莎士比亚同时代的汤显祖（1550～1616）在《牡丹亭》中使用的语言。他译道：“你是什么鬼物胆敢僭窃丹麦先王神武的雄姿，在这样深夜的时分出现？凭着上天的名义，我命令你说话！”他的译文被称为惊世骇俗的创举。同样我们翻译俄国12世纪的史诗《伊戈尔远征记》，自然也不会用宋代的语言。不言而喻，文学翻译与语言发展的进程紧密联系在一起。

我们知道，无论是哪一国的语言，都在不断变化，日新月异的生活不断创造新的词汇，千变万化的生活不断赋予语言新的内涵。我们以瞿秋白翻译的高尔基《海燕》部分译文为例："白蒙蒙的海面的上头，风儿在收集着阴云。在阴云和海的中间，得意洋洋地掠过了海燕，好象深黑色的闪电……一忽儿，翅膀碰到了浪花，一忽儿，象箭似的冲到阴云，它在叫着，而——在这鸟儿的叫喊声里，阴云听见了欢乐……让暴风雨来得更厉害些吧！"在20世纪初，他的译文确实是"翻译经典"。但由于历史的变迁，时代的演变，20世纪二三十年代瞿秋白等人所倡导的白话文到了今天已经发生了重大的变化，像"白蒙蒙的海面的上头"，风儿"收集"阴云，"得意洋洋"，"一忽儿"，甚至包括一些倒装句，今天听起来似乎有些差距，它不得不为新的译文所替代：

"在苍茫的大海上，狂风卷集着乌云。在乌云和大海之间，海燕象黑色的闪电，在高傲地飞翔。"

"一会儿翅膀碰着波浪，一会儿箭一般地直冲向乌云。它叫喊着，——就在这鸟儿勇敢的叫喊声里，乌云听见了欢乐。"

"让暴风雨来得更猛烈吧！"（高尔基 1998：155）

作为译者，自己也会自觉与不自觉地根据语言的发展不断修改完善自己的译文，比如著名翻译家汝龙先生把多少年前翻译的托尔斯泰的《复活》（Воскресение）开头的一段"尽管好几十万人拥挤在一块小小的土地上，用尽力气糟蹋那块土地，拿石头铺盖路面，清除一切植物，甚至不容一茎青草留存，而且用煤烟和石油的烟雾填满空中，砍尽所有的树木，赶走一切的飞禽走兽——可是，哪怕在这种城市里，春天也照旧是春天"修改为"尽管好几十万人麇集在一块不大的地方，千方百计地把他们聚居的那块土地毁坏得面目皆非，尽管他们把石头砸进地里去，不让任何植物在地上长出来，尽管出土的小草一概清除干净，尽管煤炭和石油燃烧得烟雾弥漫，尽管树木伐光，鸟兽赶尽，可是甚至在这样的城市里，春天也仍然是春天"。（托尔斯泰 1982：46）这里固然有译者认识的飞跃，但更有语言发展的因素。

从中不难看出，要使自己的翻译作品具有生命力，要使自己的译作得到读者的欢迎，译者必须运用大众"活"的语言，生动的语言，规范的语言，来再现外国文学作品中所描绘的现实，紧紧跟上语言发展的节拍。

三、"动态"的内涵决定着"动态"的标准

总而言之，文学翻译的过程是一种精神活动，仅仅把外国文学作品看成是一种不变的静态是不够的，文学翻译活动与人们的接受理解基础、不同时代人们的精神需求

水准、日新月异的语言发展进程等诸多因素密切相关，是一种“活”的动态过程，它与时代发展同步，不断变化，不断发展。随着开放时代的迅猛发展，随着人类踏进崭新的21世纪，认真而又积极研究文学翻译的“动态”内涵，显得尤为迫切，因为“动态”的内涵决定着“动态”的标准。

参考文献

[1] 陈福康．中国译学理论史稿 [M]．上海：上海外语教育出版社，1992.
[2] 陆永昌．文学翻译——再现原汁原味的过程 [N]．中华读书报，1999-08-04.
[3] 陆永昌．文学翻译呼唤“原汁原味”[N]．读者导报，1998-08-20.
[4] 陆永昌．文学翻译与文化差异 [N]．文汇报－文艺百家，1998-05-08.

语料来源

[1] 余一中．高尔基集 [M]．上海：上海远东出版社，1998.2.
[2] 托尔斯泰．复活 [M]．汝龙译，转引自《中国俄语教学》，1982（1）.
[3] 杨周翰等．欧洲文学史（上卷）[M]．北京：人民文学出版社，1979.
[4] 译林书评 [J].1997（4）.

（本文原载于《外国语》2000年第5期）

陈 洁

男，1962 年出生，博士，教授，博士生导师。

1984，1989 和 1995 年先后毕业于解放军外国语学院、山东大学、上海外国语大学。1996 年 9 月起在上海外国语大学任教。长期从事俄语教学工作。主要研究方向为俄汉语言对比与翻译研究、篇章语言学、俄语词典编纂与研究。在核心期刊发表论文、综述、书评 40 篇。出版专著 1 部《俄汉超句统一体对比与翻译》。主编、参编《俄汉语言对比与翻译》等教材 4 部。参与编写《汉俄大词典》。独立完成 1 项国家社科基金项目，2007 年入选教育部新世纪优秀人才。

汉俄语义语序对比与翻译转换 [1]

陈 洁 刘 慧 杨 丽

摘 要：本文提出语序可以分为语法、语义、语用三种类型，并对汉俄语义语序进行对比研究，指明汉俄两种语言共性语义语序规律是，（1）心理重轻律，（2）时空有序律，（3）逻辑因果律，（4）认知象似律，（5）文化成因律，（6）科学排序律。汉、俄语在表达同一语义内容时，有时因为构词组句等差异而遵循不同的语义语序原则。另外，汉语表达“句内松，句外紧”，句外制约句内；而俄语表达是“句内紧，句外松”。这时常导致俄汉翻译中语句顺序的移位达意。本文旨在诠释汉、俄语在表示同一意义时为何采用相同或不同，特别是不同的语序原则。

1 本研究是上海外国语大学第二届导师学术引领计划资助的阶段性成果，指导教师陈洁，批准号 2017003，谨致谢忱。第二、三作者简介：刘慧，西北大学教师；杨丽，上海外国语大学博士生。

关键词： 翻译研究；俄汉对比；句法；语序；语义

一、引 言

语序指在一个语言或言语结构体内部，直接成分之间（包括词素、短语等之间，以及句子和超句统一体内部各构成成分、各分句、各独立句子之间）的线性组合排列顺序。语序的研究内容以往主要涉及句子同等成分的顺序（多项定语、多项状语及同等、并列的名词性成分等的顺序排列）和句子成分的顺序（是 SVO，还是 SOV，还是……）。语序可从语法、语义、语用等不同角度进行研究，相应地分为语法、语义和语用语序。语法语序侧重研讨词组和句子构成成分的排列顺序，语言类型学在这方面的研究做出了突出贡献（刘丹青 2003，王翠 2013）。语用语序的研究成果集中体现于实义切分等研究领域。[克雷洛娃（Крылова）1992，陈国亭 2004，廖红英 2016] 对多项定语、多项状语和名词性并列结构的语序及主谓宾语（俄语称宾语为补语）的排列顺序问题，先前从语法、语义、语用、认知等角度均有涉猎 [西洛季宁娜（Сиротинина）1965，克雷洛娃、哈夫罗尼娜（Хавронина）1984；姜艳红，王清 2014]，特别是汉语界，这方面成果丰富（袁毓林 2004ab，崔应贤 2002，潘国英 2010）。但将语义语序与翻译联系起来进行系统对比考察，尚不多见，尤其是俄语界。俄语属于综合语，词语的句法功能可通过其本身在句中的形态变化体现出来，主谓语可以连带多种修饰成分，形成繁而不乱，偏重静态的长句子，是语法严谨的语言；词语顺序相对灵活，并非一定遵循时空或逻辑的顺序，而是善于“利用形合细密的长处，自由变换时空和因果的逻辑顺序，以求凸现语义的主次轻重……”（白春仁 1990：4）即俄语在语序安排上可根据表达兴趣、焦点等语用需要，采用主观上“凸显语序”的原则。汉语为分析语，语法意义主要借助词汇和语序表达，注重词语和句子其本身意义上的相互关联和排列次序，语序的变化时常导致句法结构和语义的变化。因此，汉语中先说、先写什么，后说、后写什么，必须遵守一定的规律，更讲求言之有序，言之有理，顺理成章。汉语句子的顺序与思维的顺序一致是汉语的特殊优点。汉语的语序排列一般是遵循时空、因果等“自然顺序”。因此，当俄语的“凸显语序”与汉语的“自然语序”相悖，在此情形下予以俄汉传译常需移位处理。杨绛先生指出：“略有经验的译者都会感到西方语言和汉语顺逆不同，晋代释道安翻译佛经时所谓‘胡语尽倒’。要把西方语文翻成通顺的汉语，就得翻个大跟头才颠倒得过

来。”（杨绛 1992：157）

本文拟以汉语语义语序为基础，阐释汉、俄语基本的语义语序规律，重点诠释这两种语言表达同一意义时为何遵循相同和不同，尤其是不同的语序规律，并将翻译作为对比研究的方法。汉语语义语序常遵循如下规律。

二、心理重轻律

心理重轻律，指依照心理上由重及轻或先肯定后否定、先积极后消极的次序安排语序。由重及轻原则尤其突出地见诸汉语双音节词构成的联合式合成词（由两个意义相同、相关或相反的语素并列组成）。（邢福义 1986：229）这类词语序特点之一是“先高价位语素后低价位语素”。（沈锡伦 2004：320）如，动词得失、胜负、赏罚、是否；名词官兵、干群、良莠、功过；形容词优劣、高低、多少、大小。俄语类似意义的表达顺序一般与汉语相同。

（1）这条街上**大小**商店有几十家。（На этой улице есть несколько десятков **больших и маленьких (крупных и мелких)** магазинов.）（顾柏林 2009：387）

（2）...средствами интонации передаётся **увеличение или уменьшение** смысловой самостоятельности главной части.（Белошапкова）（借助语调手段**增加或减少（增减）**主句意义的独立性。）

但有时由于受构词等因素影响，俄语语序未必与汉语一致。

（3）...атомы инертных газов не соединены в молекулы, не **отдают** и не **присоединяют** электроны.（惰性气体原子不能化合为分子，没有电子**得失**。）

此例表达将 отдают 放在 присоединяют 之前，这是因为前者的音节少于后者的音节，俄语表达是遵循结构上由简至繁的原则。[另见下文例（6）（13）（14）（17）]

心理重轻律还体现于家庭伦理和社会关系中的等级次第，所谓“上下、尊卑、长幼、亲疏有序”（郭锦桴 1993：71）。所以，汉语表达一般将职位高的（君臣、官兵、指战员、医护人员）、年长的（师徒、父子、母女、老小、老中青、老老少少）、重要的（国家，大中小企业，父母、夫妻、子女、兄弟姐妹——男尊女卑）或关系密切的［女儿女婿、妹妹妹夫、姑姑姑父，（国）内外］信息前置。俄语类似意义的表达顺序通常与汉语相同。但“大中小学”，汉语表达是根据心理上由重及轻原则，俄语可翻译为 начальные，средние и высшие школы。这是因为，“大中小学”的俄文表达顺序，习惯遵循“时间事理原则”，因为入学顺序是，小学、中学、大学。

（4）Роста он небольшого, сложён щеголевато, собою весьма недурен, **руки и ногти в большой опрятности содержит**; с его румяных губ и щёк так и пишет здоровьем. Смеётся он звучно и беззаботно, приветливо щурит светлые, карие глаза. (Тургенев)

（他身材不高，风度翩翩，一表人才。他那红润的嘴唇和面颊上透露着健康之色，他的笑声响亮而又畅怀，常常亲切地眯起一双褐色明亮的眼睛。**他的手和指甲都修饰得干干净净**。）

此例属对人物仪表的描写，手和指甲对一个人的外表而言，属较为次要部分，译文将其移后处理，按心理上先主后次的顺序迻译，符合汉语“句外紧（讲求语句排列顺序）”表达习惯。而俄语表达是“句内紧（句内性数格等语法严谨），句外松（语句顺序相对灵活）”。

三、时空有序律

时空有序律指语序是依照时间和空间的自然顺序依次排列。时空顺序是人们认识客观事物的基本依据。

（一）时间有序律

它指按照时间先后或事物发生、发展、完结的自然进程安排词语顺序。《易经》中《彖》部分指出：“大明终始，六位时成，时乘六龙以御天。”即八卦中六爻的位次排列是依据大明（太阳）运行的时间顺序，因为事物是按照一定时序发展变化的。“应乎天而时行，是以‘元亨’”（《易经・大有・彖》），“动静不失其时，其道光明”。（《易经・艮・彖》）这说明我国自古就十分重视依照时间事理行事，这在语言表达方面得到充分体现。

（5）Российское телевидение и радио 和 Российское телерадиокомпания（均简称为 РТР），它们分别翻译为：俄罗斯广播电视，俄罗斯广播电视台。汉语将“广播”置于“电视”之前是因为，前者的产生先于后者。而俄语语序“电视”先于“广播”，起因于遵循“心理重轻律”，俄罗斯人认为，作为媒体，“电视”的作用比“广播”更为重要。又如：

（6）Ты объявлен вне закона. Первый, кто тебя поймает, может убить **без суда и следствия**.（Шукшин）（已宣布你不受法律保护，谁先抓住你，都可**未经侦讯和审**

判就处死你。）

俄语表达中之所以将“审判”置于“侦讯”之前，这是因为，在此俄语语序的排列主要是依照“心理重轻律”（参见上文二），俄罗斯人认为，“审判”属于结果，重于形式过程“侦讯”，且 суд 为单音节词，宜放在多音节词 следствие 之前（结构上由简至繁）。而汉语表达遵循时间先后顺序“先侦讯再审判”。

（7）Её муж，бывший губернский прокурор，известный в своё время делец，– человек бойкий и решительный，жёлчный и упрямый，– **умер лет десять тому назад**. Он получил и изрядное воспитание，учился в университете，но，рождённый в сословии бедном，рано понял необходимость проложить себе дорогу и набить деньгу. Мария Дмитриевна вышла за него по любви. (Тургенев)（她的丈夫是省里的前任检察官，深谙法律，当时颇有名气。他机敏、果敢，脾气暴躁而又固执。他受过良好的教育，读过大学，很早就懂得给自己开辟前程、积攒钱财的重要性。**他约在十年前去世**，玛丽娅·德米特里耶夫娜嫁给他纯出于爱情。）

原文这段话是作者对玛丽娅·德米特里耶夫娜的丈夫进行概括介绍。回忆某人往往把人物去世的情况放在末尾交代。原文带下划线的这一语句属于嵌入结构（вставная конструкция），是对玛丽娅·德米特里耶夫娜的丈夫做补充交代，并无强调之意，译文中无需予以倒叙。因此，可将标有下划线的语句按照时间顺序适当移后翻译。

（二）空间有序律

空间有序律的具体细则有：①视线移动原则（随视线所及与推移展开描写）。②同一方向原则（描写顺序为由近及远，或由远及近；由上而下，或由下而上；由前而后，或由后往前；由里及外，或由外到里；由左到右，或由右及左，等等）。③面向原则［描写次序是从正面到背面，从头到脚（尾），从前面到后面或里面，等等］。④方位对称原则（通常先中间重要部分，再写两边对称处）。（廖秋忠 1992a：137–141）汉、俄语的语句描写顺序均大致如此。例如：

（8）**Направо** улица загорожена баррикадой. **Налево** красивый дом с римскими цифрами на фронтоне...（Л. Толстой）（**右边**，街道被防护栏堵住了；**左边**，有幢墙面上刻有罗马数字的漂亮的房屋。）

（9）(Мы едем к центру города.) **Слева** остаётся памятник Пушкину, памятник основателю Москвы – Князю Юрию Долгорукому. **Справа** – музей революции， здание Московского Совета... (из учебника) (**左边**是普希金纪念碑、莫斯科市奠基人尤里·多尔戈鲁基的纪念碑；**右边**是革命纪念馆、莫斯科市苏维埃大楼……)

例（8）语句描写顺序是“从右到左”，例（9）则是“从左到右”。但用俄语词的组合（сочетание слов）表示“（在、向、从）左右（两边）”等方向或方位意义时，俄语中大多为“由右及左”。这与基督教对印欧语言的影响有关，基督教认为，人的右肩站着天使，左肩站着魔鬼。因此印欧语一般“尊右卑左”，语言表达“由右及左”。（刘光准，黄苏华 1999：171）

（10）(Вечером 17 августа заняли оборону.) За спиной – лес. **Справа и слева** - болото. (Короленко) (背后是森林，**左右两边**是沼泽地。)

（11）The crowd divided right and left.（人群向**左右**分开。)（吴莹 2000：155）。

（12）Look right and left.（**左**顾**右**盼。)（吴莹 2000：155）

比较例（8）至（12）可知，单位越小，语序越稳定。例（8）（9）不及例（10）（11）（12）语序稳定。

（三）先时后空律

时空因素相比，汉语自古习惯上更重视时间。在八卦结构安排中，六爻位次安排更多的是依据时间。“对于汉民族的每一个个体来说，他认识一个整体事物，依据时间顺序来进行是最自然的法则，在句法里面也是主要地依从了这种方式。”（崔应贤 2002：277）因此，汉语遣词“时间”与“空间”相遇，“时间”居先，“空间”位后。所以说“时空”“某时某地”“何时何地”“古今中外”“天时地利”。

（13）О любом явлении можно сказать，что оно происходит **где-то и когда-то.** (из учебника) (任何现象都可以说是在**某时某地**发生的。)

（14）Я вспоминаю，**где и когда** встретился с ним. (из учебника) (我在回忆，**何时何地**与他相遇过。)

例（13）（14）译文中带下划线处的语序安排是遵循先时间后空间的顺序。俄文表达语序则相反，因为俄语遵循结构上“由简至繁（在此音节少的词前置）”原则，避免“头重脚轻”。Malkiel 曾研究英语等印欧语言中那些已定型的、不可逆的，且由双成分构成的并列结构的语序问题，并提出形式优先模式，即一般是高元音、短音节、少音节的词及短语在前。（转引自廖秋忠 1992b：230）这样，便于发音时省力。例如：“文艺”英文可译为 art and literature。（潘文国 2004：281）但俄语一般翻译为 литература и искусство。尽管 литература 比 искусство 构词上多一个音节，仍按照与汉语相同的语序——先“文学”后“艺术”，这是因为，在俄罗斯，文学居于一切艺术形式之首，俄罗斯文学是俄罗斯民族的独创艺术，雕塑、建筑等其他艺术形式是俄罗斯学习西方所得。литература и искусство 的语序排列是遵循“心理重轻律”。

汉语表达先时间后空间的又一佐证是：东北、西南，等等，俄语却分别翻译为：северо-восток，юго-запад。太阳东升西落，体现时间变化。地球的东西经线划分出不同的时间区域，南北高低不同纬度，区分出气候特征不同的地域（气候带）。东西方向主要代表时间，南北方向主要代表空间、方位。俄语表达先空间后时间，这是因为空间比时间具体。这符合认识事物由具体到抽象的原理。

四、逻辑因果律

因果类联系包含原因与结果、条件与结论等逻辑要素之间的有机联系。汉语通常是依照事件发生顺序，将原因、条件等前置，把结果、结论后置。否则，有时会引发歧义。例如：我请你去听音乐会，如果我有时间的话。这样将“条件”置于“结果”之后的语序，在汉语中属于非常规语序，可能不是诚恳的邀请，带有调侃色彩。而俄语类似语序的句子，不是非常规语序，属于正常条件句。列维茨基（Ю.А. Левицкий）指出，① Опоздай я хоть на минуту，было бы уже поздно. ② Было бы уже поздно，опоздай я хоть на минуту. 这两个句子意义上是相等的。对于俄语主从复合句而言，特别是双成分（两个分句发生句法关系）的主从复合句，其分句的语序与事件顺序不对应（结果、结论前置于原因、条件）是其典型特征。（Левицкий 2002：197）俄译汉时经常根据汉语由因及果、由条件到结论的逻辑顺序调整语序。因此，上文两个例证均可翻译为：哪怕我迟到一分钟，也就晚了。根据“复句优先序列语料库”（CCSOS）统计结果，汉语小说体裁中，先因后果语序复句有 591 例，而先果后因语序复句有 351 例。（肖任飞，储泽祥等 2010：39）从频率上看，小说语体中，先因后果语序复句占该语体因果复句的 62.7%，而先果后因语序复句占 37.3%。（肖任飞，储泽祥等 2010：41）先因后果复句在时间连续性上强于先果后因复句。时间连续性与时间顺序原则具有一致性。（肖任飞，储泽祥等 2010：186）先因后果、先条件后结论（结果）与时间顺序原则相一致。“条件、因果、目的等关系与时间先后关系是一种蕴含关系。”（吴为善 2011：306）但采用标记词语（连接词、语气词等）强调原因、条件并予以后置作为实义切分中的述位时例外。

（15）Жасминовый куст，**весь в белом цвету, мокрый от росы**，был у самого окна.（Горький）（一株茉莉，**沾带着露水，湿漉漉，白蒙蒙的**，紧贴窗旁冒了出来。）

茉莉沾带着露水才会显出湿漉漉、白蒙蒙样子，译文是根据由因及果的顺序移位达意。

（16）Он знает，что в то время，**когда его мысли носятся вместе с охлаждённою землёй вокруг солнца**，рядом с докторской квартирой，в большом корпусе томятся люди в болезнях и физической нечистоте; быть может，кто-нибудь не спит и воюет с насекомыми，кто-нибудь заражается рожей или стонет от туго положённой повязки; быть может，больные играют в карты с сиделками и пьют водку. В отчётном году было обмануто двенадцать тысяч человек，всё больничное дело，как и двадцать лет назад，построено на воровстве，дрязгах，сплетнях，кумовстве，на грубом шарлатанстве... (Чехов)（他知道，在医师住宅旁边的大楼里，病人由于疾病和身上肮脏而倍受折磨。或许有的染上丹毒，或因绷带缠得过紧而疼得呻吟；或许有的苦于弄虱子，睡不着觉；还有些病人大概在跟助理护士们打牌、喝酒。每年有1.2万病人受骗，医院的全部工作如同20年前一样，是建立在盗窃、徇私、诽谤、无谓争吵之上，是建立在卑鄙的庸医骗术上…… 看到这一切，**他的思想像随同围绕太阳旋转又冷却下来的地球一样，在飞速地旋转着，冷却着**。）

从语法上分析，原文标有下划线 когда 引导的语句是修饰其后面的该句整个说明（补语）从句部分；但从原文前后意义上看，它与原文的其他语句有因果关系，它是写安德列·叶菲梅奇（Андрей Ефимыч）内心世界的形象表现，含有结果意义，而其后面的若干原文语句则是讲这一表现的内在原因。德鲁日宁娜（С.И. Дружинина）认为，按照功能语义原则可将俄语主从复合句分为37种过渡范畴，如原因–结果、条件–说明、条件–让步、时间–条件、时间–因果等（Дружинина 2009：24-56）。译文依照由因及果顺序传译，符合汉语读者接受习惯。

五、认知象似律

根据认知语言学象似论，语言的表达形式和语义之间存在对应关系。这种对应关系可诠释某些语序的理据性，在翻译时常体现为距离象似性。根伯（Givón，1990）将距离象似性缘由归为“相邻原则（the proximity principle）”，即在功能上、概念上或认知上更接近的实体在语码的层面也放得更近。（转引自吴为善 2011：215）美国语言学家斯托克威尔（Stokeweir）提出邻接原则（adjacency principle）时指出："在语义上属于一起的，句法上也放置在一起。所有的句法系统都倾向于在线性序列上把相关的成分放在一起，避免隔断。"（转引自潘文国 2004：282）哈曼（Haiman）指出，若两个概念具有以下性质：①语义上有共同的特征、属性或组成部分；②互相影响；③在现实中不可分离；则它们之间在概念领域里的距离更近。（转引自吴为善 2011：215）距离象似性要求把属性相同或相关的人或事物予以集中描述。话语成分意义联系越紧密靠得越近，这样可使表述次序井然。

（17）Физическим телом называют каждое из окружающих нас тел: карандаш, машина, Солнце, **тело человека, кусок железа**, воздух, находящийся в доме...（被称为物体的是我们周围的每一个实物：铅笔、**铁块**、机器、**人体**、太阳、房间的空气。）

此例若依照原文语序翻译为"……铅笔、机器、太阳、人体、铁块、房间的空气"，会显得杂乱无章，在此，俄语同等成分的排序是由单词到词组，最后是结构复杂带有形动词短语的词组"房间的空气"。俄语表达遵循结构上由简单到复杂，力避"头重脚轻"。译文将"铁块"紧靠"机器"，把"人体"靠近"太阳、房间的空气"，按照属性相同或相关原则排序，便于读者接受。

六、文化成因律

语言是文化的载体，又是对文化的反映。文化因素对语言表达有一定制约作用，这在语序方面体现形式之一是生命度（animacy hierarchy）原则。（王珏 2004：17）该原则指汉语一般将具有"人"等意义，或生命力强的动物等，放置在其他无生命力或生命力弱的事物之前，认为"人"为万物之首，应该"以人为本"。所以，一般讲"人与社会""人与自然""动植物"等。方立天先生从儒家思想的角度提出："中国国学的核心价值在于实现人的价值，认为国学之魂在于中华人文精神。"（见宋洪兵 2009：11）"中国哲学，从它那个通孔所发展出来的主要课题是生命，就是我们所说的生命的学问。它是以生命为它的对象，主要的用心在于如何调节我们的生命，来运转我们的生命、安顿我们的生命。"（牟宗三，转引白子超 2009：B7）"传统的儒、道、释三家学问确实大体如此。这里，说的是主要课题，并未否认其他课题，如社会的学问、政治的学问。"（白子超 2009：B7）

有篇俄语文章，题目为 Природа и человек，应当翻译为"人与自然"。俄语将"自然"放在"人"之前，这是因为，俄罗斯人认为，人属于自然界的一个组成部分，自然界乃万物之始。俄罗斯是传统的欧洲国家，在文化传统上深受古希腊罗马文化的影响。“希腊那些自然哲学家，他们的对象是自然，是以自然界作为主要课题。”（白子超 2009：B7）这也并非否认其他学问。

七、科学排序律

此原则要求语序的安排应该符合一定的科学原理。例如：赤橙黄绿青蓝紫。光线作用于人的视觉和物体时，产生不同强度的光波，不同波长的可见光引起视觉不同的颜色感，这七种基本颜色的排列顺序是依照光波的强度，由强到弱依次排列。俄语中有：Каждый Охотник Желает Знать，Где Сидит Фазан.（每位猎人都想知道，野鸡在何处。）英语中有：Richard of York gained battles in vain.（约克家族的理查德打了些胜仗也无济于事，未取得王位。[1]）这两句话每一个单词的第一个字母，就与分别表示上述七种色彩的俄语和英语单词的首写字母吻合：красный-оранжевый-жёлтый-зелёный-голубой-синий-фиолетовый，red-orange-yellow-green-blue-indigo-violet。再如：门捷列夫元素周期表的排列顺序，主要是根据原子序数（核电荷数），依照科学原则依次排列。

八、结 语

上述语义语序原则仅限于常见情形。汉俄语义语序，是“大同小异”。“小异”在于，汉语是先时间后空间，俄语则相反。翻译中调整语序，是因为俄汉语言表达同一内容时，有时因为构词组句等差异而遵循不同的语义语序原则所致。另外，汉语表达“句内松（句内缺乏性数格等狭义形态约束），句外紧（注重语句顺序排列）”，句外制约句内，更讲求语句顺序组合的言之有理，言之有序，顺理成章；而俄语表达是“句内紧（句内有性数格等管约），句外松（语句顺序排列相对自由）”，这时常导致俄汉翻译中语句顺序的移位达意。

---

1 1455～1485年，英国历史上爆发了长达30年的玫瑰（蔷薇）战争（Wars of the Roses）。这场战争是封建王室内部为争夺王位而进行的。战争的一方为约克家族（York），以白玫瑰为族徽；另一方为兰卡斯特家族（Lancaster），以红玫瑰为族徽。在多年的混战中，尽管约克家族长期占据上风，但是，1485年8月，在英格兰中部的博斯沃尔特战役中，约克家族由于内部倒戈，被兰卡斯特家族的都铎（Turdor）彻底打败。最终都铎登上英国王位，史称亨利七世。这场战争削弱了封建贵族势力，客观上为英国新兴贵族和资产阶级的发展创造了条件。

汉、俄语共性的语序倾向是，单位越小，语序越稳定；单位越大，语序越灵活。如词内语序最稳定，大于句子的语篇内最为灵变［参见（4）（7）（8）（9）（16）］。如词内语序“时空”，通常不可倒置，但用汉语词组表达此意义，可以讲，“时间和空间”或“空间和时间”。“握手”，俄语可用一个词译为 рукопожатие，词内语素顺序不可更改；若译作俄语词组，下列两种语序皆可，пожать руку 或 руку пожать。翻译中变更原文语序应以尽量保留原文词语的顺序为基础，翻译中被调整的语句顺序，有时可以跨越其所在句子本身的局限［见例（4）（7）（16）］。

不难发现，有的表达方式有违上述语义语序规律。这是因为，语序排列还取决于语法、语音、语用等方面。语用语序是通过语义语序而产生作用。如受语用上礼貌原则制约的“女士们、先生们”这一称呼语的表达顺序，是通过语义上的“心理重轻律”而将“女士们”前置，以示尊重女性。总体上讲，语法语序具有强制性，语义语序具有决定性，语用语序具有调节性，与音节结构有关语序[1]［参见例（3）（6）（13）（14）（17）］符合发音生理省力（经济性）要求，具有一定的规约性。语法、语义、语用语序相互作用，相互竞争，但它们未必同时发挥作用。某种语序的排列，通常是某种语序原则占据主导地位的结果。语言表达符合越多的语序条件，其语序结构越稳定。不否认存在个别的语序任意情形，尤其是口语中。这些现象需要另文专论。

参考文献

[1] 白春仁．比较修辞鸟瞰 [J]. 中国俄语教学，1990（2）.
[2] 白子超．“三重道德”与“四种境界”[N]．上海：新民晚报，2009-07-05.B7.
[3] 陈国亭．俄汉语词组合与构句 [M]．北京：商务印书馆，2004.
[4] 陈洁．语音与翻译 [J]．中国俄语教学，2011（1）.
[5] 崔应贤．现代汉语定语的语序认知研究 [M]．北京：中国社会科学出版社，2002.
[6] 顾柏林主编．汉俄大词典 [Z]．上海：上海外语教育出版社，2009.
[7] 郭锦桴．汉语与中国传统文化 [M]．北京：中国人民大学出版社，1993.
[8] 姜艳红，王清．汉俄语反义词构成的复合词和成语的语序对比 [J]．中国俄语教学，2014（3）.
[9] 廖红英．俄语词序与俄译汉 [J]．中国俄语教学，2016（2）.
[10] 廖秋忠．物体部件描写的顺序 [C]．// 廖秋忠文集．北京：北京语言学院出版社，1992a.
[11] 廖秋忠．现代汉语并列名词性成分的顺序 [C].// 廖秋忠文集．北京：北京语言学院出版社，1992b.
[12] 刘丹青．语序类型学与介词理论 [M]．北京：商务印书馆，2003.
[13] 刘光准，黄苏华．俄汉语言文化习俗探讨 [M]．北京：外语教学与研究出版社，1999.
[14] 潘国英．汉语状语语序研究及其类型学意义 [M]．北京：中国社会科学出版社，2010.

1 与音节结构有关语序，另见陈洁．语音与翻译 [J]．中国俄语教学，2011(1) 之中的四声非降、偶启奇止等拙见。

[15] 潘文国．汉英语对比纲要 [M]．北京：北京语言大学出版社，2004.
[16] 沈锡伦．中国传统文化和语言 [M]．上海：上海教育出版社，2004.
[17] 宋洪兵．《国学论坛》印象：跟随名家习国学 [N]．中华读书报，2009-08-12（11）.
[18] 王翠．俄语形容词充当后置定语的语言学分析 [J]．中国俄语教学，2013（2）.
[19] 王珏．汉语生命范畴初论 [M]．上海：华东师范大学出版社，2004.
[20] 吴为善．认知语言学与汉语研究 [M]．上海：复旦大学出版社，2011.
[21] 吴莹主编．新英汉词典 [Z]．上海：上海译文出版社，2000.
[22] 肖任飞，储泽祥等．现代汉语因果复句优先序列研究 [M]．北京：中国社会科学出版社，2010.
[23] 邢福义．现代汉语 [M]．北京：高等教育出版社，1986.
[24] 杨绛．杂忆与杂写 [M]．广州：花城出版社，1992.
[25] 袁毓林．定语顺序的认知解释及其理论蕴涵 [C].// 袁毓林主编．汉语语法研究的认知视野．北京：商务印书馆，2004a.
[26] 袁毓林．多项副词共现的语序原则及其认知解释 [C].// 袁毓林主编．汉语语法研究的认知视野．北京：商务印书馆，2004b.
[27] Дружинина С.И. Синкретизм в системе сложноподчинённых предложений современного русского языка[D]. М.: МГЛУ, 2009.
[28] Крылова О.А. Коммуникативный синтаксис русского языка[M]. М.: Российский университет дружбы народа, 1992.
[29] Крылова О.А., Хавронина С.А. Порядок слов в русском языке[M]. М.: Русский язык, 1984.
[30] Левицкий Ю.А. Основы теории синтаксиса[M]. М.: УРСС, 2002.
[31] Сиротинина О.Б. Порядок слов в русском языке[M]. Саратов: Саратовский университет, 1965.

（本文原载《中国俄语教学》2018 年第 4 期）

杨仕章

男，1972年出生，博士，教授，
博士生导师。

1993年毕业于解放军外国语学院，获学士学位，同年留校任教。2016年12月起在上海外国语大学任教。长期从事俄语教学工作。主要研究方向为翻译学，发表学术论文八十余篇，出版的主要著作与教材包括《文化翻译论略》《篇章翻译概要》《语言翻译学》《俄语篇章连贯性翻译研究》《俄汉军事翻译》《俄汉误译举要》《俄汉翻译基础教程》与《文化翻译学》。主持2项国家社科基金项目和1项省级哲学社会科学规划项目。

文化翻译学的学科体系构建[1]

杨仕章

摘　要： 文化翻译学的学科体系是文化翻译学元理论的重要议题之一。此项研究目前只限于文化翻译学的基础理论部分，且多为描写性研究，缺乏必要的阐释性研究。文化翻译学完整的学科体系应当包含四个分支：基础理论、历史研究、应用研究和元理论，每个分支都包含若干个具体研究领域。

关键词： 文化翻译学；基础理论；历史研究；应用研究；元理论

---

1 本文系国家社科基金项目“文化翻译学的学科建构研究”（项目编号：13BYY023）、中央文献对外翻译与传播协同创新中心科学研究项目“中华文化关键词的对外翻译研究”（项目编号：2013XT05）阶段性成果。

一、引言

某一学科的学科体系是该学科元理论的重要组成部分。“一门学问的元理论……主要研究这门学问的学科特征与判别标准（包括这门学问作为一门学问必须具备的条件、必须满足的要求），它所特有的目标、任务、问题、方法，它的根据与确证，它的体系框架[1]，它的功能、功用，它的发展变化以及与其他学问的划界、关系。”（刘永富 2002：1）文化翻译学元理论是对文化翻译学学科自身的审视与反思，需要研究的基本问题包括文化翻译学的定义、理论基础、学科性质、研究对象与任务、研究方法、学科体系等。

通过研究翻译概念的语言维度、文化维度与价值维度，并考虑到翻译的传播方式、伦理要求与主要任务，我们将翻译定义为“以利用源语文本的交换价值和/或比较价值为目标，以尽可能准确而完整地再现源语文本为任务的单向的语言转换与文化移植活动”（杨仕章 2015a：102），而文化翻译学则是研究翻译的文化维度的一门学科。通过揭示文化在翻译研究中的凸显过程，并确定“文化翻译”作为翻译学术语的根本之义，我们认为，文化翻译学是“一门系统研究作为文化移植活动的翻译的综合性翻译学学科”（杨仕章 2016：84）。文化翻译学建基于翻译本体，属于翻译学内部研究，是翻译学的一个子学科，因而不同于西方翻译研究文化学派所进行的研究。“文化翻译学研究的是本体意义上的翻译，始终关注语言转换过程中的文化问题；而西方翻译研究文化学派则把翻译作为一种文化现象置于社会文化背景下进行考察，主要关注文本之外的各种因素对翻译行为的发起、实施、接受与影响的制约。”（杨仕章 2016：83）基于对文化翻译学的上述理解，本文拟构建文化翻译学的学科体系，以充实文化翻译学元理论研究。

二、文化翻译学结构体系研究述评

研究文化与翻译的论著有很多，然而旨在构建翻译本体意义上的文化翻译学的研究成果却非常少，最有代表性的应是《文化翻译学》（王秉钦 1995，2007）和《文化翻译论纲》（刘宓庆 1999，2007）这两本著作。它们对文化翻译学的学科构架作了积极探索。

---

1 着重号为本文作者所加。

"对文化翻译学的结构和体系可以从三个方面构想：第一，属于文化翻译学基础理论方面的研究；第二，属于文化翻译学实践方面的研究；第三，属于文化翻译学相关学科知识来源的研究。"（王秉钦 1995：7；2007：10）第三点还有进一步的说明："在文化翻译学相关学科中最主要的是两门：一门是语言国情学，一门是跨文化交际学。前者侧重研究语言单位的文化内涵，后者侧重研究具有不同文化背景的人们在各类交际［科学研究］活动中涉及的种种文化问题。而文化翻译学也正从这两门学科角度出发，开展自身的研究：从语言国情学角度，研究语言的文化内涵；从跨文化交际学角度，研究语言使用的文化背景。"（王秉钦 1995：7–8；2007：10）这三个方面可以概括为基础理论研究、实践研究与相关学科知识来源研究。我们认为，相关学科知识来源仅仅是翻译操作的前提，属于译前分析（相关知识或者由译者自己研究来获得，或者通过学习相关学科的研究结果来获得），是译者素养的一部分，"文化意义的多维探索（视角、获得方式、特征）是文化翻译的外围课题"（刘宓庆 1999：108；2007：100），所以不应列入文化翻译学的结构体系。

《文化翻译论纲》一书认为，文化翻译理论的核心包括四大课题：（1）语义的文化诠释，（2）文本的文化解读，（3）翻译与文化心理探索，（4）文化翻译表现论。语义的文化诠释是利用尽可能充足的文化理据来确定词语的语义（包括意义和情感两个方面）。文本的文化解读是通过对文本进行解码（分析文本表层结构）、解构（分析文本深层结构）、解析（论证文本心理结构）来实现整合（文本的整体性语义和形式转换）。翻译与文化心理探索是密切联系文化心理来观照作品，对文本进行文化心理分析，以便深化对文本的理解、检视对文本的理解是否正确、确定翻译表现法并使其多样化、多层级化。文化翻译表现论研究文化翻译中应当遵守的原则以及文化信息的表现手段。

概括起来，《文化翻译论纲》所论述的前三个课题是理解问题，是以文化为视角，从微观到宏观来解读源语文本。该书以高难度文本（屈原的《天问》《离骚》《橘颂》等）甚至非常态文本［乔伊斯（J. Joyce）的《芬尼根的苏醒》（*Finnegans Wake*）、《尤利西斯》（*Ulysses*）等］为例，进行了颇有深度的分析与论证。需要指出的是，这一分析与论证完全是自省式的。论著的作者似乎既是理论研究者，同时也是译者，在对文本进行从词汇到结构的理解分析。以双重身份进行论述有时难免会混淆文化翻译理论需要研究的问题与译者在翻译实践中需要解决的问题，因为译者需要解决的某些具体问题并不属于翻译理论研究范围。这一点在讨论文学作品翻译时体现得不太明显，论述者很容易就把原本属于语言学、文学以及文化学研究的问题纳入翻译学研究范围。如果换成其他语体的翻译，比如科技翻译，就比较清楚了。在科技翻译中，译者经常会遇到一些专业难点。要理解这些难点，只能依靠相关的专业知识甚至专业研究。至于如何利用相关专业知识去理解具体的难点问题（如某一术语的含义、某一句话的意思），其具体过程自然不是翻译理论所要研究的内容（但是可以据此以及其他类似过程进行理论抽象）。

第四个课题是表达问题，“是文化翻译的一种终端研究”（刘宓庆 1999：257；2007：235）。可见，《文化翻译论纲》对文化翻译理论的构建是基于狭义翻译过程的，始于理解（文本微观与宏观的文化解读），终于表达（文化表现）。这一过程是文化翻译理论乃至所有翻译本体研究的核心，不可或缺。从翻译实践的角度看，表达确实是一种终端。不过，从理论的角度看，表达之后仍然有值得研究的内容。这就是阐释。文化翻译学不仅要描写文化翻译过程，还要对文化翻译结果进行阐释。“没有哪项严肃的研究能够缺少解释。”（Toury 1995/2001：11）图里（G. Toury）所言虽然是指对翻译活动的制约因素进行阐释，但也适用于翻译本体意义上的文化翻译学研究。文化翻译学不仅要阐释不同文化翻译方法使用的理据性，还要解释客观存在的一些异常翻译（即翻译变异）情形。

不难看出，在文化翻译学建设方面，目前学界主要关注文化翻译学的核心部分，即基础理论研究，尚未提出完整的学科体系，并且已有的基础理论研究多为描写性研究，缺乏必要的阐释性研究。

三、文化翻译学的学科体系

文化翻译学的学科体系包含四个分支：基础理论、历史研究、应用研究和元理论。

（一）文化翻译学基础理论

对基于双语转换的文化翻译的过程与结果（产品）进行描写与阐释所形成的理论属于文化翻译学的基础理论研究。“一门学问的基础理论是最能代表、最能体现这门学问的特点的部分。它研究自己特有的问题，提供独立于其他学问、与其他学问不相交叉的研究成果。”（刘永富 2002：2）文化翻译学的基础理论是关于文化翻译本体的研究，是文化翻译学的理论部分本身（собственно теоретическая часть[1]）。基础理论是文化翻译学的根本，研究的内容从宏观上看，涉及文化翻译过程的描写与文化翻译

1 俄罗斯翻译学家科米萨罗夫的说法（Комиссаров 1990：34）。

结果（产品）的阐释，具体来说，包括文化之于翻译的意义、文化翻译单位、文化翻译方法及其理据性、翻译变异及其阐释、文化翻译机制、译本的文化属性等。

1. 文化之于翻译的意义

有关翻译对于文化的重要作用已有不少精辟的论述。文化只有通过交流才能发展，而文化实现交流的主要手段就是翻译。翻译对于促进文化发展的作用不言而喻。这一点只要打开世界文化发展史便可得到明证。翻译对于文化的意义主要是指翻译活动结果在译语文化中发挥的功能。

文化翻译学所要研究的文化对于翻译的意义，是指文化对翻译过程中的理解与表达的作用。这方面的论述较为丰富，需要整理、提炼并不断深化。研究文化对于翻译的意义可以揭示文化问题是本体意义上的翻译的有机组成部分，不可或缺，也无法忽略，有必要进行专门研究。

2. 文化翻译单位

语言与文化的关系十分密切。语言不仅表达文化，语言作为文化发展的产物，本身还反映文化，典型的如词语文化、成语文化、语法文化等，同时，语言使用的方式也具有文化特色，典型的如言语礼节、交际策略等。文本中的文化可谓无处不在。

斯内尔－霍恩比（M. Snell-Hornby）在《语言转码或文化移植？德国翻译理论批评》一文中指出，翻译不是语言转码，翻译理论的语言学途径与文学途径之间的分歧可以通过文化学途径得到弥合。（Snell-Hornby 1990：79-86）正如勒菲弗尔与巴斯奈特（Lefevere & Bassnett 1990：4）以及根茨勒（Gentzler 2001/2004：75）所指出的那样，斯内尔－霍恩比在这篇文章中提出了翻译单位应当由文本转移到文化的思想。然而，将翻译单位是文化这一观点付诸实践并非易事。翻译毕竟需要进行语言转换，泛泛地说文化是翻译单位难以同语言转换相结合，没有可操作性。即便是文化翻译实践，也同样不能笼统地说文化就是翻译单位，而照搬文化学对文化进行分类的结果（如物质文化、制度文化、行为文化与精神文化）也存在一定的隔膜。文化翻译单位需要从翻译活动的角度来研究确立。这是描写文化翻译过程、阐释文化翻译结果的基础，不可谓不重要。

3. 文化翻译方法及其理据性

对于文化信息或文化因素的翻译方法，学界已经进行了大量研究，但是方法名称的使用并不统一甚至有些混乱。文化翻译学应当立足于翻译事实，全面描写文化翻译方法，并建立相应的术语体系。

除了研究文化翻译方法本身之外，文化翻译学还要研究翻译方法的理据性。孤立地来看，某一文化信息可采用多种翻译方法，但实践中只有一两种方法最为合适。这是因为翻译方法受到许多因素的制约，如语言因素、语用因素、审美因素、体裁因素、社会文化因素甚至译者个人因素。文化翻译学需要综合多种因素，科学地阐明文化翻译方法的理据性。

4．翻译变异及其阐释

与翻译研究语言学派不同的是，翻译研究文化学派开始关注实际翻译中改写源文局部内容的现象，即翻译变异现象。从各自分析的实践材料上看，语言学派主要关注理想化的规范翻译，尽管这一规范带有明显的人为痕迹；而文化学派则关注那些似乎被语言学派有意忽略的翻译事实，即偏离了语言学派所确定的翻译规范的译文。这些翻译变异现象通常并不是语言因素造成的，因为在语言层面上完全可以实现等值或对等。

文化翻译学既然研究翻译本体，就不能研究理想化的翻译，而必须研究真实的翻译。如同研究文化翻译方法一样，不可预先做出这样或那样的规定，而应基于翻译事实进行客观描写。只要客观地描写翻译事实，就自然会发现那些有违常规的翻译现象。系统描写各种翻译变异现象也因此成为文化翻译学的研究任务之一。

源语文本在移植到译语文化过程中既然存在局部变异现象，那就有必要对其做出阐释，所以文化翻译学不仅描写翻译变异现象本身，还要对翻译变异现象产生的原因进行阐释。这也是将翻译研究文化学派研究融入翻译本体研究的一个重要方面。“巴斯奈特认为，文化研究若能研究翻译所包含的编码与解码过程，将会卓有成效。”（转引自 Gentzler 1998/2001：xx）翻译变异现象既然客观存在，就有必要解释其合理性。只有科学地阐明翻译变异这种异常现象，才能在认识层面上使“异常”回归“正常”，因为所谓的“异常”，原本就是常规翻译的一部分。

5．文化翻译机制

有学者指出，“翻译学最核心的问题”包含“（1）本体论问题：翻译是什么（Translation as it is）；（2）认识论问题：翻译是如何运作的。”（赵彦春 2005：4）文化翻译学作为翻译学的子学科，同样需要回答认识论问题，即文化翻译是如何运作或如何进行的。要解答这一问题，需要描写文化翻译过程，其结果可以建立文化翻译过程模式或文化翻译机制。

文化翻译机制包含文化素的认知、文化翻译策略的制定以及相应文化翻译方法的运用。需要注意的是，探讨文化翻译机制必须基于语言 / 文本的转换，也就是说，必须在语言 / 文本转换框架下进行。只有这样，文化翻译机制才能符合普遍意义上的翻译机制的运行规律。

6. 译本的文化属性

文化翻译学不仅研究文化翻译的过程与机制，还研究文化翻译的结果——翻译文本。经过文化翻译机制的运作，译本的文化属性既不同于源语文本，也不同于译语中的非翻译文本。研究译本的文化属性就是从文化角度对文化翻译的结果进行定性。文化翻译学研究译本的文化属性，有助于推进对翻译性质的认识，从而为普通翻译学做出贡献。

（二）文化翻译学历史研究

文化翻译学历史研究主要包括文化翻译理论史与文化翻译影响史。

1. 文化翻译理论史

文化翻译理论史主要梳理、分析文化翻译理论的发展历史。“关于文化翻译问题，很多西方译论家从（20 世纪）70 年代末开始写文章，他们大都泛泛而论。”（刘宓庆 2007：xix）当然，如果探寻有关文化翻译的思想点滴与火花，则历史更为久远。

研究文化翻译理论史一方面可以揭示文化翻译研究的发展脉络，另一方面可以从中汲取营养，完善学科体系，把握学科方向。

2. 文化翻译影响史

文化翻译影响史是研究对本国或对他国文化产生重大影响的翻译的历史。

翻译是应文化之需而开展的活动。无论译出还译入，都是如此。严格说来，每次翻译活动都有其影响，只是大小不同而已。文化翻译影响史着重研究在文化输入历史中对本国文化发展以及在文化输出历史中对他国文化发展发挥过重要作用的那些翻译活动。研究历史上那些推动文化发展的翻译活动的产生背景与开展过程，对文化的自身发展以及在他国传播都具有很强的现实意义。

需要指出的是，文化翻译学的基础理论研究虽然以文化翻译实践为基础，但文化翻译学的历史研究并不专门研究文化翻译实践史。这是因为文化翻译学研究的是译者在语言转换过程中所进行的文化移植活动，具体的操作单位，亦即文化翻译单位，是文化素（杨仕章 2015b：76）。其中，微观文化素（如超句体文化素、句子文化素、词组文化素、词语文化素等）的翻译只是宏观文化素（文本文化素）翻译的一部分，本身难以形成历史，而宏观文化素的翻译涉及所有作为文化产品的文本的翻译，虽然历史悠久，但是基本上与翻译学当中史学研究里的翻译史相同，因此没有必要进行重复研究。文化翻译学所要研究的实践史只是那些影响文化发展进程的文本文化素的翻译历史，即文化翻译影响史。

（三）文化翻译学应用研究

文化翻译学应用研究是文化翻译学基础理论研究成果在实践中的应用，包含文化翻译批评、翻译政策、翻译教学等。当然，应用研究也可以对基础理论研究得出的某些结论进行修正或完善。

1. 文化翻译批评

“应当指出，翻译批评存在两种基本类型：第一类是直接使用原作的批评，第二类是不使用原作的批评。在后一种情况下，批评者将译者活动成果不与原作进行比较，而与本国文学中的情境进行比较。”（Попович 1980：168）也就是说，翻译批评既可以从译文与源文比较的角度开展，也可以不考虑源文，只是在译语文学（文化）环境中来考察译文。

文化翻译学应用研究中的文化翻译批评也包含这两个方面。一方面，可以对照源文，分析是否存在文化误译，或者赏析文化妙译之处；另一方面，可以将整个文本文化素的翻译结果（译语文本）置于译语文化中，考察它的功能、接受与影响。后一类批评与西方描写翻译研究的部分思路是一致的。

2. 翻译政策

在霍姆斯（J.S. Holmes）构建的翻译学体系中，与纯翻译研究（“Pure” Translation Studies）相对的应用翻译研究之下原本包含翻译政策（translation policy），但图里在勾画霍姆斯翻译研究简图时没有将翻译政策体现出来。霍姆斯认为，在翻译政策这个领域，翻译学者的任务是在解释译者、翻译和译文在整个社会中的地位与作用方面向他人提供可靠的建议，涉及的问题包括确定在特定的社会文化环境下哪些作品需要被翻译，译者的社会地位与经济地位是怎样的以及应当是怎样的，或者翻译在外语的教与学中应当起什么样的作用等。（Holmes 1994/2007：77-78）

文化翻译学应用研究中的翻译政策需要探讨文化安全与翻译对策、文化移入与文化移出时文化翻译策略的区别及确定等。

3. 翻译教学

文化翻译学应用研究还包含翻译教学方面。翻译教学的核心是培养受训人员的翻译能力（translation competence）。在翻译能力研究领域，最为突出的是西班牙巴塞罗那自治大学“翻译能力习得过程和评估（PACTE）研究小组”。该小组对翻译能力的界定是：“翻译能力是翻译所需要的基本知识系统，包括表述知识（declarative knowledge）和操作知识（procedural knowledge[1]），但是操作知识占主导地位。”（PACTE 2003：58）

---

1 一译过程性知识。

PACTE 研究小组在 1998 年首次提出翻译能力模式，并在 2003 年作了修订。修订后的翻译能力模式包括 5 个子能力（sub-competence）和 1 类要素，即双语能力（bilingual sub-competence）、语言外能力（extra-linguistic sub-competence）、翻译知识能力（knowledge about translation sub-competence）、工具能力（instrumental sub-competence）、策略能力（strategic sub-competence）和心理生理要素（psycho-physiological components）。（PACTE 2003：58-59）

翻译能力在文化翻译实践中体现为“文化翻译能力”（杨仕章 2013：100-106）。文化翻译学应用研究在翻译教学方面需要研究文化翻译能力的构成与培养问题。

除了文化翻译能力之外，翻译教学研究还涉及课程设置（如增加介绍源语文化的课程）、教材编写（如合理增加文化素翻译转换的比重）等方面。

（四）文化翻译学元理论

任何一门学科在发展到一定程度后就会并且应该对自身一些问题进行自觉的思考，其结果便构成该学科的元理论。“一门学问的元理论的研究水平体现着、标志着这门学问的成熟程度。”（刘永富 2002：2）文化翻译学元理论是对文化翻译学这一学科的论证、审视与总体描述，主要研究文化翻译学的定义、理论基础、学科性质、研究对象与任务、研究方法、学科体系等问题。这些问题比较复杂，需要专门论述，我们已另文详之，这里就不展开了。

综上所述，文化翻译学的学科体系可以如图 1 所示。

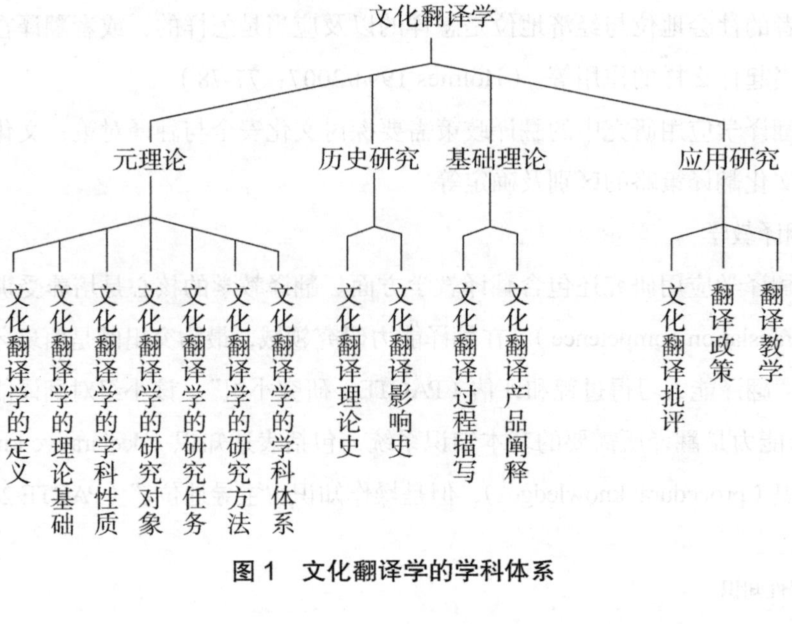

图 1　文化翻译学的学科体系

五、结 语

任何一门学科的元理论既体现该学科的成熟程度，也会随着该学科的发展而得到不断完善。文化翻译学的元理论也是如此。本文对文化翻译学元理论中的一个重要问题，即学科体系进行了研究，初步构建了文化翻译学的学科体系，认为文化翻译学由四个分支构成，分别是基础理论、历史研究、应用研究与元理论。每个分支都包含若干研究领域。当然，文中所列的研究领域未必齐全。随着文化翻译学的发展，我们相信每个分支都会产生新的研究领域。

参考文献

[1] 刘宓庆．文化翻译论纲 [M]．武汉：湖北教育出版社，1999.
[2] 刘宓庆．文化翻译论纲（修订本）[M]．北京：中国对外翻译出版公司，2007.
[3] 刘永富．价值哲学的新视野 [M]．北京：中国社会科学出版社，2002.
[4] 王秉钦．文化翻译学 [M]．天津：南开大学出版社，1995.
[5] 王秉钦．文化翻译学：文化翻译理论与实践（第 2 版）[M]．天津：南开大学出版社，2007.
[6] 杨仕章．异化视域中的文化翻译能力 [J]．解放军外国语学院学报，2013（1）.
[7] 杨仕章．翻译界说新探 [J]．外语教学，2015a（6）.
[8] 杨仕章．文化翻译单位研究 [J]．中国俄语教学，2015b（4）.
[9] 杨仕章．文化翻译学界说 [J]．外语教学理论与实践，2016（1）.
[10] 赵彦春．翻译学归结论 [M]．上海：上海外语教育出版社，2005.
[11] Gentzler, E. Foreword [C]. //Bassnett, S. & A. Lefevere (eds). *Constructing Cultures: Essays on Literary Translation*. 上海：上海外语教育出版社，2001.
[12] Gentzler, E. *Contemporary Translation Theories*（Revised Second Edition）[M]. 上海：上海外语教育出版社，2004.
[13] Holmes, J. S. The name and nature of translation studies[C]. // Holmes, J. S. (ed). *Translated! Papers on Literary Translation and Translation Studies*. 北京：外语教学与研究出版社，2007.
[14] Lefevere, A. & S. Bassnett. Introduction: Proust's grandmother and the Thousand and One Nights: The "cultural turn" in translation studies[C]. //Bassnett, S. & A. Lefevere(eds). *Translation, History and Culture*. London & New York: Pinter, 1990.
[15] PACTE. Building a translation competence model[C]. //Alves, F. (ed). *Triangulating Translation: Perspectives in Process Oriented Research*. Amsterdam: John Benjamins, 2003.
[16] Snell-Hornby, M. Linguistic transcoding or cultural transfer? A critique of translation theory in Germany [C]. //Bassnett, S. & A. Lefevere (eds). *Translation, History and Culture*. London & New York: Pinter, 1990.
[17] Toury, G. *Descriptive Translation Studies and Beyond* [M]. 上海：上海外语教育出版社，2001.
[18] Комиссаров В. Н. Теория перевода (лингвистические аспекты) [M]. M.: Высшая школа, 1990.
[19] Попович А. Проблемы художественного перевода [M]. M.: Высшая школа, 1980.

（本文原载于《中国外语》2018 年第 4 期）

郑敏宇

◎ 女，1969年出生，博士，编审。

1994年上海外国语大学硕士研究生毕业，同年留校在学报编辑部工作。长期从事学术期刊的编辑工作，并教授硕士研究生课程。主要研究方向为翻译学。发表学术论文20余篇，出版学术专著《叙事类型视角下的小说翻译研究》(2007)，另出版译作数篇。

重拾依瑞·列维的翻译思想

郑敏宇

摘　要： 依瑞·列维是西方翻译史上极具影响的翻译理论家，然而在中国翻译界影响较小。本文通过梳理列维翻译思想的精髓来证明其对翻译研究所作的贡献，以期唤起学界对相关翻译理论的关注和深入研究。

关键词： 列维；文学翻译；前瞻性

一、引 言

依瑞·列维（J. Levy，1926-1967）（下文简称列维）是捷克斯洛伐克著名翻译理论家，同时列维也是文学理论家，致力于诗歌理论的研究；他还是语言学家，掌握欧洲几乎所有主要的语言，从事过英语、西班牙语和法语的翻译，还发表了一系列论结构主义的作品。

在学术生涯的早期，列维非常关注英语诗歌的结构，此后在比较研究了捷克诗歌和英语、德语以及俄语诗歌的基础上，进一步发展了布拉格学派创始人之一雅各布逊的相关思想，开始研究比较诗学。从他1964年答辩的博士论文《比较诗学的若干问题》中可以看出，他的思想已经形成了一套严密的体系。此外，整个20世纪50年代，列维一直在从事翻译艺术史和翻译艺术理论的研究，其研究成果形成了两部专著《捷克翻译理论》（1957）和《翻译的艺术》（1963），其中《翻译的艺术》一书更是引起了翻译理论界的普遍关注，成为文学翻译研究的经典之作。列维是一位严谨的学者，为了适应其他语种翻译出版的需要，他对《翻译的艺术》进行了相应的改写。在他去世后，该书于1969年出版了德语版（书名为《文学翻译理论与实践》），1974年出版了俄语版，1982年被翻译成塞尔维亚－克罗地亚语出版。早在1977年《翻译的艺术》还出版过英文版（书名也改为《文学翻译：理论与实践》）[1]，而2011年本杰明出版公司又隆重推出该书，重新翻译出版了英文译本《翻译的艺术》（*The Art of Translation*[2]），足见该书影响深远。苏联语言学派的著名翻译理论家费奥多罗夫（A.B. Фёдоров）曾经指出，《翻译的艺术》一书是"文艺翻译理论方面的一个意义非常重大的现象"（Фёдоров 1983：110）。此外，列维的代表作还包括英语论文《翻译是一个作选择的过程》（Translation as a decision process，1967）等，韦努蒂（L. Venuti）在2004年主编的论文集《翻译研究读本》（*The Translation Studies Reader*）中再次收录了此文。国际翻译界对列维的翻译思想评价甚高，斯奈尔－霍恩比曾高度评价列维对翻译研究所做的贡献："列维不仅起了先驱的作用，而且事实证明他是当代翻译研究的先行者之一。"（Snell-Hornby 2006：23）

但是长期以来，中国翻译界对列维这样一位极具国际影响的翻译家介绍甚少。列维的作品鲜有汉语译本，笔者目力所及，仅其英语论文《翻译是一个作选择的过程》有节译本（谢天振 2008：577–593）。可见列维在中国翻译界的影响力似乎不能与其对翻译研究所做的贡献相匹配。中国对列维翻译理论的介绍也相对较晚，直到1986年，在《外语教学与研究》第一期上刊登了丛林的文章《依瑞·列维的翻译观》，简要介绍了《翻译的艺术》一书的主要观点，从此中国读者才开始了解这位布拉格学派的代表性学者，但并未见更多的专题研究。

在中国的翻译理论研究专著中，列维一般是作为文学翻译理论研究的代表性学者而被提及。比如，谭载喜在《西方翻译简史》中将列维作为布拉格学派的翻译理论家

1　Suzanne Flatauer 根据1969年捷克语第二版的 *Umeni Prekladv*（《翻译的艺术》）翻译成英语，改名为 *Literary Translation: The theory and the practice*，于1977年由 Van Gorcum 出版。

2　此最新英文译本由 Patrick Corness 翻译，恢复了列维原来的书名，2011年 *The Art of Translation* 由 John Benjamins Publishing Co. 出版。

进行介绍，认为他“运用语言学理论讨论文学翻译的标准和技巧等方面的问题，为现代文学翻译研究树立了一面旗帜”（谭载喜 1991：245）。再如，谢天振将列维作为东欧文学翻译研究的杰出代表，认为他有关文学翻译的观点在西方和苏联都有很大的影响，并对其主要的文学翻译观点进行了概述（谢天振，1999：113–114；2003：40–41）。

此外，谢天振在《建立中国译学研究的文艺学派》这篇文章中主要介绍了列维有关译者的论述，具体引述了列维提出的研究译者个性的几个方面，认为这些观点应该能开启中国的翻译理论工作者研究译者问题的思路（谢天振 1995：29–30）。谭载喜（2005）在《关于西方翻译理论发展史的几点思考》一文中列举了 20 世纪西方主要的翻译观，其中特别提到了列维的“翻译应当使读者产生错觉”“翻译是一个抉择过程”的观点。此外，也许由于列维的代表作《翻译是一个作选择的过程》是用英语写成的，因此在中国引起了较多的关注，有一些论文专门评介这篇文章或其中的某些观点（如刘艳 2007；关慧 2009；张冰佳 2010），但这几篇论文本身影响有限。总的来说，国内翻译界缺少对列维翻译思想的专门研究和介绍，本文试图对其主要的翻译理论进行梳理，以期对我国的西方翻译理论研究起到一点拾遗补漏的作用。

二、列维的主要翻译思想

（一）翻译的忠实性问题

列维在《翻译的艺术》一书中指出，翻译的忠实性（верность）就像描写的真实性或论证的合理性一样，都是一个总范畴中的部分现象（Левый 1974：47）。翻译界对于忠实性的态度一直在错觉论（иллюзионизм）和反错觉论（антииллюзионизм）之间摇摆。错觉论要求作品中的一切都和现实中一样。持错觉论的译者想让读者产生一种错觉，让他们觉得摆在面前的就是原作。译者只有和读者达成协议，才能建立起错觉，即译本的读者知道，他读的不是原文，可是要求译文达到原文的质量并愿意相信他们读的就是原作。而反错觉论者敢于指出呈现给公众的只是对现实的模仿，译者可以摆脱错觉，不去模仿原作，而是用个人化的、面向读者的提示来评注原文。列维所尝试建构的是翻译的“错觉”理论，它并不认为原文读者的所得和译文读者的所得要完全一样，而是要求“译文和原文在其读者所处的文化 – 历史体系中完成同样的功能”（Левый 1974：48）。

列维认为，翻译理论与实践的基本问题就是再现的忠实性问题。在译文中往往无法再现原文的所有特点，译者必须做出取舍，“研究作品中思想 – 艺术成分的等级

（иерархия）”（Левый 1974：142）是至关重要的。根据符号学的观点，文学作品是词语符号的体系，很多符号除了具体的所指意义以外，还具备高一级的更普遍的功能，也就是说它们可以进入高一级的符号综合体。一般来说，译者首先要忠实的是高等级的“语义综合体”。“作品的思想”和它的世界观的构思（мировоззренческий замысел）常常被表示为最高的语义综合体，可以操纵较低层次的语义统一体（如段落、句子）。“上下文、人物性格、情节、作者意图，它们都是局部的统一体，是高级统一体——作品的思想的一些成分。对译者来说作品的总体思想决定了所有局部任务的解决，决定其修辞结构和对文本中不确定处的解释，不过，虽然总体思想有助于修正局部，但也不能以此为据来歪曲局部。”（Левый 1974：147）如果要在共性－个性、整体－局部和内容－形式这几对概念中做取舍，译者无疑应该偏重于共性、整体和内容，但列维同时指出，“也不能忽视二律背反的次级成分，特别是当其中含有矛盾因素的时候：如果形式具有内容意义（即修辞色彩鲜明且具有表现力）则必须要保留，如果个性中有共性的成分，即含有民族和历史特色的时候，个性也不能忽视”（Левый 1974：47）。

（二）翻译规范

规范是历史性的，它们的具体内容和等级是在发展过程中变化的。列维针对文学翻译特别提出了两类规范：“再现规范（норма воспроизведения）（即忠实性、准确性的标准）和艺术性规范（норма художественности）（即美的标准）。这样一来，从技术层面来看，翻译的基本美学的二律背反就是所谓翻译的准确性和自由性之间的矛盾。‘准确’翻译法（最好说是逐字翻译法）的拥护者认为准确再现原文是最主要的目的，而‘自由’翻译（更准确地说是改写）的拥护者首先关心的是美，也就是在美学和思想上和作者接近，他们关心翻译的结果是在另一种语言中出现真正的艺术作品。”（Левый 1974：152）

再现规范只能要求译文用读者所能理解和接受的手段来忠实地传达原作的实质内容和美学特点，而充分保留原作风格的要求则是完全无法实现的。一般有两种基本方法：一种是保留原文的形式手段，另一种是寻找异国风格的对应物。第一种方法没有完全考虑到读者对形式理解上的差异，以及各自的文学传统；第二种方法很难有客观的标准，列维认为，“语言形式的替换只有在存在公分母（概念的认知和修辞共性）的时候才有可能，而修辞类的公分母取决于很难顾及的个体条件。”（Левый 1974：94）他进而指出，原创文学为克服这些翻译困难指明了道路。比如当代作家在创作一部描写13世纪的长篇小说时，他不可能用古代的语言来写作，即使仿拟古语，也会对历史风格进行加工，不是直接去复制那个时代的语言，而是通过一些全新的手段来体现历史色彩。与此相同，如果当代译者要翻译浪漫主义时期的诗歌，他未必能用那些浪漫主义者的语言来书写，他只要借助于当代诗歌的语言手段来创作类似的浪漫主义风格就可以了。这是对原文现实进行艺术改造的特例：原文的风格是译者主观改造后的客观事实。

艺术性规范会诱使译者修改、美化原著，译者这样做的原因往往是他认为原作不够完美，但其结果却可能会歪曲原作，因为译者并不一定能够完全理解原作者的意图。当然，列维也承认，如果译者处理得当，译作是有可能比原作更美的。

列维一针见血地指出："翻译艺术美学规范的双重性会导致批评家在评价具体译作时产生分歧；美和忠实常常作为互相排斥的品质而对立。"（Левый 1974：97）和其他艺术作品一样，译文的质量并非取决于直译或是意译的翻译方法，而是译者对这种方法的实际运用，方法本身并没有优劣之分。比如，作为一种创作方法，并不能说浪漫主义优于古典主义，在每个时代都可以根据一个人对方法的掌握程度来区分大师和模仿者。

总而言之，翻译规范不是静止的、绝对的，而是取决于它所处的历史语境，并且跟其他艺术规范一样，必然会成为其民族文化的一部分。

（三）翻译的过程

列维将对翻译操作的要求归纳为三个步骤：（1）理解原文，（2）阐释原文，（3）重新表达原文。但是就整个翻译过程而言，他明确指出，"翻译过程不是结束于译文的产生，文本也不是翻译劳动的最终目标。译文和原文一样，只有当它被阅读的时候才能实现自己的社会功能"，对客观材料的主观改造过程可以归纳为，"首先是作者对事实的解释，然后是译者对原文的解释，最后是读者对译文的解释"（Левый 1974：58）。在这个翻译过程中，读者的地位得到了凸显。

落实到译者对原文的具体翻译过程，列维是从目的论的角度来进行阐述的，他认为："翻译是一个交际过程：翻译的目的就是把原文的知识传达给外国读者。从译者工作某一时刻工作情形的角度来看（即从语用角度来看），翻译就是一个做选择的过程。"（Levy 1967：148）译者首先要确定可能的备选项，然后再根据语境在备选项中进行选择，"一旦译者选择了其中某个备选项，他也就提前决定了随后的一连串举措"，并且"接下来的每一步都受前面所做决定的影响，也受这些决定所产生的结果的影响”（Levy 1967：149）。由于做选择的过程正好和翻译的实际过程是一致的，因此列维就采用了博弈论（Game Theory）的一些方法来研究翻译问题。他总结道：“翻译既是一种阐释，同时也是一种创造，其中可操作的选择过程有两种类型：

“（1）从源语文本词汇（或更复杂的语义单位）的语义选项表中进行选择，即在文本‘意义’的可能阐释中进行选择；（2）从目标语的词汇（或口语结构）的选项表中进行选择，它或多或少与（1）中已经选择的意义对应，即‘意义的表达’。”（Levy 1967：156）

如果从语用的角度来考察译者所做的选择就会发现：“在可能的解决方案中，译者会采用能以最小的努力而达到最大效果的方案。也就是说，他会下意识地采用所谓的最小最大策略（Minimax Strategy）。”（Levy 1967：156）虽然翻译理论总是倾向于指导译者选择最佳的翻译方案，但是译者却往往不愿意接受那些不符合自己的语言标准和美学标准的最低限度的解决方案。译者会全面博弈，综合考虑读者的反应，对译文的备选项做出符合“最小最大策略”的选择。

（四）将译作纳入文学范畴研究

在列维的时代，翻译没有被作为文学问题来研究，“翻译创作至今还在徒劳地等待着对具体作品、作者和译本的评价和历史－文学分析”（Левый 1974：217）。列维指出了将翻译纳入历史－文学研究范畴的途径：首先要确认译作所赖以产生的原文文本，在翻译史上，很多译者都是通过二手资料来进行翻译的，而且二手资料的情况相当复杂，文学史研究者在仔细甄别译作的来源文本后，才“可以着手进行主要的研究任务：分析创作过程本身的基本原则，即翻译方法和翻译观”（Левый 1974：222）。要完成这个任务，就要进行译作分析，而“译作分析应该始于跟原文的仔细比较以及对已发现的细节上的偏差的粗略统计。可以预先说明，排除一些偶然偏差的不可避免的比例，一部分偏差往往可以表明时代风格和译者个人风格跟作者风格的关系以及翻译解释和作品的客观思想的关系”（Левый 1974：223）。虽然大多数评论文章都喜欢讨论那些由于译者语言知识欠缺或粗心而产生的偶然偏差，然而此类翻译批评对于翻译史却无太大裨益。只有深入分析对原作内容和形式的偏离问题，才能弄清译者的主要创作原则。

通过分析译者对原文意义单位进行的增删或重组以及意义单位之间结构联系的改变，文学史研究者可以揭示翻译过程，并据此进一步判断译者文学个性的构成。对文学创作类型的判断不是根据主题、结构或反映现实的手法做出的，而是要根据细微的修辞色彩来判断；同样，对译作的研究也要求用非常精细的方法，往往需要分析那些难以理解却很重要的细节，而不是仅仅去发现一些愚蠢的错误。

列维特别强调了翻译在民族文学和世界文学中的作用：从民族文学的立场来看，翻译会引起文学样式多样化；而从世界文学的立场来看，译作有助于传播世界上占主导地位的散文、诗歌和戏剧风格，因此译作可以作为综合的、有影响力的因素来起作用。（Левый 1974：234）

（五）译者的个性

在翻译的过程中，译者往往喜欢剥夺翻译作品的某些作者的个性特征，并赋予它译者自己的创作个性。可见，译者的个性是翻译研究中一个绕不过去的问题。列维针对当时的翻译研究现状指出，几乎所有语言学的研究方法都只是把翻译引向"两种语言的接触"，而不去考虑译者对翻译过程和译作结构的影响。只有文艺学派才把译者的个性问题放在首位。

尽管当时的翻译界普遍存在孤立评论译作而忽视译者的倾向，然而列维却非常重视译者的研究，原因是译者所走过的特定的发展道路或多或少会影响其风格、体验、翻译美学和对翻译文学的看法（Левый 1974：229）。他认为译者和原文作者一样，也是创作者，他的创作个性不是单方面的，并非任何一种批评方式所能涵盖。"可以把译作看成译者个性的反映，也可以分析完整的译作中译者的个人风格和他的创造性阐释成分，因为译者是自己时代和民族的作家，可以从两个民族在文学发展中的差异和两个时代的诗学差异这一角度来研究译者的诗学。最终，还可以把作品背后的译者的翻译方法看成是在翻译发展中某个特定的翻译规范、特定阶段的反映。"（Левый 1974：41）

三、列维对翻译研究的贡献

列维对翻译研究所做的贡献是多方面的。他采用布拉格学派的语言学、符号学的方法以及功能主义的视角来研究文学翻译，开创了文学翻译研究的新途径。

列维继承了布拉格学派的功能观并将其运用于翻译研究，他提出翻译的目的是一个决定性因素。费奥多罗夫认为，在《翻译的艺术》一书中，列维成功地将布拉格学派基于研究语言现象和文学语言事实的功能观运用于提出和解决翻译的理论问题。（Фёдоров 1983：110）

翻译功能性原则的确立可以终止关于直译和意译的争论，因为翻译的目的就是要对译文读者产生和原文读者同样的艺术影响力，而要达到这个目的，就是运用译者本国的语言和文学中可能的手段来实现和原文功能上的相似，并不必纠缠于使用什么具体的翻译手段。而且列维还提出了相应的具有可操作性的建议，就是从被译文本的结构（书面语或是口语）和翻译的目的出发，明确在被译文本中更需要保留哪些方面。同时他将翻译过程中的信息具体分为："（1）保留或应该保留的部分，即不变成分（инвариантные элементы）；（2）可变成分；（3）必须在本族语中找到等值物的成分。"（Левый 1974：33）需要保留的不变成分越多，翻译的难度就越大。例如：译制影片时要求保留的不变成分最多，它甚至要求语音上的相仿，即演员在用另一种语言朗读时，发音要保持视觉上的相似性，译语的发音要符合演员的口型。

此外，列维所持的错觉论翻译观认为，译文的读者和剧场里的观众一样，完全知道他们所读到的文本或所看到的演出都是创造出来的假象，关键是应该给译文读者创作一个最接近于原文效果的译文。列维一贯强调的是整体主义的原则（holistic principle），部分和局部要服从于整体，接近原文效果是对译文的总体评价，并要在文学体系和文化历史语境中来考察其功能。后来功能学派的理论就得益于列维的功能观，斯奈尔－霍恩比指出："类似的观点后来在 1980 年代的功能学派和描写学派中得到了表述和详细阐释。"（Snell-Hornby 2006：22）

从目的论视角出发，列维将翻译看成一个交际过程，他的《翻译是一个作选择的过程》一文在西方翻译理论界影响巨大，斯奈尔－霍恩比认为其中的一些方面预示了 20 世纪 80、90 年代翻译研究的发展方向，文中所用的"目的论的"（teleological）这一术语恰恰预见了此后目的论（skopos theory）的兴起（Snell-Hornby 2006：23）。随着德国功能学派的发展，对翻译目的的全方位研究也不断地深入，而列维无疑是"先行者"。此外，这篇文章中言简意赅的最小最大策略对关联理论相关原则的提出也产生了影响，格特（Ernst-August Gutt）后来提出的"无需不必要的付出就能产生充分的语境效果"（Gutt 1991：377）就是与最小最大策略一脉相承的。

列维还敏锐地指出，翻译过程并非止于译文的产生，只有当译文被阅读时其社会功能才得以实现，因此翻译过程中读者的作用非常重要。正是沿着列维所指出的读者取向的研究路径，接受美学开始成为 20 世纪 70 年代文学理论研究的中心话题，接受美学的代表人物姚斯（Hans Robert Jauss）和伊瑟尔（Wolfgang Iser）都认为，文学研究不应局限于文本的研究，文学作品因和读者相结合才具有终极意义，作品因读者的解读而存在，读者的参与促成了文学作品的最终完成。到了 20 世纪 80 年代，接受美学的理论开始运用于翻译研究。“一部文学作品只有当它被阅读的时候才能作为一部艺术作品而产生社会关联，而读者总是以他所处时代的观点来理解它。接受过程‘通常’（normally）结束于一部文学作品在读者思想中的重构。而译者不同于‘普通读者’（normal reader）之处在于，他必须要对作品形成一种观点，并为了另一个读者而将其转换成文字；译文也和原文一样，只有当它自身被阅读时才产生社会关联。因此在翻译中，其素材在所有三种主观的转换中被阅读行为而改变：作者对现实的重塑，译者使源文本和其文字表达清晰化，最后就是目标读者心目中的形象具体化。在20世纪80年代的功能主义研究方法中也强调了这一点，这就意味着译者必须和心目中的读者一起工作，并且预期他的文本会如何被读者具体化。”（Snell-Hornby 2006：23）可见，列维对读者导向的研究在他的时代是非常具有前瞻性的，对其后的文论和翻译研究产生了深远的影响。

在《翻译的艺术》一书中还有一些对翻译研究极具价值的思想。在列维的时代，还很少有人将翻译史的研究划归文学研究范畴，“任何一国的文学中都没有包含有关19、20世纪翻译艺术的综合性专著，这也许正是因为文学程序在这一时期被复杂化了”（Левый 1974：232）。尽管如此，列维仍然认为既然文学翻译是文学创作的一种，那么如果不对其进行历史－文学研究，文学史就是不完整的。列维提出的问题确实是具有针对性的，比如庞德翻译的中国古诗虽然充满了谬误，但是正是他的这些诗歌译作引发了美国的新诗运动，因此，如果撇开庞德的翻译活动来研究美国文学史，那么这样的文学史研究必然是不全面的。此外，如前所述，列维还特别强调指出翻译在民族文学和世界文学中所起的作用。确实，作为文学作品的一种存在形式，翻译文学对译者的本国文学所起的作用是独特而无可替代的，它可以丰富其民族文学的表现手法和体裁。早在20世纪30年代，苏联学者日尔蒙斯基（В.М. Жирмунский）就指出：“创造性的翻译文学是译者所属文学的有机组成部分，并且已经融入所属国文学的发展进程之中。”（转引自谢天振 1999：250）列维对此问题进行了更为深入的阐述。然而就是在列维提出这个问题30多年以后的20世纪末，我国比较文学和翻译界的学者却还在为翻译文学在中国文学史中的地位而大声疾呼，只有承认翻译文学对民族文学所起的重大作用，才能真正帮助翻译文学摆脱“弃儿”的地位。

此外，列维有关诗歌翻译的专题论述也对其后的诗歌翻译研究者产生了很大的影响，有些著名的翻译理论家在讨论诗歌翻译问题时常常会引用他的相关论断，像霍姆斯（Holmes 2007：11；25；39）等。

列维研究文学翻译的视角非常开阔，然而才华横溢的他却英年早逝，因此对有些问题尚未来得及进行深入的挖掘。比如，列维曾经指出："在译作无法再现原作的所有特征的情况下，就必须确定哪些特征更加重要而哪些可以忽略。对作品思想－艺术成分的等级研究便介入了翻译忠实性的问题。"（Левый 1974：142）然后，列维通过对具体译例的分析提出自己的论点："对具有几种语义功能的词语来说，最重要的是在高级的语义综合体中的功能，如上下文（句子、段落等）、人物性格、情节以及作品的哲学构思。最高的语义综合体，有时被表示为'作品的思想'和它的世界观的构思，在决定低级的统一体时占有主导地位。比如在选择修辞手段时，它们会操纵在段落和句子层面上的决定。"（Левый 1974：146）当译者在翻译过程中选择保留哪些可选项的时候，列维提出从"功能等级"（functional hierarchy）出发来考虑，因为该等级可以决定词义各个方面相对的重要程度，越高等级的语义综合体其功能就越重要。而格特在分析了列维所举的例子以及在分析例子时提出的四个等级后指出，列维功能等级本身存在问题，因为他所赖以构建等级的原则并不清楚，等级的机理也不清楚。由此产生的问题是："译者如何知道什么才是在更高功能等级上的文本的恰当再现？列维没有回答这些问题，同时对功能的诉求也没有答案，而只是以一系列问题，诸如'文本中有什么抽象的功能？''什么是决定其相对价值的功能等级？'来取代译者的问题：'我应该保留什么特征？'。既然这些问题的答案可以依靠文本的外部特征得到，如交际的目的、受众等，那么合适的'功能等级'是否可以建立是值得怀疑的。"（Gutt 1991：383-384）不过在列维对译例的分析中，格特也承认，其直觉正体现了关联理论所要考虑的问题。"列维有一条总的原则就是：译者'必须确定原文的哪些特征最重要而哪些可以忽略'。我们看到这儿提到的'重要性'的概念可以用关联性来解释。"（Gutt 1991：387）列维有关"功能等级"的论述与系统功能语言学的代表人物韩礼德所提出的级转移（rank shifting）概念颇有相似之处，但显然不及后者系统和完善，由此可见，尽管列维的某些观点还有待完善，但他的论述总能给人带来有益的启示。

在短短 40 年的生命历程中，列维对翻译问题提出了许多真知灼见，有些思想更是为后来的研究者指明了方向。

参考文献

[1] 丛林．依瑞·列维的翻译观 [J]．外语教学与研究，1986（1）．

[2] 关慧．翻译：抉择和再造的过程——评介依瑞·列维的《翻译是一个抉择的过程》[J]．辽宁师范大学学报（社会科学版），2009（4）．

[3] 刘艳．译者主体性的文化界定 [J]．牡丹江师范学院学报，2007（4）．

[4] 谭载喜．西方翻译简史 [M]．北京：商务印书馆，1991.
[5] 谭载喜．关于西方翻译理论发展史的几点思考 [J]．外国语，2005（1）.
[6] 谢天振．建立中国译学研究的文艺学派 [J]．外国语，1995（4）.
[7] 谢天振．译介学 [M]．上海：上海外语教育出版社，1999.
[8] 谢天振．翻译研究新视野 [M]．青岛：青岛出版社，2003.
[9] 谢天振．当代国外翻译理论导读 [C]．天津：南开大学出版社，2008.
[10] 张冰佳．浅析"极大极小策略"[J]．丽水学院学报，2010（6）.
[11] Gutt, Ernst-August (1991). Translation as interlingual interpretive use[C]. //Lawrence Venuti(ed.). *The Translation Studies Reader*. London & New York: Routledge, 2004.
[12] Holmes, James S. (ed.). *Translated! Papers on Literary Translation Studies*[C]. Beijing: Beijing Foreign Language Teaching and Research Press, 2007.
[13] Levy, J. (1967). Translation as a decision process[C]. //Lawrence Venuti (ed.). *The Translation Studies Reader*[C]. London & New York: Routledge, 2004.
[14] Snell-Hornby, M. *The Turns of Translation Studies*[M]. Amsterdam/Philedelphia: John Benjamins Publishing Company, 2006.
[15] Левый Иржи. Исскуство перевода [M]. M.: Издательство «Прогресс», 1974.
[16] Фёдоров А.В. Основы общей теории перевода[M]. M.: Издательство «Высшая школа», 1983.

（本文原载于《中国翻译》2013 年第 6 期）

高少萍

女，1969 年出生，博士，副教授，
硕士生导师。

1992 年毕业于武汉大学俄语专业，获学士学位，同年留校任教。1998 年 3 月在上海外国语大学获得硕士学位，同年留校任教，2011 年获得博士学位。2000～2001 年赴俄罗斯国立莫斯科师范大学访学。长期从事教学工作。研究方向为翻译学。发表教学法、翻译学等学术论文 20 余篇。主编和参编的教材包括《俄语写作教程》《俄语语法一点通》《我的想法》《俄罗斯文学作品精彩片段选编》，参与出版译著包括《世界文学史》《俄罗斯之旅——地理》等，参编词典包括《最新常用俄语固定组合词典》等。2007 年获“第二届上外十佳教师”，2013 年获上海外国语大学三八红旗手称号，2015 年获“宝钢教育奖励基金二等奖”，2017 年获“上外首届教学大赛一等奖”等。

文学话语主观情态意义的翻译策略

高少萍

摘　要：本文以认知语境观为框架，运用相关性和可检验性原则，明确文学话语主观情态意义各要素，提出文学话语主观情态意义具有独创性、含蓄性、表达形式丰富和认知主体多维性等特点，它传达原作独特的情感、态度和意愿并与审美功能密切相联，是文学翻译之难点。译者需要针对文学话语主观情态意义的特点，采取“等值对应转换”“变隐为显转换”“功能替代”和“适度异化转换”等翻译策略。

关键词：认知语境；文学话语；主观情态意义；翻译策略

一、引　言

逻辑学家和语言学家对情态关注的角度不一样。1986年英国学者帕默（Palmer, F.R.）出版专著《语气与情态》（*Mood and Modality*），引起巨大反响。具体到文学翻译中，译者在领悟原作暗含的主观情感、态度和评价意义基础上，结合审美功能在译语中寻求与原文对等的表达。主观情态意义的转换是文学翻译传情达意的关键。笔者回顾主观情态意义的研究历史，从文学话语主观情态意义的特点、认知主体的多维性入手，以认知语境观为指导探讨文学话语主观情态意义相关要素和分类，以叙事小说为例提出文学话语主观情态意义的翻译策略。

二、文学话语中的主观情态意义与认知语境

（一）话语的主观情态意义

俄罗斯语言学家对主观情态意义的关注由来已久。从1960年什维多娃（Н.Ю. Шведова）对情态性进行主客观区分，并将主观情态性界定为话语者对报道内容的主观评价，再到别拉莎布科娃（В.А. Белошапкова）提出的情态性就是主观性观点，并具体体现为句法语义中话语主体评价、情感或意志等意义（转引自孙夏南1997：27），阿鲁玖诺娃指明了主观情态介入对话语语义在情感、态度和评价方面的导向作用，从句法语义角度进行了详尽的分析（Арутюнова 1997：21-40）。西方学者对情态问题的主观性问题进行探讨，如莱昂斯（Lyons，J.）认为主观情态性是说话人表达对命题真值的肯定（Lyons，J. 1977：47-54），帕默也认同主观态度和意见是主观情态性的构成。科茨（Coates，J.）从动力角度提出不同表达方式促成情态性强弱程度变化（Coates 1983：20-23），而斯威策（Sweetser，E. 1990：22）指出情态性依赖于语境并对语义产生作用（Sweetser 1990：22）。我国学者从相关性和可检验性原则出发研究俄语的主观情态性，并提出将话语主体作为研究的首要因素的观点（杨明天2002：前言）。

可见，主观情态意义是主观情态的语义表现，是话语主体以各种语言手段（语调、词汇、语法、篇章）表达的主观情感（喜、怒、哀、乐）、态度（消极、中立、积极）和意愿（怀疑、希望、恐惧、内疚、绝望、同情、责备、鄙视）等意义。

（二）主观情态意义的认知语境

传统语境包罗万象，而具体话语涉及的语境有所侧重。莱昂斯对传统语境进行分类，提出六种语境知识。（Lyons 1977：47-54）随着关联理论的兴起，斯铂佰（Sperber，D.）和威尔逊（Wilson，D.）提出认知语境这一概念，将认知语境视为一个心理结构体，表现为人们大脑中的一系列假设。（Sperber，Wilson 1986：1995）1999 年我国学者熊学亮将认知语境的构成要素明确为情景知识、上下文、言语者大脑中的知识框架和社会心理表征（或意识形态结构）（熊学亮 1999：116–117）。徐学平则提出“认知语境具有动态性、即时性和选择性特点”（徐学平 2003：52）。

可见，认知语境是随着言语交流推进不断变化的动态语境，有别于传统语境的静态性和预设性特征。话语主体大脑中概念化的语用知识是进行语义推理、判断的基础，话语主体的心理和情感借助上下文构成主观情态介入话语语义中，主观情态意义是主观情态对语义的感染并受制于社会心理表征。

（三）文学话语中主观情态意义的解读

文学创作重在观察和表达内心世界，强调主体意识和体验并建构文学文本的人格特征。文学文本特点促使作者对语言结构中固有意义进行主观化、情感化、审美化的演绎，促成文学话语主观情态意义更复杂、含蓄。

认知语境观为我们探讨主观情态意义提供了思路。情景知识是一种选择性记忆，话语主体根据主题变化在大脑中选择相应的情景知识来假设、推理和判断，当所需情景知识为空白时，则认知受到阻碍引起情绪变化。例如：屠格涅夫《木木》（Муму）中的聋哑人，是一个从未离开乡村的庄稼汉，当得知要被主人带到城里时，“……他不明白对他搞什么名堂，他烦闷，好比一头健壮的小公牛，本来正在牧场上吃着齐肚深的鲜嫩青草，却突然被人牵走，塞到铁路的货车上，真是莫名其妙…… ”（屠格涅夫 2003：2）这里情景知识的空白引起主人公的困惑不安。

文学话语主观情态意义依赖于上下文的表达，主观性越鲜明，则依赖性就越强。贾平凹说过，“能表达出人与物的情绪的就是好的文学语言”。（贾平凹 2005：57）文学语言中陌生化的、超越普通人体验认知的表述，更能激发读者的想象力并生成新的体验，形成独特的感染力。例如：屠格涅夫的《贵族之家》（Дворянское гнездо）在主人公独特的感叹中收尾：“欢迎你，孤独的晚年！燃尽吧，无用的生命！”（郑体武 2008：43）主人公的内心情感则需要依托于作品的上下文去解读。

不同的话语主体对同一事件、人物和景象形成的认知框架存在差异。例如：劳伦斯（Lawrence, D.H.）的《查泰莱夫人的情人》（*Lady Chatterley's Lover*）与纳博科夫（В. Набоков）的《洛丽塔》（*Lolita*）都描写两性关系，前者将主人公的狂热和兴奋传达给读者，而《洛丽塔》也不乏性爱描写，却令读者沉郁，甚至气馁。"人格化"的语用知识渗透于文本的创作并通过人物表现出来，体现不同认知主体的独特主观情感和评价。

社会意识形态与主观情态意义的关系正如沃兹涅辛斯基（А. Вознесенский）在《龙寿姆》（Лонжюмо）中说的话："俄罗斯，我是你的一根毛细血管，当我痛的时候，你就会痛，俄罗斯。"（转引自王丽丹 2004：39）斯大林执政后期到赫鲁晓夫上台前，苏联社会意识形态发生剧变，在"建设有人情味的社会主义"的口号中拉开了"解冻文学"创作的序幕。帕斯捷尔纳克（Б. Пастернак）、索尔仁尼琴（А. Солженицын）、爱伦堡（И. Эренбург）、肖洛霍夫（М. Шолохов）等大批作家在不同作品里，异口同声地发出了清除沉重的精神枷锁的呐喊。类似的现象也出现在中世纪和文艺复兴时期的作品中。

文学话语主观情态意义的生成和解读与情景知识、语言上下文、语者语用知识框架和社会意识形态密切相关，它们共同作用促成文学文本的"语义能产性"特点。

（四）文学话语主观情态意义认知主体的多维性

认知主体是指形象思维与抽象思维的载体。文学话语中认知主体与主观情感密切相关。在叙事小说中，认知主体可以以"我言""他言"和旁白的形式出现，也有研究者称之为"作者""叙述者""人物"（郑敏宇 2005：66）。笔者认为，作品的"我言"是一种艺术手法，它可以是作者或作品人物，更多情况下是作者、人物和读者等多个认知主体的"杂糅"。

当作品的"我言"与作者完全对应时，主观情态意义就以作者等同于人物的模式显现。例如：小说《初恋》（Первая любовь）中沃洛佳就是年轻时的屠格涅夫，读者所面对的主人公就是作者，译者面对的就是作者和译语读者。"我言"也常常借助大自然中动植物的声音、色彩和动态变化传达人类的情感，译者需要仔细领悟作品情与景的交融才能完整地传达原作神韵之美。

当"我言"为多个认知主体时，则形成主观情感多主体性和审美模糊。例如：纳博科夫谈《洛丽塔》时说，"深感亨伯特和洛丽塔的关系不道德的不是我，而是亨伯特自己。他关心这一点，而我不"。（纳博科夫 2003：4）纳博科夫试图用《洛丽塔》带给读者感官审美或"审美狂乐"，而不同的读者看法迥异。有的认为《洛丽塔》是淫文，有的批判作品是毫无裨益的虚构，甚至还将《洛丽塔》定性为“抗美”。为此作者说：“我笔下的亨伯特是一个外国人和无政府主义者，我还有很多事情不能跟他苟同。”（纳博科夫 2003：324）可见，作者、人物以及读者形成多重的认知主体使得《洛丽塔》的内涵变得更加晦涩含糊，而译者的主体性以及译语读者的介入，造成这类“多声部”作品的主观内涵的传译变得尤为复杂。

三、文学话语中主观情态意义的分类及翻译策略

蕴含审美特质的主观情态意义构成文学翻译的难点和重点。“难”源于繁复，“重”则在于主观情态意义所附带审美功能。笔者根据相关性和可检验原则，尝试从情景、上下文、认知主体的知识结构和社会意识形态等角度对主观情态意义分类，提出它们语际间转换的策略。

（一）主观感受性情态意义及对应转换策略

主观感受性情态意义是具体情境产生的、附带审美价值的情感评价语义。文学话语认知主体将主观感受映射于情景描绘中。请看托尔斯泰的小说《安娜·卡列尼娜》（Анна Каренина）中安娜的一段话：

– O! Как хорошо ваше время – продолжала Анна. – Помню и знаю этот голубой туман, вроде того, что на горах в Швейцарии. Этот туман, который все в блаженное то время, когда вот-вот кончится детство, и из этого огромного круга, счастливого, веселого, делается путь все уже и уже, и весело и жутко входить в эту анфиладу, хотя она кажется и светлая и прекрасная... Кто не прошел через это? (Толстой Л.Н.)

译文一：“嘿！您现在的年华真太宝贵了，”安娜继续说。“我清清楚楚地记得，那好比弥漫在瑞士群山中的蔚蓝色雾霭。这种蔚蓝色雾霭笼罩着童年即将结束时那个幸福年代的一切，过了这快乐幸福的阶段，路就越走越窄了，踏上这段道路真叫人又惊又喜，尽管它看起来还是光明美好的……谁不是这条路上的过来人哪！”（托尔斯泰 1990：67）

译文二：“啊，您现在的时光是多么美好啊，”安娜继续说下去，“我记得，也熟悉这种蔚蓝色的迷雾，就像是瑞士那些山巅上的雾一样。这种雾，它笼罩着那一段幸福时光的一切，那时候，童年时代眼看就要结束了，那段时光是一个巨大的天地，一个幸福、快乐的天地，往后路就愈来愈窄了，于是就会愉快的、也是惊惶地走进这条

通道，它看起来虽说也是光明的、美丽的……谁没有走过这样一条路呢？”（托尔斯泰 2000：73）

安娜将美好时光比作“雾”，虚幻而易逝，“窄”则暗示了安娜对现实的失望，她将自然情景和空间概念等情景知识引入主观情感表达中。值得商榷的是，译文一在处理 и из этого огромного круга，счастливого，веселого 和 и весело и жутко входить в эту анфиладу 时，忽略了内含的主观情态写意，仅以“过了这快乐幸福的阶段”和“道路”带过。稍加分析我们发现 огромный（广阔巨大）与“窄”构成反差，而 анфилада 为法语词（以长廊相连并且门在一条直线上的屋子），анфилада 那“长长的，看不到尽头的”意象隐含了安娜对婚姻的感受，译文二的“通道”更接近原文中安娜的内心写意。

感受性主观评价意义还可以体现为理性的评价。理性感受性情态意义不仅感染读者，并从思想上说服读者。请看布尔加科夫（М. Булгаков）的小说《狗心》（Собачье сердце）中一段话：

（2）О, глаза – значительная вещь. Вроде барометра. Все видно у кого великая сушь в душе, кто ни за что, ни про что может ткнуть носком сапога в ребра, а кто сам всякого боится. Вот последнего холуя именно и приятно бывает тяпнуть за лодыжку. Боишься – получай. Раз боишься – значит стоишь... Р-р-р...Гау-ау... (Булгаков М.А.)

译文：哦，眼睛是个了不起的东西，就像个晴雨表，谁胸怀坦荡，谁会无缘无故地用靴子尖儿踢你的肋骨，谁什么事都害怕，眼睛全表露得明明白白。在那种怕事的胆小鬼的脚踝上咬一口，那才开心哩。你害怕，那就要咬你。既然你怕，就说明你该挨咬…… 呜——呜……汪——汪…… ）（吴泽霖译 2006：11）

从流浪狗视角诠释人类的“强盗逻辑”，“你害怕，那就要咬你。既然你怕，就说明你该挨咬”揭露了人类社会弱肉强食的丑恶，表达了对人类阴暗心理的憎恶。作者以狗为认知主体，荒诞之余也增加了感染力和讽刺效果，寓意深刻。

对应转换策略是一种全译策略，“全译力求完整地传达原作的内容，兼顾原作的形式，求得风格的极似”（黄忠廉，李亚舒 2004：20），是一种以传达语义为主旨的策略。它可以灵活操作，可选择绝对对应和相对对应策略处理不同的文本。主观感受性情态意义重主观色彩，而理性评价的主观意义强调内涵的深刻。

（二）受社会意识规约的主观情态意义和对应转换策略

主观情态意义与作品意识形态息息相关。契诃夫（А.П. Чехов）小说《挂在脖子上的安娜》（Анна на шее，又译《脖子上的安娜》）中，贫民出身的安娜18岁嫁给苛刻、吝啬、冷漠、追求功名的老官员，一次达官贵人的舞会改变了她的命运。下面是舞会上安娜的一段心理描写：

（3）**Аня зазывала покупателей** и брала с них деньги, уже глубоко убежденная, что ее улыбки и взгляды не доставляют этим людям ничего, кроме большого удовольствия. (Чехов А.П.)

译文一：阿尼雅召来买主，叫他们拿出钱来，她已经坚定地相信：她的笑容和媚眼准能给这些人很大的快乐。（契诃夫 1998：238）

译文二：安尼娅招徕顾客，收他们的钱，她此刻已深信不疑：她的微笑和目光能给予这些人极大的快乐。（契诃夫 1983：290）

译文三：安尼亚把顾客强邀过来，并向他们收钱，她已经深信自己的笑容和目光所带给这些人的除了巨大的欢悦，不会是其他任何东西。（契诃夫 2005：287）

只有译文三把握住了原文中主观情态意义 не доставляю этим людям ничего, кроме большого удовольствия（除了给这些人巨大的欢悦，不会是其他任何东西）。在当时的社会意识形态下，安娜只有靠取悦他人才能摆脱贫困、满足虚荣心，这与“脖子上的安娜”令人悲悯的主题寓意相吻合，而译文一和译文二忽视了人物主观情态转变的“拐点”。

社会意识形态是主观情态意义产生的“土壤”，译文三的对应转换策略达到揭示主观情态意义的目的，而随意删减削弱了原文内涵。

（三）隐含于语言形式的主观情态意义和变隐为显的传译策略

某些语言形式隐含主观情态意义。俄语中有大量表卑或表爱的构词后缀蕴含强烈主观情态意义。它们常见于文学作品中，译者可采取变通形式，在译文中以相应的情态词、语气词、修饰语等将感情评价意义显现出来。请看契诃夫短篇小说《贵重的狗》（Дорогая собака，又译《名贵的狗》）中一段话：

（4）–... Знаете, сколько я дал за Милку, когда она была еще щенком? Сто рублей! Дивная собака! Ше-ельма, Милка! Ду-ура, Милка! Поди сюда, поди сюда ... собачечка, песик мой... (Чехов А.П.)

译文一：“您知道我是花多少钱把它买下来的吗？一百卢布！真是一条奇妙的好狗！米尔卡，你这个机灵鬼！米尔卡，你这个淘气包！过来，过来，到这儿来……我的小宝宝，我的小乖乖……”（契诃夫 2005：70）

译文二："您知道，当初米尔卡还是个小狗崽子，可我为它出了多少钱呢？一百卢布！真是条神狗哇！米尔卡，你这坏东西！米尔卡，我的傻宝贝儿！过来，来呀，我的小狗……"（契诃夫 1983：26）

狗主人为了卖掉手里的狗，极尽夸张之能事抒发感情。译者将俄语表爱词собачечка、песик 和以连字符替代语调的 Ше-льма、Ду-ура 译成"机灵鬼""淘气包""坏东西""傻宝贝儿"等，并根据汉语习惯加上了"你这个""我的"等具有强烈情感色彩的词，传情又表意。

变隐为显实际上是一种转换策略，当两种语言形式无法对译时，舍形取义，以主观情感的传译来表达文学作品的审美功能。

（四）特殊表述中主观情态意义和功能替换策略

翻译就是理解与表达，而文学翻译更注重表达。文学作品中不断出现陌生化的表述表达个人情感，译者可以根据上下文和译语读者的接受能力采取替换策略。正如列茨克尔（Я.И. Рецкер）所提出："译者常常需要对情态范畴进行替代。替换的规律是由译语的规范和具体语句中的情态功能决定的。"（见吴克礼 2006：277）请看列斯科夫（Н.С. Лесков）小说《姆岑斯克县的麦克白夫人》（Леди Макбет Мценского уезда）中，女主人为情人杀人，流放途中买通看守与情人幽会：

（5）– Катя моя! – произнес, обняв ее, Сергей.

– Ах ты, злодей ты мой! – сквозь слезы отвечала Катерина Львовна и прильнула к нему губами. (Лесков Н.С.)

译文："我的卡佳呀！"谢尔盖抱住她，叫了一声。

"唉，你呀，我的冤家呀！"卡杰林娜·里沃芙娜含着眼泪回答，一面用嘴唇紧紧贴住他。（列斯科夫 1987：53）

Злодей 表示"恶魔，坏蛋，恶棍"，文中表达了女主人公爱恨交织的情感，译文"我的冤家"是功能替换的结果。直译成"我的恶棍"不仅抹杀了主观情态意义并忽视了目的语读者感受，"你这个坏蛋"则弱化了人物的情感表现力。

功能替换可以消除文化差异构成的理解障碍，为保留原作主观情感和态度创造条件。

（五）民族文化色彩强烈的主观情态意义和适度异化翻译策略

笔者认为，文学翻译要以原文为重点，不宜过度归化。在译文中适度地保留民族特色，为译语读者营造“异国情调”氛围，可增强作品感染力。请看契诃夫小说《约内奇》（Ионыч）的一段对话：

（6）Ах ты, цыпка, баловница... нежно пробормотал Иван Петрович и поцеловал ее в лоб. Вы очень кстати пожаловали, обратился он опять к гостю, моя благоверная большинский роман и сегодня будет читать его вслух.（Чехов А.П.）

译文一：“啊，好你个小母鸡，我的小淘气儿，”伊凡·佩特洛维奇温存地嚷着，在她的额上亲了一下。“您来得正是时候，”他又对客人说，“我的这位好太太写了一篇了不得的小说，今天要朗诵呢。”（契诃夫 1983：290）

译文二：“你呀，小乖乖，小淘气……”伊万彼得罗维奇亲昵地喃喃道，在她的额头上亲吻了一下。“您来得正是时候。”他又对客人开了口。“我的贤内助完成了一部洋洋大观之作，今天她将为大家朗诵。”（契诃夫 2005：305）

原文中的 цыпка（小母鸡）词典注释可用作对女性表亲昵的称呼。作品中的丈夫虚荣，喜欢卖弄，讲俏皮话，译文一“小母鸡”表达了男主人虚伪做作。作品中女儿被父母昵称为“猫咪”，而妻子将丈夫称为爱吃醋的“奥赛罗”。译文“小母鸡”不仅代表着民族文化特点，传达了人物主观情感，译文也可以被中国读者接受。因此，译文一的异化要优于译文二的归化（如“小乖乖”“贤内助”）。

适度异化的翻译策略为翻译实践提供了更加灵活的转换方式，既传达异族文化，又保留原作主观情态意义。

五、结 语

文学翻译中主观情态意义要从认知语境观出发，结合文学文本特殊功能对原文进行解读，同时考虑译语读者的接受能力，尽量保留作品主观情感、态度和意愿。译者主体性介入时要把握好分寸，“分寸感则是译者把握适度的审美准则和内应力”（郑海凌 1998：7）。译者尽量不“超越”“抹杀”，用最恰当的方式在目的语中找到理想的表述。

参考文献

[1] 黄忠廉，李亚舒．科学翻译学 [M]．北京：中国对外翻译出版公司，2004.
[2] 贾平凹．关于文学语言 [J]．西安：西安建筑科技大学学报（社会科学版），2005（1）.
[3] 孙夏南．论情态性 [J]．中国俄语教学，1997（3）.
[4] 王丽丹．乍暖还寒时 [M]．上海：上海译文出版社，2004.

[5] 吴克礼．俄苏翻译流派述评 [M]．上海：上海外语教育出版社，2006.
[6] 熊学亮．认知语用学概论 [M]．上海：上海外语教育出版社，1999.
[7] 徐学平．语境研究的认知观 [J]．山东外语教学，2003（5）.
[8] 杨明天．俄语主观情态的语用研究 [M]．上海：上海外语教育出版社，2002.
[9] 郑海凌．文学翻译的本质特征 [J]．中国翻译，1998（6）.
[10] 郑敏宇．作者主观叙述及其翻译 [J]．外语学刊，2005（6）.
[11] 郑体武．俄国文学名著便览 [M]．上海：上海外语教育出版社，2008.
[12] Coates, J. *The Semantics of the Modal Auxiliaries*[M]. London: Croom Helm, 1983.
[13] Lyons, J. *Semantics*[M]. Cambridge: Cambridge University Press, 1977.
[14] Palmer, F.R. *Mood and Modality*（1st edition）[M]. Cambridge: Cambridge University Press, 1986.
[15] Sperber, D. & D. Wilson. *Relevance: Communication and Cognition*[M]. Oxford: Blackwell, 1995.
[16] Sweetser, E. *From Etymology to Pragmatics*[M]. Cambridge: Cambridge University Press, 1990.
[17] Арутюнова Н.Д. Модальные и семантические операторы. В сборнике статей Л. Б. Крысина. Облик слова[С]. Москва: Институт русского языка РАН, 1997.
[18] Шведова Н.Ю. Очерки по синтаксису русской речи[М]. М.: Изд-во АН СССР, 1960.

语料来源

[1] 布尔加科夫．狗心 [Z]．张建华主编．吴泽霖译．北京：外语教学与研究出版社，2006.
[2] 列斯科夫．列斯科夫中短篇小说选 [C]．周敏显，魏原枢译．上海：上海译文出版社，1987.
[3] 纳博科夫．洛丽塔 [M]．于晓丹译．南京：译林出版社，2003.
[4] 契诃夫．挂在脖子上的安娜 [M]．刘若，邓蜀平译．广州：花城出版社，1983.
[5] 契诃夫．变色龙 [M]．汝龙译．北京：华文出版社，1998.
[6] 契诃夫． 契诃夫短篇小说精选 [C]．沈念驹等译．北京：中国戏剧出版社，2005.
[7] 屠格涅夫．初恋 [M]．奉真，敬明译．南京：译林出版社，2003.
[8] 托尔斯泰．安娜・卡列尼娜 [M]．草婴译．上海：上海译文出版社，1990.
[9] 托尔斯泰．安娜・卡列宁娜 [M]．智量译．南京：译林出版社，2000.

（本文原载于《外语教学理论与实践》2009 年第 3 期）

俞晶荷

女，1976年出生，副教授，硕士生导师。

2005年毕业于上海外国语大学，获博士学位，同年留校任教。长期从事俄语教学工作，相继讲授俄语语言文学专业本科阶段、研究生阶段及翻译专业硕士研究生的多门理论与实践课程。主编、编写国家级规划教材《俄语听力教程》(8册)，参编、参译大型工具书及教材数部，在国内外刊物上发表论文多篇。完成多项重大外事交流活动的口、笔译及同声传译工作。

框架语义学角度下的翻译研究

俞晶荷

摘　要：本文借鉴认知语言学研究领域中的“框架”概念，通过对框架语义学的学科属性及其基本原理的阐述，尝试论证从框架语义学角度进行翻译研究的可行性与必要性。

关键词：认知；框架；翻译

一、引 言

翻译是一项古老的活动，中、西方的翻译实践皆源远流长。有翻译实践，就必然有对翻译活动的思考、探索与研究。翻译学科在过去一个世纪中不断发展，在与其相关学科群中的地位日渐突出。由于翻译与语言紧密相联，翻译的研究始终与现代语言学的发展保持同步，不断与新兴的语言学科相结合。各个相关学科的理论模式被相继引入译学研究领域，从不同角度对翻译的过程和结果进行研究，形成了翻译研究的多种模式和不同的边缘性翻译理论（翻译的纯语言学理论、翻译的文化学理论、翻译的交际学理论、翻译的功能理论等），翻译研究的跨学科方法已成一种趋势。在诸多跨学科方法中，从认知的角度，具体地说，从认知语义学角度研究翻译，已引起国内外学者的注意。本文尝试从认知语义学理论出发，对运用框架语义进行翻译研究的可能性做一初步的未必成熟的探讨，并就教于方家。

二、框架语义学

框架语义学属于认知语义学范畴，其总体学科位置可见下图：

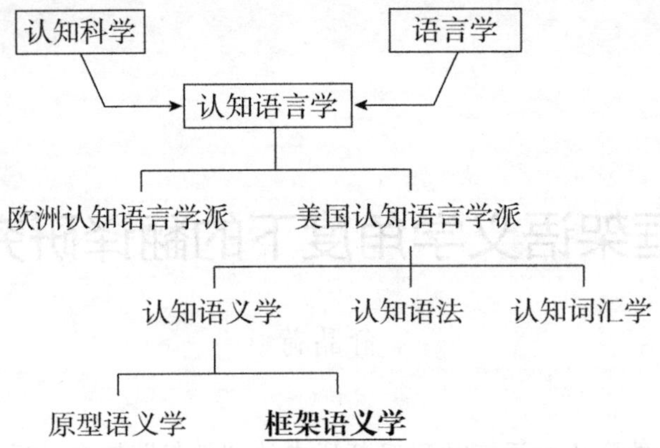

框架语义学是一种理解某一词汇或语法结构意义的方法。框架语义学假设：为了理解词汇在语言中的意义，首先必须具备相应的概念结构，即语义框架的知识。语义框架是特定词汇意义在语言中能够存在并运用于话语之中的基础和依据。框架语义学假设，词汇可以按照一定的规则、通过它所处的语言结构来选择和突出其基本语义框架中的特定方面。因此，可以从描述词汇的基本语义框架着手来阐释词汇的意义和功能。

结构语言学，包括其中所包含的词汇场理论，仅仅将词汇场解释为一种纯粹的语言现象。框架语义学与之根本区别便在于坚持必须将词的意义与词的基础框架联系起来。框架语义学认为，与某一语言单位所表达的意义直接或间接相关的所有知识共同构成一种独特的知识结构，即框架，而框架是我们能够理解相互之间紧密联系着的语言单位的必要前提条件。

三、框架的概念

框架的概念最初是由计算机科学家明斯基（M. Минский）提出来的。他认为，我们的知识是以信息结构的形式贮存在记忆中的，他称之为框架。所谓框架，就是“表现一种典型情景的信息结构”（Минский 1979：7），这就是其框架理论。根据明斯基的框架理论，可以将框架想象为一张布满结的网，而网中的每个结都应该有自己的“任务”，代表着与自身相对应情景的某种典型特征。

20世纪70年代中期，费尔默（Charles Fillmore）将认知科学领域中由明斯基所创的框架概念引入语言学，并几易其定义。在将“框架”的概念引入语言学的初期，费尔默思想中的这一术语所代表的是“任何与现场情景相关的语言学选择的体系，其中最简单的即是词的集合，但同样包括语法规则或语言学范畴的选择”（Ungerer，Schmid 2001：208）。这意味着当时的框架只不过是一大批与所谓的“情景”相关的语言学选项。此后，以语言学观点为出发点，框架的概念逐渐向着认知的方向发展。1985年，费尔默将框架定义为“独特的、统一的知识构架或相关的系统化的经验”（Ungerer，Schmid 2001：209），框架的定义显然已经发生了明显的改变。1992年，费尔默等人已将框架视为词语对概念进行编码时的认知结构，将框架的定义修正为“认知结构……其知识是词语表达概念的先决条件”（Ungerer，Schmid 2001：209）。上述三种对框架的定义与解释显示，框架最初是作为一种语言结构出现在语言学中的，但最终获得了认知层面上的重新阐释。

简单说来，框架语义学中所涉及的框架指的就是使人们能够对同样情景做出同样认知加工的知识的总和，这一点在格拉西莫夫（В.И. Герасимов）和彼得洛夫（В.В. Петров）为框架所下的定义中表现得极为清楚。他们认为，框架是“呈现信息束形式的一种知识结构，它保存于人的记忆中，或者由记忆中所包含的成分组成，其作用在于保证对标准情景做出等同的认知加工（пакеты информаций, которые обеспечивают адекватную когнитивную обработку стандартных ситуаций）”。（Герасимов，Петров 1988：8）由这一定义可见，框架的主要作用在于协助构建文本的连贯性，保证信息接收者得出必要论断，形成上下文预期并借助于这些预期、以已知类似事件为基础对未来的事件做出预测，可见框架在语言运用中的作用是极其重要的，对翻译的理论研究更是具有重要的借鉴作用。

四、从框架角度进行翻译研究的可行性

在对翻译活动进行研究的初期，翻译活动仅仅被视为一种译者创造译文的过程。稍后，翻译理论家们逐渐注意到对翻译的过程与结果具有重要影响的诸多客观与主观因素的存在，开始对翻译这一现象进行全方位的研究，现已将翻译活动视为一种保证跨语言交际得以顺利进行的手段。如今翻译理论研究的多方面多层次发展已经使其上升为一门独立的学科，即翻译学。现代翻译学的中心任务之一就在于对译者在创造译文过程中的行为的性质、方式及原因进行研究。这种研究势必要求综合考虑翻译过程的心理、文化、社会等众多因素。与此同时，翻译过程的心理层面却仍然没有得到足够的研究，尤其是翻译过程中译者的心理层面。虽然许多研究者们采取了有声思维（думай вслух）等方法来对译者的思维过程进行探索，但迄今为止并未形成系统的翻译认知理论，译者的思维操作在某种程度上仍然是一个“黑匣子”。

采取特定角度进行某项研究，必须首先论证进行这一研究的可行性与必要性。运用框架语义学中的“框架”概念进行翻译研究的主要理据如下：

1．翻译研究与语义学紧密相关。

语义学的发展已经由传统的纯语言语义学上升为认知语义学，着重对意义的理解机制进行研究。框架语义学是认知语义学的一个主要分支，框架则是认知语义学中的核心概念。现代翻译学研究依然与语义学密不可分，且同样上升到认知层面，着重研究译者对原文做出正确理解并用译语进行正确表达的基本机制。与传统研究方法相比，框架语义学对意义的研究更为全面，不再严格区分语言与非语言因素。框架语义学的出发点是：语言单位及语言范畴首先是服务于交际与理解目的的手段，其意义中的语言与超语言成分的划分是完全没有必要的。从这方面来讲，框架语义学的观点与现代翻译学的研究目的是完全相符的。

2．现阶段翻译研究的主要目标在于清楚揭示译者头脑中的知识结构在翻译过程中的运用方法与模式。

以前的翻译理论研究对译者的思维特征研究不足，没有考虑到译者头脑中的信息结构的作用，所运用的“语境”“上下文”及“统觉基础”等概念显得含糊，界限不清，所包括内容之间关系不明，无法构成完整的概括性信息结构，因此无法对译者的理解与表达行为做出更为合理的解释。为正确理解翻译的实质及译者在翻译过程中在一系列翻译策略与操作中进行选择的理据，必须首先了解知识在头脑中的储存结构与运用过程，而框架结构与人类的信息接收及存储等行为性质相符。正是基于这一原因，学

试从框架概念的角度对翻译行为进行阐释，形成有关头脑中知识储存的基本模式，将翻译视为一种特殊形式（涉及两种不同语言的）信息加工、运用与储存活动，才能够最终为译者在翻译过程中的行为做出合理有效的解释与说明。

3．“框架”的概念对众多语言现象的解释比较合理，大大方便了译者对原文的理解。

费尔默认为，必须借助于框架对相互结合在一起的词的运用进行描述，同时也必须借助于框架来对错误的理解做出解释。误解的根本原因并不在于交际一方没有能够理解某一意义，而是因于他没有能够判断出当前上下文中所涉及的是哪一个“框架”。例如：运用框架的理论可以将同义词划分为同框架同义词和异框架同义词两类。разговор（谈话）与 беседа（交谈）是一组同框架同义词：二者皆属于“语言交际”框架，区别仅仅在于 разговор 一词所涉及的框架中还包括了一项“信息传达的技术手段”成分，因此可以说 телефонный разговор，却不能说 телефонная беседа。страна 和 государство 两词意义均为“国家”，但二者是异框架同义词：государство 一词中体现“权力”框架，而 страна 则体现“空间”框架。大量情况下两词的相互替换是不被允许的，只能说 зарубежные страны，而不能说 зарубежные государства，是 правовое государство 而不可能是 правовая страна，等等。引入“框架”的概念可以使译者通过语言单位的搭配正确掌握其中体现的框架，正确理解语言单位的意义，为在译文中做出准确表达奠定基础。

4．框架语义学将一切归结于典型情景（стандартная ситуация），使语言的理解与运用变得简单。

语言中的信息建构是以特定的框架为基础的。知识的传达事实上是一个已知框架被激活的过程。接收者需要借助于前期的个人经验才能够理解所传达的信息。表述中可以包含未知知识，但这种未知性应是相对的，完全的新信息事实上是无法被接收的，其原因在于接收者意识中缺乏在新信息作用下能够被激活的框架。翻译过程中经常会遇到的原语无等值词汇（безэквивалентная лексика）的传达问题的解决即依赖于这一理论。例如：在向不了解俄罗斯国情的译文读者传达俄语中的 квас 和 водка 的概念时，必须采用音意兼译法将两词分别译为“克瓦斯饮料”和“伏特加酒”，在激活汉语相应框架的同时保留与原语之间的联系。翻译无等值词汇时，译者的任务就在于向原语单位注入新成分，确定其与译文读者业已了解的特定事物或概念之间的联系。

5．描述同一情景的一系列表述具有同样的深层框架。

同一语言内的这些表述之间具有一定的共性。而不同语言范围内的这些表述同样具有足够的共性，即等值性（эквивалентность）（Комиссаров 1990：51），从而构成翻译的必要前提，即可译性。认知框架之间的共性起源于人类共同的认知生理基础和所处的相同的客观物质世界。另一方面，随着人的大脑思维的发展，人不断认识不同的事物和概念，根据自己的经历，通过学习的过程而逐步形成具有自己个性特征的心理框架，其中包括个人认知空间、集体认知空间和民族文化认知基础。例如：俄罗斯人视白桦树为“高尚”“纯洁”的象征，而其他民族的人们则不具有与之类似的情感，这是由其民族的认知心理发展历史所决定的。翻译作为一种极其复杂的心理活动，其中心环节便是译者在了解与掌握的基础上进行两种语言框架的异同分析与转换。因此，跨语言交际过程中两种语言的框架异同是翻译理论研究的中心问题，也是打开翻译操作过程中译者思维“黑匣子”的一把钥匙。

6．框架语义研究使翻译理论上升为一门解释性学科。

在开始进行翻译理论的框架语义研究之前，必须考虑到翻译学与框架语义学这两个学科的学科研究性质。“凡属语言研究，不论是历时还是共时研究，不外乎规范、描写、解释三种。这三种语言学的发展是与语言研究的历史相一致的。”（赵艳芳 2001：11）框架语义学采取认知的角度，在对语言事实进行描写的基础上努力尝试对其进行理论解释，从而揭示语言事实背后的认知规律与认知框架，因此属于解释语言学。翻译理论研究就其本质来说主要是一门描述性学科。科米萨罗夫（В.Н. Комиссаров）在《现代翻译学》（Современное переводоведение）一书中曾指出，翻译理论“首先是一门描述性理论学科，揭示并描述翻译过程的客观规律。……在对翻译的语言学机制进行描述的基础上才能够形成某些规定性的建议、原则、规则、翻译方法及手段。译者遵循这些规则能够更加成功地解决所面临的问题”。（Комиссаров 1999：36）翻译理论“……主要是一门描述性学科。这就是说，翻译理论的主要和基本任务是描述实际的翻译过程……并通过一些术语，将翻译过程模式化。由此可见在翻译理论中描述性的一面居主导地位”。（蔡毅，段京华 2001：10）当然也必须承认，翻译理论作为一门应用学科也必定含有规定性或规范性的一面，它兼有描述性和规定性两个方面。但翻译理论，尤其是中国的翻译理论“应重描写，而不应重规定”（刘宓庆 1999：27）。

五、结 语

翻译理论研究发展到今天，规范和描写的重要性与必要性仍然存在，但进一步发展的目标则应该也必然是解释性。翻译是一项复杂的双语转换活动，包括原语理解和译语产生两个阶段。原语的理解是译者在大脑中建构原语意义的心理过程，译语的产生则是译者运用译语形式对自己大脑中已建构的原语意义重新进行表达的过程，不论是原语的理解还是译语的产生都是一种相关框架的激活过程。框架作为一种认知概念和认知结构在语言翻译中具有举足轻重的功能与作用。传统的翻译理论研究着重于对翻译的过程与结果进行描述，无法揭示翻译的本质特性与规律。框架阐释下的翻译研究侧重从人类处理信息的方法方面来解释译者进行双语转换时的认知心理过程，因此应该会对诸如翻译的本质、双语转换的心理机制等一些深刻的理论问题给出一个合理的解释，从而使翻译理论在规范性与描写性的基础上更进一步，成为一门解释性的理论学科。

参考文献

[1] 蔡毅，段京华．苏联翻译理论 [M]．武汉：湖北教育出版社，2001.

[2] 刘宓庆．当代翻译理论 [M]．北京：中国对外翻译出版公司，1999.

[3] 赵艳芳．认知语言学概论 [M]．上海：上海外语教育出版社，2001.

[4] Ungerer E.，Schmid H.J. *An Introduction to Cognitive Linguistics* [M]．北京：外语教学与研究出版社，2001.

[5] Герасимов В.И., Петров В.В. На пути к когнитивной модели языка [C]. // Новое в зарубежной лингвистике. Вып. 23. Когнитивные аспекты языка. М.: Прогресс, 1988.

[6] Комиссаров В.Н. Теория перевода（лингвистические аспекты）[M]. М.: Высшая школа, 1990.

[7] Комиссаров В. Н. Современное переводоведение [M]. М.: ЭТС, 1999.

[8] Минский М. Фреймы для представления знаний [M]. М.: Энергия, 1979.

（本文原载于《中国俄语教学》2008 年第 3 期）

跨文化与国别区域研究

汪　宁

男，1954年出生，博士，研究员，
博士生导师。

上海外国语大学国际关系与公共事务学院研究员，国际关系专业博士研究生导师，教育部区域与国别研究基地上海外国语大学俄罗斯研究中心主任。1972年3月进入上海外国语学院俄语系学习，1975年7月毕业留校担任助教；1986年9月至1989年7月，在上海外国语学院苏联研究所攻读苏联社会学专业硕士学位；1999年9月至2002年7月，在华东师范大学国际问题研究所攻读国际共产主义运动与科学社会主义专业博士研究生，获法学博士学位。

重回后苏联空间

——俄罗斯文化外交评析

汪　宁

摘　要：近十余年来，俄罗斯的强势复苏使欧亚地区的地缘政治、经济和国际关系产生了新的变化。在以斯拉夫文化为主体的中东欧地区出现了一个新的“轮回”，其特征是地缘政治和经济博弈重新开盘；重点从意识形态转换为能源经济和文化软实力，合作与斗争并行不悖，但合作成为主流。斯拉夫文化影响范围可以分成核心圈、中心圈和亚中心圈三个板块，本文据此对俄文化外交的形成和特点，以及实施手段进行分析，可以认为，俄罗斯从恢复俄语教育、举办俄罗斯文化年、力争世界宗教主导权和论坛外交四个方面着手，已经取得了初步成果。

关键词：俄罗斯；后苏联空间；文化外交：斯拉夫文化圈

一、引 言

从普京接任俄罗斯总统的第二个任期开始，由于俄罗斯日益重视加强收复昔日势力影响范围的战略和战术，加大了文化外交的力度，政治、经济和文化影响力止在逐步回升，争夺后苏联空间的一场新的博弈已经拉开序幕，尤其是针对中东欧国家。其中有三个值得关注的特点。

二、建立“平等的”合作关系：文化外交的战略形成

苏联解体后，原苏东国家几乎无一例外地采取了亲西方的政策，把摆脱苏联影响、回归欧洲、重建本民族文化作为头等重要的任务。不少国家不仅政治上排斥苏联体制，文化上取消俄语及俄罗斯文化，甚至采取了驱赶说俄语居民的过激政策，与俄罗斯关系普遍出现危机。为了达到获得西方援助的目的，有的不惜与俄罗斯翻脸，反对俄罗斯、否定第二次世界大战历史的事件频频发生，尤其在中东欧地区，以波罗的海沿岸三国和波兰对此表现得最为积极。随着以波兰为代表的7个原社会主义阵营国家相继加入欧盟和北约之后，俄罗斯与“新欧洲”之间的关系更加充满新的变数。

俄罗斯认为，到现在为止这种对抗仍然有所表现，这是由于对每一个斯拉夫文化国家丰富的文化特点的无知而造成的，意识到“全球化带来的不仅仅是民族文化的相互渗透和补充，而且常常还会使国家和民族的文化特性受到威胁”[1]。不少中东欧国家认为自己是属于西方世界的国家，与俄罗斯渐行渐远。

在《2000年俄罗斯联邦对外政策构想》中，俄罗斯对中东欧国家的政策提法比较简单，只列出一些最基本的要求：“在与中东欧国家的关系中，迫切的任务是根据新情况和俄罗斯的利益保持人员、经济和文化交往，消除现有危机和进一步推动合作。”（伊万诺夫 2002：159）五年之后，随着普京总统地位的稳固，俄罗斯对外交思想进行了重大调整，尤其是在恢复和扩大俄罗斯文化影响力方面，加大了战略力度。2005年4月，俄罗斯专门成立了一个对外地区与文化合作局，由总统办公厅直接领导，其目的就是要发展与独联体国家以及周边国家的文化合作，恢复、巩固和扩大俄

1 Дни славянской письменности и культуры, которые отмечаются с 18 по 31 мая 2011 г., открылись в Москве форумом «Славянская культура: истоки, традиции, взаимодействие». В работе форума примут участие представители из 12 стран. - pravoslavie. ru〉Новости〉46611. htm.

罗斯文化的影响力。（许华 2008）在 2005 年的国情咨文中，普京明确提出“俄罗斯与昔日的苏联加盟共和国，今日的独立国家，被共同的命运、俄语和伟大的文化联系在一起，不可能置身于追求自由的主潮流之外”，而且表示要向邻国学习有益的经验，交流思想（普京 2008：189）。也正是从这一年起，俄罗斯和中东欧国家之间的关系发生了根本性的变化，一改被动的保守作法，而是以共同的斯拉夫文化为纽带，主动出击，积极拉近与周边国家，尤其是与独联体和中东欧原社会主义大家庭国家的关系。

梅德韦杰夫继任总统后，延续了普京的对中东欧国家政策。在于 2008 年 7 月 12 日批准的《俄罗斯联邦对外政策构想》中，虽然同样对“昔日的”加盟共和国着墨不多，但是着重强调了“务实”和“相互尊重”的主导思想。俄罗斯提出，要“在考虑各国现实的基础上，继续拓展同中欧、东欧和东南欧国家务实的、相互尊重的合作”。尤为重要的是，在新的构想中，开明宗义地提出了俄罗斯“要以全新的视角看待俄罗斯外部的总体情况，根据国家在国际事务中作用增长的现实，重新思考俄罗斯对外政策的优先方面，提高俄罗斯对世界发展局势的责任，以及由此提供的机遇，不仅要参加国际事务的日常实施，而且要参与它的制定”（转引自左凤荣 2008：452；432），表现出积极参与国际事务并成为游戏规则制定者的强烈愿望。

在新的《俄罗斯联邦对外政策构想》中，俄罗斯还提出了对“新欧洲”国家的政策，诚恳表示“在考虑到中欧、东欧和南欧每个国家的实际意愿的情况下，对于继续扩展与这些国家的现实的、互相尊重的合作关系，俄罗斯是坦诚的”；提出“要在欧盟国家心目中树立起俄罗斯可靠伙伴和盟友的形象”（俄罗斯外交部网站网址 http://www.mid.ru/），把构建新的国家形象作为重要的战略任务来加以实施。在“构想”附件中，尤为重要的是第一次完整地提出了国际人文合作的基本方针和政策，规定了具体的计划目标，认为文化在俄罗斯的对外战略中占有重要的位置（俄罗斯外交部网站网址 http://www.mid.ru/），并把它作为俄对外政策不可分割的重要部分加以实施。

在梅德韦杰夫 2009 年 5 月 12 日批准的《俄罗斯联邦 2020 年以前国家安全战略》中更是进一步提出了通过“发展保障安全”的基本原则。在这份文件中俄罗斯强调，将以国际法条文和对所有国家的同等安全保障原则为依据，实行现实主义的对外政策，消除损耗性的对抗。（俄罗斯外交部网站网址 http://www.mid.ru/）从明确提出要与周边国家建立“平等”“互相尊重的合作关系”，到树立“可靠伙伴和盟友的形象”，这是俄罗斯对外思想的重大变化；标志着俄罗斯要放下大国的架子，抛弃消耗性对抗和以意识形态为界线的传统观念，以现实主义的姿态重回欧洲以及整个国际政治、经济和文化的空间。至此，对外文化战略已经形成，标志性文件就是梅德韦杰夫总统于2010年12月18日批准实施的“俄罗斯联邦国际人文领域合作的基本方针”。（俄罗斯外交部网站网址 http://www.mid.ru/）该文件对文化合作的目标、优先任务以及实施办法等都有明确的规定，是一份俄罗斯文化战略的纲领性文献。

在这一战略思想的主导下，以发展和巩固与老欧洲关系为基础，努力寻找与“新欧洲”的关系的突破点，从文化（软实力）的源头拉近关系成为俄罗斯对外文化战略的核心。“往前看”致力于新的发展，使俄罗斯的周边环境出现了自冷战结束以来最好的时期，为恢复大国地位创造了较好的国际环境，对中东欧国家的文化外交战略，可以说是取得了一定的成功。

三、以文化软实力为武器：战略手段的另一种形式

“任何一个后苏联空间的欧洲国家，在未来的10年时间内，都不可能摆脱对俄罗斯的能源依赖，将长期依赖俄罗斯相对廉价的天然气供应。”（外交与国防政策委员会2008）俄罗斯对于自己所拥有的优势非常清楚，而历史的发展也为俄罗斯提供了机遇。普京经过第一个任期的惨淡经营，使俄罗斯的经济发展旧貌换新颜，使俄罗斯拥有了改善与中东欧国家关系，收复苏联影响失地的有利资源。世界能源市场的变化，更为俄罗斯提供了占尽天时地利的条件，为俄罗斯实施文化战略铺垫了较为坚实的物质基础。尤为重要的是，俄罗斯还意识到文化作为软实力的重要性，并把它与促进物质水平的提高和国家形象的提升紧密联系起来，明确提出了“文化要成为国家经济发展的重量级的因素。在解决相关问题的时候，国家应当明确重要的物质和金融资源，积极扶持本国文化部门的竞争力，夺取文化产品的销售市场”（См. Основные наравления политики Российской Федерации в сфере международного культурно-гуманитарного сотрудничества. http://www.mid.ru/）的战略目标，要求“文化交流要以促进建立和支持国家之间、社会组织之间和人民之间稳定和长期的关系为使命。这样的交流应当为修复国家之间不仅在文化领域，而且还要与包括经济在内的其他领域的互动作出贡献”（См. Основные наравления политики Российской Федерации в сфере международного культурно-гуманитарного сотрудничества. http://www.mid.ru/）。

如果按照俄罗斯的斯拉夫文化属性、组成以及受到俄罗斯文化（包括苏联时期）

影响的程度来划分的话，笔者认为，可以把俄罗斯文化区域划分成三个板块，或曰三个文化影响圈：处在中心板块的是俄罗斯、白俄罗斯和乌克兰三个斯拉夫核心国家，此为**核心圈**[1]。位于斯拉夫文化核心三国周边的独联体其他国家，即原苏联的其余十二个加盟共和国，现在的独立国家为斯拉夫中心文化圈。因为俄罗斯地缘文化影响范围主要分布于俄罗斯西部的波罗的海沿岸三国爱沙尼亚、拉脱维亚、立陶宛；西南部的摩尔多瓦、格鲁吉亚、亚美尼亚、阿塞拜疆，以及南部中亚五国哈萨克斯坦、吉尔吉斯斯坦、塔吉克斯坦、乌兹别克斯坦、土库曼斯坦。根据与俄罗斯文化的亲疏关系和受影响的程度，以及同为苏联社会主义国家的属性，这些国家可以称之为**中心圈**。处于外围（文化），可以称之为**亚中心圈**的国家，主要为分布于俄罗斯周边，地缘政治位于中东欧的波兰、捷克、斯洛伐克、匈牙利、罗马尼亚、保加利亚、南斯拉夫（分裂后的斯洛文尼亚、克罗地亚、波黑、塞尔维亚、黑山、马其顿）、阿尔巴尼亚等八个国家。如果进一步划分，还可以把蒙古国和朝鲜等与俄罗斯毗邻的国家，以及越南等国家列入第四圈。

上述这些国家的共同点就是，都曾经受到苏联社会主义文化的深刻影响，从政治体制、经济发展模式，到文学、语言、艺术和社会发展模式，影响几乎无处不在。然而，随着冷战的结束，俄罗斯文化在所有这些地区的影响力日渐减弱，甚至在某些国家逐渐消亡。

苏联解体后，经过 20 年的艰难探索，仍有不少国家并没有能够确定自己的文化定位和发展方向，西方的文化和民主模式也没有给人民带来幸福，使国家繁荣富强，而是使得这些国家陷入迷茫、疑惑之中。尤其是在经历过“颜色革命”的冲击之后，不少国家都对西方的自由主义进行了深刻的反思，重新建立与俄罗斯之间的平等、互利的国家关系成为有益有利的选择。而通过重构斯拉夫文化的共同根源就能够拉近彼此之间的关系，加快这种互利关系的建立和发展。金融危机的爆发加速了全球经济一体化的发展趋势，使拥有得天独厚的石油天然气资源的俄罗斯话语权更加广泛，实施全球性文化战略的可能性日愈增加。

正是在这个大背景之下，俄罗斯加快了巩固核心圈、强化中心圈、发展亚中心圈、影响全世界的文化外交战略部署。

---

1 1991 年 12 月，俄罗斯、白俄罗斯和乌克兰三个国家的首脑聚集在一起，商讨建立独联体的事宜。他们要求专家按照联合体的模式准备文件，然后送到只有他们三人所在的房间。协议签署后，他们分别给老布什和戈尔巴乔夫打电话，通报了苏联解体和独联体诞生的信息。

俄罗斯采取了一系列重要措施，主要包括：

第一，通过重建俄语教育在上述文化圈内国家的地位，恢复俄罗斯文化的影响力。

2005 年普京在国情咨文中作出的判断，被后来历史的发展证明是正确的。如何应对以美国为主的西方文化的诱惑和频频发起的强大文化攻势，是俄罗斯不得不面对的最大的现实问题。在经历过苏联解体后第一个十年的困惑、迷失和被动应付之后，俄罗斯开始注重软实力的构建，积极制订自己的文化战略，采取各种举措，恢复俄语和俄罗斯文化在独联体以及原苏联地区势力范围的影响力便是其中之一。众所周知，俄语是全球第四大国际通用语言，根据资料，全世界共有 1.7 亿人将俄语作为母语，3.5 亿人通晓俄文。除此之外全世界还有 1.8 亿人正在学习俄语。2006 年年底，时任总统普京签发了一个总统令，将 2007 年定为“世界俄语年”，把提高俄语的地位提高到国家战略的高度。“俄语年”得到了官方的高度重视：活动组委会主席由时任第一副总理的梅德韦杰夫担任。根据俄罗斯政府的计划，“俄语年”包括的活动数量多达 830 项，在全世界 65 个国家举办，涉及独联体和波罗的海国家，以及欧、亚、非、南北美洲的国家。梅德韦杰夫更是提出：“我们会在发展俄语的同时推动我国的国家利益，并在与其他国家的相互协作中提高经济和文化实力。”（赵汉臣 news.cri.cn/gb/12764/2007/10/...）不久前（2011 年 5 月），第十二届世界俄语大会在上海隆重举行，包括中国学者在内的 48 个国家和地区的一千多名代表参加了会议，堪称盛会，这也是俄罗斯文化全球战略的一次成功展示。

就在“俄语年”在全世界许多国家展开之际，普京又签署了一项成立“俄语世界”基金会的总统令，以支持境外尤其是原苏联国家的俄语学习和研究。此外，俄政府还将推广俄语的影响面拓展到互联网，并建立了俄英双语网站。（世界新闻报 24.10.2007）

第二，通过举办各种形式的俄罗斯文化年和其他各种形式的文化、文艺演出等活动，在全世界宣传和推广俄罗斯的文化和文学艺术。（参阅林精华 2011（5））

第三，通过拓展俄罗斯东正教会的影响力，达到在国内增强民族凝聚力，在国外争取宗教文化主导权的目的。2006 年 7 月，就在八国峰会正式举行的前几天，在普京和大牧首阿列克谢二世的策划下，在时任俄罗斯东正教会对外关系局局长、现任俄罗斯东正教会大牧首基里尔的精心组织下，第一届世界宗教领袖峰会也在莫斯科如期举行。全世界共有49个国家和地区的宗教代表出席了大会，中国宗教代表团也出席了大会[1]。通过主办这次世界宗教峰会，俄罗斯东正教会的主导作用得到了一次尽情的发挥。后来，这种形式的世界宗教领袖峰会每年都举行一次，涉及的议题范围也越来越广，逐渐发展成为一个非正式的宗教大联盟。作为首创国的俄罗斯，自然而然地扮演了主导国家的角色。更为重要的是，通过设置各种全球性的话题，俄罗斯志在必得地获得了不少话语权，可以称之为颇为成功的宗教外交。

第四，通过各种非政府组织（基金会）举办（斯拉夫文化）定期论坛、联合建立俄罗斯文化中心、学校等机构，宣传俄罗斯思想，塑造俄罗斯新的国家形象。利用共同的斯拉夫文化纽带，充分发挥俄罗斯文化软实力的作用，成为俄罗斯成功改善与中东欧国家关系的重要战略手段之一。如2010年2月份，在白俄罗斯首都举行的“斯拉夫文化论坛”上，专题讨论了“俄罗斯人民和俄罗斯语言在团结斯拉夫人民方面的历史作用应当通过法规的形式固定下来”等问题，号召“所有的斯拉夫国家为我们的人民恢复传统的日历节日的制度，穿着斯拉夫民族服装，发扬在俄罗斯、白俄罗斯和乌克兰许多方面都一致的斯拉夫的传统时尚”（http://www.mid.ru）。就在这一年5月份（2010年5月25日），俄罗斯外长拉夫罗夫在莫斯科还参加了一个由保加利亚驻俄罗斯大使馆组织的，由白俄罗斯、乌克兰、波兰、斯洛伐克等13个中东欧国家驻莫斯科大使馆在职领导人共同参加的外交使团工作会议。在会谈的过程中，拉夫罗夫强调了把斯拉夫人民团结在一起的历史和文化精神遗产的特殊意义，特别强调了在当前新的、多中心世界秩序日愈稳固的情况下尤其要重视这一遗产的重要性。在这样的背景下，这次会议讨论了深化人文对话，特别是根据斯拉夫文化论坛的思想，在2010~2011年度，俄罗斯与多个巴尔干国家间互办精神文化节的计划。

由此可见，俄罗斯不遗余力地建立斯拉夫文化论坛、开展各种“文明对话”，就是要在文化合作的基础上把欧洲的斯拉夫文化国家联合起来，以达到加强国家间和文化间联系的目的，彰显俄罗斯文化的主导作用，把原苏联时期社会主义阵营内部的国家重新拉进俄罗斯势力影响范围。

---

1 据报道，俄罗斯举办的“世界宗教领袖峰会”于2006年7月3日至5日在莫斯科召开，来自49个国家和地区的各派宗教领袖参加了大会。中国宗教代表团一行7人应邀出席大会，中国伊斯兰教协会会长陈广元阿訇任中国宗教代表团团长，国家宗教局局长叶小文任代表团顾问。中国天主教爱国会副主席、主教团秘书长、云南教区马英林主教等随团出访。（http://www.chinareviewnews.com 19.07.2006.）

四、发挥传统文化优势：外交成果初步显现

由于具有共同的斯拉夫文化基础，加上俄罗斯官方的大力推动，近年来俄罗斯的文化战略可谓是成果初步显现，使俄罗斯文化成为拉近俄罗斯与中东欧国家关系的重要纽带。在其中几个国家，俄语的地位正在逐步提升。尽管恢复苏联时期的俄语地位困难重重，但俄罗斯没有放弃努力。

近十年来，这种减少对抗、积极合作的政策取得了明显的效果。虽然中东欧国家与俄罗斯关系的改善并非是一帆风顺，但在双方维护和加强友好往来的良好意愿和共同努力下，双边关系中的波折总是能够及时得到平复，不致造成矛盾激化。由于中东欧国家与俄罗斯的高层互访增多，相互信任加强，经济和文化往来密切，基本解决了中东欧国家加入北约和欧盟之后造成的各种问题。不仅如此，俄罗斯还充分利用中东欧国家的桥梁作用，拉近了与欧盟的关系，使俄罗斯的地缘政治环境发生了有利变化。因此可以说，经过十多年来的努力，俄罗斯已经开始逐渐走出俄（苏）文化被彻底否定的困境。由于清醒地认识到自身实力的下降，俄罗斯采取了努力避免与西方对抗，不再激烈反对北约东扩，而是充分利用自己的资源优势，有选择地进行合作的外交政策；因此，冷战结束初期由于历史纠结而结怨难解的诸多国家的关系正在一步步得到改善，俄罗斯的国际环境进入近二十年来的最佳时期。

仅列举俄罗斯与保加利亚和斯洛文尼亚两个国家的关系为例。

2008年1月17日，普京把自己当时的总统任期内的最后一次出国访问留给了保加利亚。就在不久以前的2007年1月1日，保加利亚刚刚成为欧盟的新成员国，实现了其长期以来的夙愿。在与普京会见的欢迎仪式上，保加利亚总统珀尔瓦诺夫没有忘记表示，尽管保加利亚已经加入欧盟，但这不应影响保加利亚和俄罗斯两国关系的密切发展。珀尔瓦诺夫还强调："我们认识到，我们目前面临的一些问题，必须通过欧盟和俄罗斯之间进行开诚布公的对话才能解决。"（http://news xinhuanet.com/newscenter/2008.01.18）对此，普京则大度地表示，俄罗斯尊重保加利亚在安全和其他重要事务方面的选择，并为其取得的成绩感到高兴。（http://news xinhuanet.com/newscenter/2008.01.18）2008年1月，"俄罗斯年"在保加利亚如期举行，普京和珀尔瓦诺夫一起参加了开幕仪式，标志着两国关系发展达到一个新的高峰。俄罗斯国家交响乐团及俄保两国著名音乐家共一百七十余人在开幕式音乐会上表演了精彩的节目。此外，双方还同意在保加利亚建立一个俄罗斯图书中心和一所俄保科学与文化公共研究院。

普京对这次访问非常重视，在出访前夕，专门为保加利亚媒体撰写了一篇题为

《命运使我们成为伙伴》的文章。在文章中，普京回顾了两国关系的历史，分析了现状，展望了未来合作前景。保加利亚发行量最大的报纸《劳动报》《24 小时报》1 月 17 日当天均全文登载了普京的文章。（http://news xinhuanet.com/newscenter/2008.01.18）除此之外，据报道，普京还为保加利亚准备了一个能源合作的大礼包，与保加利亚在能源方面成功地签署了 3 项协议：保俄两国合作建设南部天然气管道协议、就布–亚石油管道工程成立国际项目公司协议，以及建造“贝列内”核电站的基本协议。[1] 其中，在会谈结束前最后一刻才达成一致的南部天然气管道协议具有非常重要的意义。[2] 该管道北至奥地利，南到意大利，计划年输送天然气约 300 亿立方米，建成后不仅将使保加利亚真正成为东南欧最重要的能源过境中心，而且将使俄罗斯输往欧洲的油气管线形成一个环形圈，俄将掌握输欧能源的主动权，而保加利亚将也拥有 50% 的股份（http://www.sina.com. cn 19.01.2008），称得上达到了双赢。

2009 年 2 月 6 日，“保加利亚年”在莫斯科也如期举行，俄罗斯和保加利亚总统共同出席了开幕式并剪彩。两国总统一起祝贺俄罗斯和保加利亚人民在俄罗斯举办“保加利亚年”，一起在莫斯科大剧院举行的庆祝会上发表了热情洋溢的致辞。梅德韦杰夫总统表示：“建立在共同历史经验和相似的精神文化基础之上的真诚而深厚的友谊使俄罗斯和保加利亚紧密相连。”他说：“于 2008 年举办的保加利亚‘俄罗斯年’令人印象深刻，取得了圆满成功。这一活动推动了我们两国之间的关系，扩大了两国地区之间、友好城市之间、工商界之间和社会团体之间的合作，数十万人彼此增进了对两国传统和现代生活的了解。”（RUSNEWS. CN/eguoxinwen /eluosi_duiwai /2009. 02. 06）

一切服从国家利益的需要，没有历史问题的纠结，再加上两国领导人摆脱了意识形态的束缚，把发展经济放在首位，这就使得两国关系在相互理解的基础上得以顺利

1　所谓“布—亚石油管道”，就是俄罗斯、希腊和保加利亚三个国家共同签署的一项名为《布尔加斯—亚历山德鲁波利斯输油管道项目合作方成立国际设计公司的合同》。这项合同的正式签订，标志着该石油管道的铺设工作已经开始进入实施阶段。该管道东起保加利亚的黑海港口布尔加斯，西至希腊爱琴海东北部的亚历山德鲁波利斯。管道建成后，俄罗斯的原油将通过黑海用船运送至保加利亚布尔加斯港口，再通过这一管道输送到希腊和其他欧洲国家。布—亚石油管道全长 277 公里，计划投资 8 亿欧元，管道的设计年输油能力为 3500 万至 5000 万吨。

2　这条石油输送管线也被称之为“南线”，即从俄罗斯的新罗西斯克穿越黑海海底铺设到保加利亚瓦尔那后，再分为两条支线，一条支线将经希腊通向意大利南部，另一条支线拟穿越罗马尼亚、匈牙利和斯洛文尼亚后，在斯洛文尼亚再建分支，分别通向意大利的北部和奥地利等西欧国家。最近俄罗斯又在积极游说塞尔维亚，以便购买塞尔维亚国家天然气公司 51% 的股份，如果并购成功，“南线”天然气管道将通过塞尔维亚，并在塞建设一个大型天然气库，使塞成为俄罗斯能源在西巴尔干地区的配送中心。2007 年 6 月，时任俄罗斯第一副总理兼俄罗斯天然气工业公司总裁的梅德韦杰夫和意大利国家液体燃料公司（ENI）总裁斯卡罗尼在罗马签署了关于共同出资铺设这一管道的协议，总投资为 10 亿欧元，管道设计年输送天然气 300 亿立方米。——参阅《经济日报》2009 年 1 月 24 日。

发展。文化互动更加促进了这种良性关系的深化，这是俄罗斯与保加利亚两国关系顺利发展的最大特点。

同样的特点在俄罗斯与斯洛文尼亚的关系中也体现出来。

在与中东欧诸多国家的关系中，俄罗斯与斯洛文尼亚之间的关系可以称得上是最稳定、发展最正常的一对。近十多年来，俄罗斯一直把斯洛文尼亚视为中欧地区最可靠的合作伙伴，十分关注斯洛文尼亚的发展，支持斯洛文尼亚加入北约和欧盟。用斯洛文尼亚驻俄罗斯大使季米特里·鲁贝尔（Димитрий Рупел）的话来说："斯俄关系只能用一个词来形容——好极了。"（Свободная трибуна www. Ni-journal. ru /archive/56157ba6 / dec149ae）"斯洛文尼亚与俄罗斯之间不存在悬而未决的问题。"（Коммерсанты 12. 09. 2003.）斯洛文尼亚外交部长甚至把两国关系开始发生变化的2001年称之为"俄罗斯与斯洛文尼亚两国的爱之年"（год любви между Россией и Словенией）。（Независимая 12.14.2001）

政治关系发生质的飞跃是最显著的特点。从普京上台后的2000年开始，两国之间的高层互动就十分频繁。2000年7月，俄罗斯国家杜马副主席率先访问了斯洛文尼亚。紧接着，2001年1月，时任俄罗斯国家杜马主席的谢列兹尼奥夫也对斯洛文尼亚进行了访问。此后斯洛文尼亚总理和时任俄罗斯总统普京连续两次会面，使两国关系出现了一个新的高潮。第一次是2001年2月，普京利用访问奥地利的机会，在一个叫圣安图安（Сент-Антуан）的小镇上，与斯洛文尼亚总理雅奈兹·德尔诺夫舍克[1]见了面。同年3月，斯洛文尼亚总理回访了俄罗斯。6月16日，普京和美国总统小布什把普京接任后与美国总统首次会晤的地点选在了斯洛文尼亚首都卢布尔雅那市郊的布尔多城堡，使卢布尔雅那一举成为世界关注的中心。7月，斯洛文尼亚外交部长鲁佩尔访问了俄罗斯。

2002年9月12日，是俄罗斯与斯洛文尼亚两国关系史中的重要时刻，斯洛文尼亚总理雅奈兹·德尔诺夫舍克对俄罗斯进行了正式访问。这是两国正式建立外交关系10年来斯洛文尼亚国家总理首次访问俄罗斯。访问期间两国签署了关于俄罗斯联邦和斯洛文尼亚共和国友好关系与合作的宣言；10天过后的9月22日，斯洛文尼亚首任总统米兰·库昌[2]正式访问了俄罗斯（www.vneshmarket.ru/content/document_

1 雅奈兹·德尔诺夫舍克（Janez Drnovek），2002年11月当选斯洛文尼亚总统。

2 米兰·库昌（Milan Kucan）1941年1月14日出生于斯洛文尼亚克里热夫齐村的一个信奉新教的教师家庭，1963年毕业于卢布尔雅那大学法律系。1991年6月斯洛文尼亚脱离前南斯拉夫联邦独立，成为主权国家，并实行总统制。1992年12月，斯洛文尼亚共和国举行独立后的首次总统选举，库昌作为独立候选人当选为总统，任期5年。1997年11月连选连任。2002年12月去职。——摘自《互动百科词条》。

r_2C460AA4）。从那时起，包括高层访问在内的各种政治互访更达到一个新的高度，为两国关系的长期发展奠定了基础，几乎所有问题都能够通过政治对话得到圆满有效的解决。仅在 2003 年，斯洛文尼亚总理就两次访问了俄罗斯。过后不久，斯洛文尼亚总统和外交部长也相继访问了俄罗斯。俄罗斯第一副总理库德林和外交部长伊万诺夫以及其他高官也相继对斯洛文尼亚进行了友好访问。在访问期间，伊万诺夫表示，俄罗斯与斯洛文尼亚之间的关系堪称样板，尤其是在巴尔干地区。（Демшар Франци 2003）

的确如此。

斯洛文尼亚是个非常年轻的国家，原来是南斯拉夫社会主义联邦共和国六个加盟共和国中的一个，经济发展优于其他五个加盟共和国。1991 年 6 月 25 日，斯洛文尼亚议会通过决议，宣布脱离南斯拉夫，成为独立的主权国家。1992 年 5 月，斯洛文尼亚加入联合国，同年与俄罗斯建立了外交关系。作为一个人口只有 200 万的年轻国家，斯洛文尼亚近二十年来一直实行平衡的外交政策，坚持睦邻友好。除了致力于全面融入欧盟体系，积极发展同德国、法国等欧盟大国和美国、中国的关系，注重发展与其他原南斯拉夫国家关系，积极参与协调西巴尔干事务及国际热点问题的解决以外，对于发展与俄罗斯的友好关系更加重视，把俄罗斯视为最重要的伙伴之一。

斯洛文尼亚与俄罗斯亲近，其中的原因，除了在语言和文化上同属斯拉夫一脉的文化因素以外，两国人民在过去的几十年中还形成了相近的思想和精神模式，不仅如此，共同的生产和交通以及动力基础设施也起到重要的作用。斯洛文尼亚国旗上白蓝红三种颜色与俄罗斯的国旗颜色一模一样，只是上下排列顺序不同。除此以外，在近代两国之间的相互关系史中，几乎没有发生过什么像俄罗斯与其他国家那样的刺激性事件。由于斯洛文尼亚的外交决策基本上没有受到加入北约、欧盟等其他外来因素的影响，长期以来俄罗斯一直把斯视为独立自主的国家，因此对于其回归欧洲的诉求也持理解和支持的态度。在国际事务中，斯洛文尼亚虽然国土面积不大，但在巴尔干地区以及科索沃、达尔富尔地区等一系列热点问题上，始终与俄罗斯保持相同立场，这使俄罗斯在解决这些问题时说话的底气更足。

2004 年 5 月 1 日，斯洛文尼亚成为欧盟正式成员国，在前南斯拉夫五个斯拉夫民族的国家中先行了一步。

2006 年，斯洛文尼亚大选，左派获胜执掌政权后，采取了对俄罗斯更加友好的外交政策，把与俄罗斯的关系提升到优先的地位，认为积极发展与俄罗斯的关系决定着欧盟的未来，是欧洲安全和成功的重要因素。以这样的思想为主导，斯洛文尼亚的外交政策本着现实主义和互相考虑各自利益的精神，与俄罗斯在各个领域的合作都十分顺利。政治合作不仅在议会、国防部、司法部、文化教育科学部等执行部门，而且还扩展到地区的层面，双边互动逐年增多，连续不断，在俄罗斯与其他国家的关系中十分罕见。

在推动两国关系健康发展的过程中，文化外交发挥了重要的作用。

2002 年 9 月 12 日，斯洛文尼亚总理和俄罗斯总理在莫斯科签署《斯洛文尼亚与俄罗斯友好关系与合作宣言》（Декларация о дружеских отношениях и сотрудничестве между Словенией и Россией）后，两国之间的议会以及民间往来更加活跃。在友好宣言的框架之下，两国之间的文化交流长期不断，最大的特点就是形式多种多样化。2004 年，根据两国总统的倡议，还成立了“斯拉夫文化论坛”，总部设在斯洛文尼亚首都卢布尔雅那，对拉近俄罗斯与中东欧国家之间的关系发挥了重要的桥梁作用。2005 年斯洛文尼亚在俄罗斯的叶卡捷琳堡举办了斯洛文尼亚文化日活动，俄罗斯于 2006 年也在斯洛文尼亚的新戈里察（Нова - Горица）举办了俄罗斯文化日活动，在首都卢布尔雅那举办了“莫斯科电影周”活动。

2010 年上半年，斯洛文尼亚参加以及在俄罗斯举办的各种活动就有：5 月 2 ~ 9 日，总统达尼洛 · 图尔克[1]参加反法西斯战争胜利 65 周年庆祝活动；5 月 11 日，高等教育与科技部长参加了在莫斯科举行的第 42 届地区合作委员会会议；6 月 17 日，总理鲍鲁特 · 巴霍尔参加了在圣彼得堡举行的第 14 次经济论坛，并与俄罗斯总统举行了双边框架内的会谈。

根据最近的调查表明，俄语在中东欧许多国家重新受到青睐，现在已经成为仅次于英语和德语的第三大外语。（任鹏 2008）

如上所述，从普京接任总统的 2000 年开始，俄罗斯在经过十多年转型之痛后，已经进行了颇为深刻的反思，总结失败的经验教训，尤其在与中东欧以及独联体国家之间的关系方面，从文化上寻找原因，把俄罗斯与中东欧以及独联体国家的关系放在全球化的背景下进行分析研究，特别是对当代俄罗斯学说的探讨和定位，提出了不少新的见解，为俄罗斯文化的发展开拓了新的空间。

---

1 达尼洛 · 图尔克（Danilo Turk）——1952 年 2 月出生，1975 年毕业于斯洛文尼亚卢布尔雅那大学法学院，1992 年至 2000 年，担任斯洛文尼亚常驻联合国代表，2000 年至 2005 年担任负责政治事务的联合国助理秘书长，2007 年 11 月，当选为斯洛文尼亚总统。——摘自《百度百科》。

五、结语

俄罗斯和中东欧国家都有改善相互之间关系的良好愿望，金融危机的爆发拉近了这些国家间的距离。俄罗斯以及包括欧盟在内的国家都积极调整自己的政策，以维护自身利益为重心，转对抗为对话与合作，使建立平等互利的国际关系成为可能。

随着新一代（冷战结束后的第二三代）领导人的上任，这些国家体现出思想更开放、战略更灵活、政策更务实等鲜明的特点，使当代国际政治充满新意与活力。中东欧国家普遍把加入北约和欧盟作为主要目标，效法西方的发展模式，在教育和文化领域全盘西化。然而十几年过去了，效果并不明显，虽然回归欧洲的目标得以实现，但西方模式在中东欧地区没有取得预想的效果。随着新一代国家领导人相继上任，许多国家开始反思历史，主动改善与俄罗斯的关系，出现了重新正视俄罗斯文化的趋势，多元文化并存成为现实。俄罗斯放下大国身段，承认历史错误，解除了其他国家的戒心，开拓了自己的外交空间。尤其是充分利用能源和经济优势拉近关系，掌握主动，使地缘经济出现了以俄罗斯为中心的格局，文化影响力正在逐步恢复。俄罗斯实施的一套日趋完整的文化外交战略，改变了国家的形象。俄罗斯在重新为国家定位的同时，在对外关系尤其对原中东欧社会主义国家关系方面，以能源、经贸为武器，辅以强大的文化攻势，拉近了与中东欧国家之间的关系，改善了地缘政治、文化环境，为俄罗斯民族的重新崛起创造了较为有利的条件。

以斯拉夫同源文化为工具，俄罗斯充分发挥自身传统文化的巨大影响力，逐步收复曾经有过的影响范围。把东正教作为俄罗斯的国教，在国内加强宗教文化普及教育，把东正教文化作为俄罗斯的国家思想，吸收教会积极参与社会生活和国家意识形态的重建。通过理顺东正教与拜占庭、古罗马之间文化传承关系的脉络，普京拉近了俄罗斯文化与西方文明之间的关系，解决了国家定位的问题。通过明确俄罗斯的欧洲文化属性，解决了“我们从哪里来”的问题。在提出回归欧洲战略的同时，也解决了“到哪里去”的问题。在国际上，利用东正教会恢复和扩展俄罗斯文化的影响力，起到对外连接东正教文化国家，争夺主导世界宗教话语权，并逐步起到与西方基督教文化抗衡的作用。经过近十年的发展，普京的文化战略已经进入成熟期。2011 年 1 月 18 日，俄罗斯第一所由东正教会创办的教会高校——俄罗斯东正教大学在莫斯科成立，莫斯科和全俄罗斯新任大牧首基里尔亲自进行注册登记，这标志着俄罗斯东正教正式进入高等教育系统，东正教会的地位和作用进一步提升；同时也表明东正教正在成为俄罗斯发挥软实力作用的重要工具。一场新的（政治、经济）文化博弈在后苏联空间展开，以俄罗斯文化为首的斯拉夫文明和以欧洲其他国家（包括美国）为另外一方的基督教文明，虽然同源，但竞争在所难免。两者能否和谐相处，值得关注。

文化的重建是一个长期的过程。俄罗斯想要实现自己以东正教文化为核心内容的文化战略，恢复俄罗斯在斯拉夫文化区域曾经有过的影响力，必须面对的挑战仍然严峻。普京顺利当选总统后，必将继续加大文化战略的力度，文化外交是其重点之一。

参考文献

[1] 俄罗斯联邦对外政策构想.（2000年6月28日俄罗斯联邦总统弗·弗·普京签署）// 伊·伊万诺夫：俄罗斯新外交——对外政策十年 [M]. 北京：当代世界出版社，2002.

[2] 俄罗斯联邦对外政策构想.（2008年7月12日俄罗斯联邦总统德·阿·梅德韦杰夫签署）// 左凤荣：重振俄罗斯——普京的对外战略与外交政策 [M]. 北京：商务印书馆，2008.

[3] 林精华. 后苏联俄国重建国家的文化行为 [J]. 俄罗斯学刊，2011（5）.

[4] 普京. 普京文集（2002—2008）[C]. 北京：中国社科文献出版社，2008.

[5] 任鹏. 俄语重获中东欧国家青睐 [N]. 光明日报，2008-06-19（12）.

[6] 外交与国防政策委员会. 未来十年俄罗斯的周围世界——梅普组合的全球战略 [M]. 万成才，译. 北京：新华出版社，2008.

[7] 许华. 当今俄罗斯的国家形象问题 [J]. 俄罗斯中亚东欧研究，2008（2）.

[8] 伊万诺夫. 俄罗斯新外交——对外政策十年 [M]. 北京：当代世界出版社，2002.

[9] 赵汉臣. 普京要大力复兴俄语 [N]. 世界新闻报，2007-10-24. 中文网址：news.cri.cn/gb/12764/2007/10/...

[10] 左凤荣. 重振俄罗斯——普京的对外战略与外交政策 [M]. 北京：商务印书馆，2008.

[11] RUSNEWS. CN/eguoxinwen /eluosi_duiwai /2009-02-06.

[12] Коммерсанты[N]. 2003-09-12.

[13] КОНЦЕПЦИЯ ВНЕШНЕЙ ПОЛИТИКИ РОССИЙСКОЙ ФЕДЕРАЦИИ, Утверждена Президентом Российской Федерации Д. А. Медведевым 12 июля 2008 г. http://www.mid.ru/

[14] Независимая Газета[N]. 2001-12-14.

[15] Основные направления политики Российской Федерации в сфере международного культурно-гуманитарного сотрудничества (Утверждено Президентом Российской Федерации Д. А. Медведевым 18 декабря 2010 года). http://www.mid.ru/

[16] Демшар Франци, Словения и Россия: перспективы сотрудничества. Свабодная трибуна[J]. 2003 (6).

（本文原载于《社会科学》2012年第4期）

毕洪业

男，1969年出生，博士，研究员，
博士生导师。

2012年9月起在上海外国语大学从事科研与教学工作。主要从事国际关系与俄罗斯外交战略研究，共出版学术专著3部，公开发表相关学术论文近100篇，主持或参与国家社科基金重大项目及一般项目和教育部文科基地重大项目等近10项。

俄罗斯地缘政治思想的演变及影响

毕洪业

摘　要： 地理空间对俄罗斯民族和国家而言一直有着特殊的意义。自立国以来，不断进行领土扩张就成为俄罗斯国家历史的一部分。纵观历史，俄罗斯地缘政治态势变动的频度和幅度在世界大国中可以说是最为激烈的。正是横跨欧亚的独特地理位置和不断变化的地缘政治现实，促进了俄罗斯地缘政治思想的形成和发展，并对俄罗斯国家的对外政策和发展走向形成影响。冷战结束后，从普里马科夫的多极化构想到普京的欧亚战略，伴随着对国家利益的讨论和认识，俄罗斯对外政策的调整还是回归到了欧亚大陆本身。普京的“大欧亚伙伴关系”计划与中国的“一带一路”倡议有很多契合点，拓展了两国合作空间，但全面欧亚伙伴关系的设想还需要深入研究和系统评估。

关键词： 俄罗斯；欧亚大陆；地缘政治思想；欧亚联盟；大欧亚伙伴关系

一、引言

地缘政治（Geopolitics）是一个既古老而又崭新的话题，因为无论是古代还是现代，在处理国家间关系时都要考虑到地理空间因素的影响。纵观俄罗斯摆脱蒙古统治以来500多年的历史，从向西与欧洲列强争夺暖洋出海口、向南蚕食中亚地区，到向东攫取西伯利亚和远东，其地缘政治态势发生了巨大变化。一直到十月革命后苏俄的战略收缩和苏联的势力范围扩张，再到苏联解体所带来的地缘政治急剧变动，俄罗斯国家地缘政治态势变化的频率和幅度在世界大国中都是最为激烈的。正是这种地处欧亚大陆中心地带的独特地理位置和不断变化的地缘政治现实，催生了俄罗斯地缘政治思想的形成和不断演进。冷战结束后，从普里马科夫的多极化构想到普京的欧亚战略，伴随着对国家利益的讨论和认识，俄罗斯对外政策的调整还是回归到了欧亚大陆本身。

二、俄罗斯地缘政治思想的形成与初步发展

随着技术进步、经济发展，指导国家间交往的地缘政治理论也不断发展，但地缘政治理论无论如何发展、演变，最终都要建立在其永恒不变的逻辑支点——地理空间上。这一点在俄罗斯的地缘政治思想发展和演变中显得尤为突出。地理空间对俄罗斯民族和国家而言一直有着特殊的决定意义。横跨欧亚的独特地理位置和广袤空间，一方面赋予了俄罗斯民族某种特殊的优越心理和巨大的回旋空间，但另一方面也时常对其造成“困扰”。在论证地理环境与俄罗斯对外扩张的关系时，有美国学者指出，“没有自然屏障是俄罗斯周围环境的基本条件”，这种基本条件“不仅激发了一种远达天涯海角的冒险精神，而且形成了俄国社会的基本特征”（亨利·赫坦巴哈 1978：4）。对此，俄罗斯著名思想家普列汉诺夫（Г.В. Плеханов）说道：“俄国的历史是一个在自然经济条件下进行开拓的国家历史。”（普列汉诺夫 1988：106）

在俄罗斯，就地理空间对国家发展影响的理论探索已有近两个世纪的历史。早在19世纪30～40年代，有关“俄国与西方”问题，就形成了西方派和斯拉夫派之间的激烈辩论。一定意义上，两者都是从地理空间或地缘政治角度探寻俄罗斯国家的未来，都强调俄罗斯有不同于西方的历史特质，但斯拉夫派肯定俄国的历史经验，强调从本民族的历史中寻找发展动力，反对走西方的道路；西方派则对本国的历史遗产持否定态度，强调西方文明优于斯拉夫文明，只有走西方的道路俄国才有前途。无论是

斯拉夫派还是西方派，都不满足于俄国落后的现状，都在积极寻求使国家强大的发展道路，实际上都是俄罗斯民族的自我意识觉醒。斯拉夫派与西方派都在试图拯救自己的祖国，两者有“同样的爱，只是方式不一样……我们像伊阿诺斯或双头鹰，朝着不同的方向，但跳动的心脏却是一个”（赫尔岑 1993：131）。相对而言，西方派过于激进和片面，具有历史虚无主义倾向，而斯拉夫派虽有进步意义，但也明显表现出保守的一面。

随着俄罗斯地缘扩张遇到挫折，亦即在克里米亚战争中失败，斯拉夫主义最终被泛斯拉夫主义所取代。“斯拉夫派和西方派的争端不是由于一方对另一方的说服，而是由于迅速发展和扩张的西方社会的不可抵抗的压力，才得到解决。这种压力通过俄国和一些西方强国（其中最重要的是英国和法国）之间的克里米亚战争而得到戏剧性的说明。”（斯塔夫里阿诺斯 1992：382）1869 年，达尼列夫斯基（Н.Я. Данилевский）在《俄罗斯与欧洲》（Россия и Европа）一书中提出“文化－历史类型”理论，担负起整合泛斯拉夫主义为统一整体的任务。达尼列夫斯基主张建立一个强大的、由俄国领导的“全斯拉夫联盟”的斯拉夫帝国，共包括四个斯拉夫国家和地区在内的八个部分，基本覆盖了整个东部欧洲。（Данилевский 2003：383-418）在达尼列夫斯基看来，由于文化类型的差异，欧洲对俄国充满敌意，但随着欧洲影响的下降，新世界将由斯拉夫联盟来领导，一定程度上美国也将参与领导。（托克维尔 1988：480–481）泛斯拉夫主义主张俄国应推行积极的地缘扩张政策，他们并不惧怕因此而导致与欧洲的紧张关系。俄国政府也意识到可资利用，希望借此推动建立斯拉夫联邦，最终实现对巴尔干的控制。于是，沙皇政府协助塞尔维亚获得独立地位，还插手东南欧国家针对土耳其的巴尔干战争。

到 19 世纪末 20 世纪初，一些俄国学者，包括索罗涅维奇（И.Л. Солоневич）、别尔嘉耶夫（Н.А. Бердяев）、索洛维约夫（В.С. Соловьев）、契切林（Н.Б. Чичерин）等人，开始明确把俄罗斯民族、历史的发展同自然地理因素联系起来，并进行了初步的理论总结。在索罗涅维奇看来，俄罗斯与美英在对个人自由的认识上之所以存在着较大差别，其直接原因就在于不同的地理因素：美英以大洋与海峡同大陆隔绝，而“俄国的历史就是一部克服俄罗斯地理的历史”（Солоневич 1991：48，69）。作为俄罗斯“国家学派”的重要代表人物，索洛维约夫和契切林通过研究气候、土壤等外部环境在社会生活和历史进程中的作用，强调中央集权对于拥有广大地理空间和多民族的俄罗斯国家发展具有重要意义，欧亚之间的独特地理位置和环境决定了俄罗斯发展道路的独特性，也促使它被迫与周边的草原游牧民族进行长期的较量。（Китаев 1995：26）在著名思想家别尔嘉耶夫看来，广袤的空间在俄罗斯的命运中有着决定性意义，跨欧亚的独特地理位置不仅决定着俄罗斯民族的特殊历史使命，其在世界上的地位也将因此而得到极大提高；同时，巨大而广袤的空间对俄罗斯民族发展来说也是一种不幸，因为它成为导致俄罗斯民族性格与文化上的矛盾和分裂的主要因素。“斯拉夫种族正在替代那些曾经发生过作用、而今已在衰落的种族；它是未来的种族。……俄罗斯不能像东方那样限制自己，站在西方的对立面。俄罗斯应当意识到自己也是西方，是东西方的综合，是两个世界的联结点，而非分界线。”（别尔嘉耶夫 1999：20）从外在的、实证科学的观点来看，辽阔的俄罗斯空间便是俄罗斯历史的地理动因。但从更深刻的、内在的观点来看，这些空间本身就是俄罗斯命运的内在的、精神的事实。这是俄罗斯灵魂的地理学。“俄罗斯土地的广袤无垠、辽阔广大与俄罗斯的精神是相适应的，自然的地理与精神的地理是相适应的。”（别尔嘉耶夫 1996：2）但历史发展表明，对俄罗斯民族和国家而言，正是横跨欧亚的广阔地理空间在为其提供了丰富资源和无限可能的同时，也成为其永恒的困扰和沉重的负担。

第一次世界大战爆发后，战争的杀戮使人们开始质疑西方文化的优越地位，出现了像斯宾格勒（Oswald Spengler）《西方的没落》（*The Decline of the West*）这类关于西方文明出现危机的著作和反西方主义情绪。而与此相对应，在俄国却展开了一场源自西方的社会主义思想的实践。在这种历史背景下，具有俄罗斯特点的欧亚主义思想在20世纪20年代流亡欧洲的俄罗斯侨民中开始形成和传播，并形成了欧亚学派。按照著名欧亚主义者萨维茨基（П.Н. Савицкий）的理解，欧亚主义的出现是俄罗斯民族意识对俄国革命一种富有创造性的回应。1921年，由萨维茨基、苏符钦斯基（П.П. Сувчинский）、特鲁别茨科伊（Н.С. Трубецкой）、弗拉洛夫斯基（Г.В. Флоровский）四人合著的论文集《走向东方：预言与现实——欧亚主义者的主张》（Исход к востоку. Предчувствия и свершения. Утверждение евразийцев）在索非亚正式出版，这标志着欧亚主义的诞生。欧亚主义者在20世纪20～30年代出版了很多著作，还创办杂志和报纸，积极宣传欧亚思想。在欧洲的俄罗斯侨民，尤其是知识分子中间，欧亚主义有着极大的影响，是其他思潮所无法企及的。

以俄罗斯横跨欧亚大陆这一独特的地理空间为背景，欧亚主义者主张俄罗斯是一个欧亚国家和一种特殊的欧亚现象，是兼具东—西方特性的、独特的欧亚文明。欧亚主义具有强烈的地缘政治倾向，在当时所有的欧亚主义者中，萨维茨基最为热衷于地缘政治学，“可以被称作第一个完全意义上的俄罗斯地缘政治学家”（Дугин 1999：82）。萨维茨基的地缘政治思想主要包括以下几个方面：

首先，萨维茨基把俄罗斯视为一个独特的文明综合体。萨维茨基在《欧亚主义的地理和地缘政治基础》（Географические и геополитические основы евразийства）一文中指出，俄罗斯应该被称为“中心国家”，因为俄罗斯的“中间性”与其自身的历史发展相一致，其既不能被归入欧洲，也不能被归入亚洲，它是独立的世界。俄罗斯的这种独特历史精神和地理现实被萨维茨基称为“欧亚洲”。（Савицкий 2003：76）麦金德（Halford John Mackinder）强调从“心脏地带”产生动力推动边缘的“内新月地带”创造了文化和历史，而萨维茨基则直接指出欧亚俄罗斯就是心脏地带，就是对时空全面展开的世界文化和历史的一种“综合”。

其次，萨维茨基提出了“发展地”（Месторазвитие）的概念。萨维茨基在《欧亚俄罗斯的地理观察》（Географический обзор россии-евразии）中强调，对俄罗斯来说，社会政治环境及其所处的空间应融合成地理单位或地理景观的统一整体，欧亚俄罗斯是一个“发展地”“完整统一体”“地理单位”，也是包含有地理、历史、民族及经济等内容的自然景观。（Савицкий 1997：78）萨维茨基提出的“发展地”这一术语与拉采尔（F. Ratzel）和契伦（Rudolf Kjellen）的“生存空间”概念极为相似，契合于德国的有机组织学派，而与盎格鲁—撒克逊的实用主义完全相反。

第三，萨维茨基系统阐述了俄罗斯对金帐汗国乃至蒙古帝国的继承问题。萨维茨基认为，正是鞑靼统治时期造就了俄罗斯，俄罗斯同时存在着“定居”和“草原”两种历史要素；在整个世界历史上，对西欧来说，海洋具有重要意义，而陆地对于蒙古具有重要意义，它是俄罗斯人的灵魂。俄罗斯的自然景观呈现出明显的两重性，而萨维茨基的欧亚地缘政治思想正是对俄罗斯欧洲部分的广袤森林和亚洲部分的宽阔草原进行整体性和独特性的一种“综合”。萨维茨基的这一观点是与麦金德、马汉（Alfred Thayer Mahan）、斯拜克曼（Nicholas J. Spykman）理论中占主导地位的实用主义、商业主义立场相对立的。这种对立，其实质就是海洋和陆地的历史对立，反映了不同的地缘政治观，即海洋的自由民主、贸易体系、实用主义和陆地的思想专制、等级管理、宗教思想占优势的对立。萨维茨基的观念对后来俄苏地缘政治思想的发展产生了极为深远的影响。巨大空间的客观形势必然迫使苏联按惯性成为一个具有强烈地缘政治意识的欧亚大陆国家，其在地缘政治实践中的许多方面同萨维茨基的观念是相通的。

欧亚派在20世纪20年代末就已开始出现分化，主要原因在于学术观点和政治倾向上的分歧。尽管如此，欧亚主义在欧洲的俄国侨民中仍有很大影响，而且还被传入苏联境内。在很长时期内，欧亚主义都被苏联当局视为异端学说而加以限制，但其仍然顽强地延续着。在这种困难时期，古米廖夫（Л.Н. Гумилёв，1912-1992）对欧亚主义的传承发挥了非常重要的作用，是古典欧亚主义的最后代表人物。在古米廖夫看来，把地理、历史同自然科学相结合展开综合性的考察和研究，这是欧亚主义的优势所在。这种研究告诉人们，人类是由各种不同的景观共同组成的“混合体”，并不是以欧洲为唯一中心的统一体。古米廖夫反对欧洲中心论和美国主导的单极世界霸权，强调“只有作为欧亚强国，俄罗斯才有重新崛起的可能，而且唯有依赖于欧亚主义才能完成”（Гумилёв 1992：5）。

三、苏联时期的地缘政治思想

在第二次世界大战前的苏联，地缘政治学说已经以“政治地理学”的名目成为军事院校以及国际关系专业院校的特定教学内容，并逐渐成为对外政策的哲学思想来源之一。学者们从不同角度探讨了地缘政治学科的本质和内涵，形成了自己的独特见解。苏联学者斯皮琴科（К.И. Спидченко）提出：“政治地理学是一门社会学科，它研究各国现代政治发展的特殊性，而这种特殊性又与各国的社会经济制度有着不可分割的联系。”（斯皮琴科 1984：691）相对于斯皮琴科，维特科夫斯基（О.В. Витковский）则更多地着眼于从地理学视角来研究国际政治。他认为政治地理学属于社会地理学的一部分，其研究对象是“揭示和阐明社会的地域－政治组织及地域分布特征，说明在国际舞台上，在各个国家和局部地区中政治力量相互关系上的区别，描述这种相互关系改变的规律和趋势，以及分析政治斗争的内容和后果中的地域特征”（Витковский 1980：56）。维特科夫斯基不赞同《苏联大百科全书》（Большая советская энциклопедия）中关于政治地理学属于经济地理学分支的解释。

由于处在资本主义国家包围之中，刚刚取得革命胜利的苏俄和苏联一度被迫收缩地缘战略空间。为确保苏维埃政权的生存，列宁坚决签署了《布列斯特和约》和《里加条约》，放弃了西部的大片领土，明确提出了“空间换时间”战略。20世纪40年代初，随着战争的日益迫近，斯大林推行所谓“东方战线”的地缘扩张政策，占领了欧洲东部一些国家的领土。由于德国地缘政治学（特别是“生存空间”理论）为纳粹发动对外战争所利用，所以，战后很长一段时间，苏联领导层和知识界一直把地缘政治学看成是指导帝国主义对外侵略扩张的反动科学。1971年版的《苏联大百科全书》就认为地缘政治学利用非正常地解释经济和自然地理数据来论证和宣传帝国主义国家的侵略政策，是资产阶级的反动学说。一些学者在自己的著作中也认为地缘政治是对政治、经济、自然地理等客观要素的歪曲解释，是帝国主义对外侵略政策的理论依据。（Сорокин 1996：12）

第二次世界大战结束后不久，美苏就从战时的盟友转变为对手，进而形成了长期的两极对峙格局。冷战期间，美苏在对世界主导权的争夺中，远洋海军和核威慑力量的发展成为重中之重。由于核武器使用的局限，大力发展远洋海军更具现实意义。虽有漫长的海岸线，但由于被大陆和冰冻的北冰洋所分割，苏联的海域分布在周边各处，太平洋、黑海、里海、波罗的海、北冰洋各自独立。这种状态既便于苏联从欧亚大陆心脏部分直接向各处海域扩张，也要求苏联必须同时拥有多支海上力量，从而大大刺激了苏联海军的发展。为配合同美国进行全球争霸的需要，苏联特别重视对海洋地理的研究，把“制海权”作为实现全球霸权的基础。在这一领域最有影响的人物当属海军元帅戈尔什科夫（С.Г. Горшков）。戈尔什科夫的海洋战略思想集中体现在他的《战争年代与和平时期的海军》（Роль флотов в войне и мире）和《国家的海上力量》（Морская мощь государства）这两部著作中。在这些著作中，戈尔什科夫强调，自然地理环境不仅是人类发展所必不可少的条件之一，它还对一个国家武装力量发展的特点和方向有着重要的影响。他说：“无疑，我们国家过去和现在都是世界上最大的大陆国家，但同时，它从来是，现在仍然是一个伟大的海洋国家。”（戈尔什科夫 1974：19）在戈尔什科夫看来，俄国在历史上没有成为强国的原因，就在于缺少一支强大的海军，没有重视发展强大海军的结果就是克里米亚战争和日俄战争的失败。他认为，到 20 世纪 70 年代，美苏两国的争夺已进入“现实威慑”阶段。这一阶段的实质，就是要把主要战略进攻力量转移到海洋上去，必须把夺取制海权置于战略的首要地位。虽然戈尔什科夫和马汉一样都强调对海洋的控制在地缘战略中的主导地位，但二者的理论还是有很大不同。马汉始终坚持海权在国家发展中的绝对地位，而戈尔什科夫在主张加强海军的同时要求海陆并重，而且强调武装力量的结构要因时而异。马汉主张海上力量要在决定性的地点保持优势，而戈尔什科夫在承认力量集中的必要性同时，针对苏联当时的地理条件，提出苏联不得不在被分割开的各海域都保持一支舰队。另外，戈尔什科夫还反对马汉依赖以往战争经验确定未来战略的思维定式，提出必须预见科技发展趋势和运用海军力量的可能条件。（冯绍雷等 1994：101）戈尔什科夫与马汉在基本观点和海军发展战略上的区别，是同美、苏两国所处的不同地理政治条件密切相关的。不可否认，戈尔什科夫的海洋战略思想迄今在俄罗斯的军事安全战略中仍有较大的影响。

在冷战对抗中，苏联的地缘战略目标是把美国势力逐出欧亚大陆，在实现对欧亚大陆掌控的基础上与美国进行全球争夺。由此，苏联组建了华沙条约组织并大力发展核能力和海军，以提高远洋作战能力，扩展自己在全球的军事存在和影响。这样，俄罗斯重又跨出欧亚大陆中心地带，在大陆边缘及非洲、拉丁美洲立足，成为不可一世的超级大国。空间因素无疑仍是苏联构建世界霸权的主要资本。曾经，纵深辽阔的东欧大平原使横扫欧洲大陆的拿破仑和希特勒最终难逃失败命运。但就地理因素对国家战略而言，其作用是随着社会经济的变化而不断改变的。“可以说，苏联之伟大在于其辽阔无比的疆域，但苏联的悲哀也正在于这难以整合维系的广大空间。”（冯绍雷 2000：173）在很大程度上，恰恰是苏联的全球争霸战略为其在 20 世纪末的崩溃埋下了祸根。正如一位西方学者所言：“帝国在政治上生来就是不稳定的，因为下属单位几乎总是喜欢享有更大程度的自治。……从这个意义上说，帝国不会被攻克，而只会分崩离析。这种分崩离析通常是非常缓慢的，但有时也会非常迅速。”（转引自布热津斯基 1998：13）在某种意义上，苏联解体也是一次“空间换时间”战略的尝试，但这种尝试完全是不自觉的和被迫的，其产生的巨大震动和痛楚至今仍停留在部分俄罗斯人的心中。

四、后冷战时期俄罗斯的地缘政治构想

随着冷战的终结，欧亚大陆的地缘政治格局发生了根本性的变化。而俄罗斯外交和政治精英的一个基本判断是：“20 世纪 90 年代的历史进程表明，旧的地缘政治思想还没有成为过去。当然，20 世纪末世界电讯事业、新交通工具、信息技术、全球经济和金融制度的发展，在很大程度上降低了地缘政治因素的意义。然而，在国家继续存在的条件下，这一因素无疑将继续发挥作用，包括作为确定各国在世界政治舞台上地位的参数。”（俄罗斯外交与国防政策委员会 2003：33–34）伴随着北约和欧盟的双东扩，欧洲整合的步伐明显加快，而与此同时，地处欧亚大陆东端的古老中国快速崛起并显示出了对世界的巨大影响力。伴随苏联解体的是，原有的统一地缘政治空间的不复存在，周边安全问题愈加突出，这对俄罗斯的国家安全造成了严重威胁。“遍布于欧亚大陆心脏地带辖区的大陆性，既是自然条件也是心理状态。俄罗斯与苏联历史上一直被封在里面。甚至当技术已改变了以前的现实（如苏联对外层空间的征服，核武器及常规武器的进步，以及能源财富）之后，早期的性情仍保持不变。苏联的解体和北大西洋公约组织扩张的威胁加强了俄罗斯对被外部世界封在里面的意识。”（科恩 2011：45）面对挑战，俄罗斯原有的地缘政治思想在新的条件下重新找到了自己施展的舞台，促进了地缘政治理论的发展，并影响到了俄罗斯国家地缘外交取向的选择。

（一）欧洲－大西洋主义及其现实困境

欧洲－大西洋主义，即亲西方主义，在戈尔巴乔夫外交“新思维”的背景下，这股早在19世纪早期就已出现的西化思潮在新的条件下重新兴起，并很快在思想领域取得优势。这一思想通过科济列夫（A.B. Козырев）和盖达尔（E.T. Гайдар）等早期改革派和右翼联盟或亚博卢集团等一些政治势力和理论家所进行的政治宣传和学术活动，得到积极的维护和推动。欧洲－大西洋主义强调，冷战的终结宣告了西方文明和体制的最终胜利，作为欧洲国家的俄罗斯唯有选择加入西方阵营，全面融入西方政治、经济及社会之中，才能最终解决国家所面临的一系列问题和挑战。第一，俄罗斯对内必须通过全面转轨加快构建公民社会，对外以融入西方社会为目标，而不是稳定或联合反自由的地区；第二，俄罗斯的发展战略应当以适应全球和地区发展出现的新趋势为重点，而不应以与独联体国家稳定和融合为重心；第三，就算俄罗斯有必要发展同邻国的关系，也主要是与中国及中亚国家发展关系。也就是说，如果不能融入欧洲，俄罗斯就有被边缘化的危险，而俄罗斯无论如何也不应再退回欧亚大陆。（Trenin 2001：319）亲西方思想得到右翼党派和部分私营企业主的支持，一些知名政治人物，包括叶利钦、外长科济列夫、代总理盖达尔及国务秘书布尔布利斯（Г.Э. Бурбулис）等，曾视其为唯一正确的理论并在实践中推行。正如政治学家米格拉尼扬（A.M. Мигранян）所说：“俄罗斯还没有找到自己在国际社会中的位置……如果说此前我们确信我们的利益到处都与西方利益冲突的话，那么现在，相反，确信它们处处一致。俄罗斯外交部在声明放弃意识形态的时候，所实行的却是在文明的对外政策口号下的积极的意识形态政策。”（米格拉尼扬 2002：309）

俄罗斯在转轨初期（1991～1993年）所执行的地缘外交政策，与其整个改革的指导思想是一致的。由此，在“一边倒”外交的指导下，俄罗斯很快形成了全球收缩的地缘战略，苏联时期的亚非传统盟友被忽略或抛弃，对与自己利益密切相关的独联体地区的冲突也一度采取放任态度。尽管后来对独联体地位和作用的认识有所修正，但总体来看，这一时期俄罗斯过于理想化的外交是失败的。事实是，西方取向外交不仅没有换来大规模经济援助，融入欧洲的目标更化为泡影，更别说同美国的平等伙伴关系了。更严重的是，北约东扩及独联体内部冲突导致俄安全环境急剧恶化。这种外交政策很大程度上反映了早期自由主义思想，而完全忽视了国家利益差别，最终陷入了困境。很快，亲西方外交招致朝野一致谴责，90年代中后期以日里诺夫斯基（B.B. Жириновский）为代表的极端民族主义思想和各种欧亚地缘政治构想的兴起正是对亲西方外交的反思和回应。

（二）欧亚地缘政治思潮的兴起

转型以来，俄罗斯所面临的国际困境推动了欧亚主义的重新兴起。在有关如何摆脱困境和国家走向等重大问题的争论中，欧亚主义政治思潮因其浓厚的地缘政治色彩和文明包容性而得到认可。按照季塔连科（М. Титаренко）的说法，“俄罗斯的知识分子正在努力寻找一种新的观念，并且形成了研究的流派，成为许多重要政治组织的指导性观念，这种观念就是欧亚主义”（冯绍雷 1997：173）。新欧亚主义对古典欧亚主义的地缘政治思想具有继承性，强调借助语言、民族、文化和经济及安全上的相互依赖等有利条件，在后苏联空间实现建立以俄罗斯为核心的“欧亚联邦”的目标。从自身独特的文明和地理位置出发，俄罗斯很快出现了多种具有欧亚倾向的地缘政治经济主张，回应了在地缘政治领域所面临的挑战。

受到萨维茨基和古米廖夫观点的影响，久加诺夫（Г.А. Зюганов）、纳尔托夫（Н.А. Нартов）从俄罗斯文明的独特性出发，强调在原苏联地理范围内恢复昔日的文明帝国。（Зюганов 1997；Нартов 1999）这种思想强调俄罗斯文明的独立性，认为其所面临的威胁主要来自西方文明和美国的全球霸权，而保持和发展自己独特性的唯一途径就是远离西方世界的影响，因为，“在西方主导下的全球世界体系、也即帝国主义格局中，强大、统一和独特的俄罗斯难以找到自己相应的位置”（Зюганов 2001：26）。同时，作为文明帝国的俄罗斯，其疆域仅限于地缘政治独立和经济自足的后苏联空间，俄罗斯以其独特地位有着整合这一地缘空间的特殊使命。这种主张与俄共的政治家及其支持者有着密切联系，也为部分民族主义者所接受，一定程度上推动了俄罗斯在20世纪90年代中期的对外政策调整。

面对欧亚大陆所面临的一系列安全挑战，加兹耶夫（К.С. Гаджиев）和索罗金（К.Э. Сорокин）重点关注于欧亚大陆内部稳定机制的构建。在他们看来，俄罗斯作为多极世界中的一极，首先要做的不是恢复传统帝国，而是要稳定欧亚大陆；俄罗斯只有拥有强大的实力才能更好地在欧亚大陆发挥稳定作用；尽管北约东扩给俄罗斯造成了地缘战略压力，但俄罗斯没有必要反对西方，而应在欧亚大陆奉行传统的权力制衡政策，以缓解战略压力——可以大力发展与中国的经济合作，保持同印度的特殊关系，甚至可以把日本、朝鲜及韩国纳入某种特定目的的集体安全体系。（Гаджиев 1997：67）相对于前者，科洛索夫（В.А. Колосов）、米罗涅科（Н.С. Мироненко）和罗戈夫（С.М. Рогов）主要从地缘经济的视角，强调欧亚大陆经济合作对俄罗斯的重要意义。科洛索夫和米罗涅科认为，只有俄罗斯发展成为欧亚大陆的经济中心，后苏联空间的稳定与和平才有可靠保障；为此，俄罗斯首先应该制定以地缘经济发展为核心的欧亚战略，以加快推进与世界经济接轨的进程，否则俄罗斯将面临严重的安全挑战。（Колосов 2001：87）罗戈夫的欧亚地缘经济战略主要强调俄罗斯可以成为沟通欧亚大陆的信息桥梁，进而促进欧亚大陆的开放和经济政治稳定。通过发展独联体欧亚地区的交通运输网络和电子通信系统，可以大大缩短欧洲和亚太地区信息交通网络，推进欧亚大陆的整体合作水平。（Рогов 2001：51-61）这种欧亚稳定与经济合作主张，承认了后苏联空间的地缘政治现实，希望俄罗斯能够采取切实可行的欧亚发展战略，以更好地应对来自欧亚大陆的挑战。该主张较好地把握国际政治经济不断发展的趋势，在调整后的俄罗斯外交中体现得较为明显。普京上任以来，俄罗斯积极以集体安全条约组织和欧亚经济共同体为核心推动后苏联空间一体化整合，同时借助上海合作组织加强欧亚大陆的安全合作。

杜金（А.Г. Дугин）是新欧亚主义者中激进思想的代表，也是俄罗斯最著名的地缘政治学家之一。杜金的《地缘政治学基础》（多次再版）被誉为地缘政治领域第一部俄文教科书。针对转型期的俄罗斯社会，杜金不仅提出了“新欧亚主义”的理念，还把其作为“欧亚”运动（后改建为“欧亚党”）的指导思想，并在实践中积极加以推动。相对于其他几种欧亚主张，杜金的欧亚思想明确强调对欧亚大陆的扩张性整合和与美国的对抗，具有明显的激进色彩：

第一，所谓“心脏地带”论。从战略角度出发，俄罗斯是典型的大陆国家，横跨欧亚大陆的独特地理位置决定了俄罗斯具有与欧亚大陆一致的独立地域结构，其战略利益、主权及国家安全必然与整个大陆紧密结合在一起，而欧亚大陆周边国家显然都不具备这种地理优势；从全球地理结构出发，海洋文化和陆地文化的对抗决定了海洋性西方和大陆性东方地缘战略利益存在着深刻的矛盾和冲突，未来的世界将是海洋国家联盟（美英）和陆地国家联盟对抗的两极模式，而不是亨廷顿的多文明之间的冲突。

第二，关于“边缘地带”观点。从海洋和陆地联盟的对抗出发，虽然由于差异所决定，俄罗斯文明难以与欧亚大陆周边的罗马—日耳曼文明和东方的伊斯兰、印度、中国的传统文明相融合，但这些“边缘文化”“边缘地带”当前还不是欧亚俄罗斯的战略对手，而是可以合作的对象，“东西并重”应成为俄罗斯的主要地缘战略。

第三，关于“帝国整合”思想。由当前的地缘政治现实所决定，俄罗斯必须加快“帝国整合”的步伐，否则俄罗斯及欧亚大陆就将陷入困境；这种整合的进程是，首先在后苏联空间进行帝国构建，再与东欧国家恢复同盟关系，把东方国家也整合在一起，最终形成新欧亚大陆战略联盟。在欧亚大陆西部，应推动法德联盟进程，使其最终脱离北约实现独立，而在大陆东部应该与伊朗、印度甚至日本保持传统联系或改善关系。（Дугин 1999：165-172）

杜金的欧亚扩张性构想与欧洲古典极右思想具有相通性，由于其过于激进而难以实现，所以，俄罗斯的当政者只能敬而远之。但随着俄罗斯地缘政治环境恶化，这种主张还是得到了部分极端民族主义者和军方强硬派的呼应。

五、普京的欧亚战略：从欧亚联盟到大欧亚伙伴关系

“对俄罗斯地缘政治特征的分析可以找出使其能够迅速从苏联解体之后长达十年的政治与社会不稳定及经济紊乱状态中恢复过来的固有优势。重获作为控制心脏地带中心强国地位，可让俄罗斯得以对心脏地带外围施加压力及影响，进而再次对全球施加影响。”（索尔·科恩2011：236–237）无论是欧洲–大西洋主义，还是新欧亚地缘政治思想，都是对冷战结束以来俄罗斯所面临的诸多问题，特别是地缘政治挑战的积极回应，以及从不同视角对俄罗斯地缘政策走向的理论思考。总体而言，每种构想都有其独立性，但在某些方面又是相通的，特别是欧亚倾向的几种地缘政治构想之间尤其如此。相对来看，仍把俄罗斯视为后苏联空间的文明主宰，只能说明它的过去，其排他性的地缘政治方案只会增加冲突和纷争；具有扩张倾向的杜金方案则过于激进，更加危险和不切实际，因为任何把俄罗斯国家的地理边界向大陆周边地带推进的企图都可能引起新的冲突和战争。而强调欧亚大陆经济合作、稳定和安全的方案，反映了后冷战时期欧亚大陆地缘政治面临的新挑战和新需求。该构想主张切实推进各方能够接受的欧亚战略，在加强对后苏联空间整合的同时，还为在更广泛的欧亚大陆创建集体安全机制描述了愿景。由于这一构想更具包容性，所以在俄罗斯的外交实践中也体现得较为充分。

（一）普京的欧亚联盟构想

近10年来，随着与美欧矛盾和分歧的不断扩大，普京外交的重中之重就是对后苏联空间的整合，为俄罗斯的重新崛起打造地缘政治基础。在安全领域，加快推动独联体集体安全条约组织的发展，包括集体维持和平和快速反应部队的建设和统一防空体系的建设。在经济领域，从独联体的实际情况出发，加快推进与白俄罗斯、哈萨克斯坦单独组建关税同盟和统一经济空间。国际格局转换的步伐加快，而俄、白、哈三

国关税同盟的启动（2010 年 7 月）也大大增强了普京对后苏联空间整合的信心。正是在这种背景下，普京在2011 年10月正式提出创建欧亚联盟的构想。普京表示："我们不会就此止步，我们给自己提出了更加宏大的目标，朝下一个更高的一体化阶段前进，建立欧亚联盟。这将是一种强有力的、超国家的联盟模式，其有潜力成为当今多极世界中的一极。"（Путин 2011：1）大多数媒体和专家认为，普京此举追求的更多的是政治目的，而不是单纯的经济整合；也有人提出，这标志着俄对外政策的重新调整，而欧洲将不再是外交重点；杜金认为，创建欧亚联盟将成为普京外交的重点方向，而在地缘政治上就是在重建苏联。说普京此举是试图重建苏联，显然是言过其实，普京本人也曾多次指出，尝试重建苏联是愚蠢的行为。但从地缘政治角度看，在后苏联空间打造俄罗斯重新崛起的地缘政治和经济基础，则是题中应有之意。

伴随着对欧亚大陆整合步伐的加快，俄罗斯和欧盟都把矛头指向了乌克兰，最终在欧洲引发了冷战结束后最大的一场地缘政治危机。克里米亚公投入俄后，美欧对俄罗斯的经济制裁和政治孤立不断加码。在强大的压力之下，普京搁置分歧，推动俄罗斯、哈萨克斯坦、白俄罗斯三方就建立欧亚经济联盟达成条约。按照条约规定，自 2015 年 1 月 1 日起，欧亚经济联盟正式启动，到 2025 年将实现商品、服务、资金和劳动力的自由流动。成立几年来，欧亚经济联盟取得了一定的成绩：建立起了相应的决策、执行及分歧解决机制；明确了中远期发展规划，各类统一市场创建开始起步；扩员取得突破，亚美尼亚和吉尔吉斯斯坦加入；与区外国家自由贸易协议谈判进展顺利，在与越南达成自由贸易协议的同时，与伊朗、新加坡的谈判也取得积极进展，接下来与印度、以色列、中国等国也将签署自由贸易协议。不仅如此，在美欧不断强化的经济制裁和战略压力之下，普京进一步抛出了大欧亚伙伴关系计划，引起国际社会的极大关注。

（二）"大欧亚伙伴关系"——机遇与挑战

2016 年 6 月，俄罗斯总统普京在圣彼得堡国际经济论坛全体会议上明确提出了启动"大欧亚伙伴关系"计划。普京表示，"大欧亚伙伴关系"计划成员包括欧亚经济联盟成员国，以及中国、印度、巴基斯坦、伊朗等与俄罗斯关系紧密的国家和组织，将很快与中国磋商相关事宜，这是建立大欧亚伙伴关系的第一步，同时愿意就欧亚经济联盟与欧盟实现对接问题展开对话。普京表示，有很多国家和组织有意愿与欧亚经济联盟进行合作，合作可以把统一和简化行业合作、投资、卫生、海关、知识产权保护等领域的规范和标准作为突破口。普京的"大欧亚伙伴关系"涵盖了欧亚经济联盟、上海合作组织、东盟，甚至欧盟，在地缘经济和地缘政治意义上都相当及时，有助于积极应对来自美国的挑战。俄罗斯专家认为，这是对美国当时推动的TPP和TTIP的有力回应，其能够让欧亚大陆重焕生机，但考虑到这些经济体的巨大差异，这种整合将是十分困难的。随后，对这一构想出台起到重要推动作用的谢尔盖·卡拉加诺夫（С.А. Караганов）等人对大欧亚伙伴关系进行了详细论述，定位了俄罗斯在“大欧亚”中的角色和地位：应夯实俄罗斯作为欧亚大陆中心的有利的地缘经济和地缘政治地位，成为“大欧亚”的中心之一，同时维持与中国友好和建设性的平衡关系，并通过对亚洲贸易的多元化防止对中国的过分依赖。显然，“大欧亚伙伴关系”计划是一个长远战略，针对的是整个欧亚大陆地缘经济和地缘政治变化的基础进程。该计划已经具备了形成的基本条件，俄罗斯拥有必要的经验和能力来处理过程中产生的风险和挑战，包括借鉴中国等国家的成功经验，启动经济增长的信心、维护政治稳定、推进现代化治理、建立有效的公共机构，最终通过内部协作和社会力量确保俄罗斯在欧亚及世界上的应有地位。

对此，有中国学者认为：“大欧亚伙伴关系”是俄罗斯官方和学界相互配合而有计划、有步骤地提出的概念，本质上是俄欧亚战略思想的延续和现实表达，应审慎对待（庞大鹏 2017：6）；普京提出“大欧亚伙伴关系”，不仅在于应对西方的制裁和挑战，还要解决欧亚经济联盟所面临的发展困境，更大范围上还将构建新的国际秩序（李自国 2017：76）；俄罗斯需要规模更大、权利结构更加平衡、凸显俄罗斯及其盟友地位的机制，而“大欧亚伙伴关系”不仅仅是一个欧亚经济联盟的升级版，也是一个含有地缘政治色彩的长远战略，普京此举有绝地反击和被动应对的一面，更有高瞻远瞩和主动布局的一面（王树春，朱燕 2017：40）。著名俄罗斯问题专家冯绍雷教授指出，随着“大欧亚伙伴关系”这一新范畴的提出，今后的欧亚大陆东侧和一大片纵深地带的地缘政治与经济形势将逐步发生大变化，而这种变化将会产生何等地区辐射与全球影响，值得人们密切关注。

从俄方的初步设想看，“大欧亚伙伴关系”基本反映了科洛索夫、米罗涅科和罗戈夫等人的欧亚地缘经济主张，亦即通过合作使俄罗斯成为欧亚大陆的经济中心、进而稳定后苏联空间的设想。但普京的目标显然不止于此，通过构建“大欧亚伙伴关系”，不仅可以实现地缘经济合作，进一步还要借此解决地缘政治困境。很多俄罗斯学者也毫不隐讳地指出了普京借“大欧亚伙伴关系”应对美国制裁和战略压力的意图。当然，普京对俄罗斯的现状也很清楚，俄罗斯需要通过与中国的全面合作来实现自己的构想，但普京也希望能够在欧亚整合进程中掌握主动，所以，他有计划地抛出了“大欧亚伙伴关系”计划。当然，“大欧亚伙伴关系”还只是处于概念阶段，其发展目标、原则、机制、框架等都还不清晰，面临很多的不确定性。现在，最大的问题是是否会导致更大规模的地缘政治对抗。俄罗斯急需战略突围，而通过对大欧亚的整合能够扩大与西方抗衡的平台，拥有更多抗衡的资源。把奉行大国平衡政策的东盟拉入，有利于形成新的亚太安全格局多边对话机制，以对冲美国的亚太战略。而普京表示欢迎欧盟（特别是德国）加入，在英国退欧的背景下，如果这一构想有所推进，就难免使人联想到陆权和海权的对抗。这在很大程度上符合了杜金的组建欧亚大陆联盟对抗海洋联盟的思想。

推进欧亚经济合作符合该地区国家的利益，但考虑到欧亚大陆地缘政治的现实，如何切实推进经济合作取得进展同时确保这种整合不掉入地缘政治对抗的陷阱，对俄罗斯、中国及其他主要国家及区域组织都是一个巨大的考验。尽管面临特朗普的新“印太战略”（组织美、日、澳、印度四国同盟围堵中国）压力，中国仍坚持构建不冲突不对抗、相互尊重、合作共赢的新型大国关系理念。在中、美、俄三角关系中，要确保中俄关系的稳定和深化，中俄之间的协调与合作是“大欧亚伙伴关系”的核心内容和动力之源，但中俄也需要深入磨合，有必要联合对“大欧亚”构想进行可行性研究。“大欧亚伙伴关系”与“一带一路”倡议的对接需要在相关原则、范围、路径等问题上进行必要的澄清和深入的沟通与协商，这绝非一朝一夕之功。中国在加强与相关国家关系的同时，要坚决避免陷入新的地缘政治对抗。“大欧亚伙伴关系”计划与“一带一路”倡议有许多契合点，可以拓展中俄两国合作的空间，但对于全面欧亚伙伴关系的设想还需要进行深入研究和系统评估。

参考文献

[1] 别尔嘉耶夫. 别尔嘉耶夫集 [M]. 汪建钊编选. 上海：上海远东出版社，1999.
[2] 别尔嘉耶夫. 俄罗斯思想 [M]. 雷永生，邱守娟译. 北京：三联书店，1996.
[3] 布热津斯基. 大棋局——美国的首要地位及其地缘战略 [M]. 上海：上海人民出版社，1998.
[4] 俄罗斯外交与国防政策委员会. 俄罗斯战略——总统的议事日程 [M]. 北京：新华出版社，2003.
[5] 冯绍雷等. 国际关系新论 [M]. 上海：上海社会科学出版社，1994.
[6] 冯绍雷. 俄罗斯——东西方结合部的文明 [M]. 北京：三联书店，2000.
[7] 冯绍雷. 制度变迁与对外关系——1992 年以来的俄罗斯 [M]. 上海：上海人民出版社，1997.
[8] 戈尔什科夫. 战争年代与和平时期的海军 [M]. 许秋明译. 北京：三联书店，1974.
[9] 亨利·赫坦巴哈. 俄罗斯帝国主义：从伊凡大帝到革命前 [M]. 吉林师范大学历史系翻译组译，北京：三联书店，1978.
[10] 赫尔岑. 往事与随想 [M]. 项星耀译. 北京：人民文学出版社，1993.
[11] 李自国. 大欧亚伙伴关系：重塑欧亚新秩序？[J]. 国际问题研究，2017（1）.
[12] 米格拉尼扬. 俄罗斯现代化之路——为何如此曲折 [M]. 徐葵，张达楠译，北京：新华出版

社，2002.
[13] 普列汉诺夫．俄国社会思想史（第 1 卷）[M]．孙静工译．北京：商务印书馆，1988.
[14] 斯塔夫里阿诺斯．全球通史——1500 年以后的世界 [M]．吴象婴等译．上海：上海社会科学院出版社，1992.
[15] 斯皮琴科．政治与军事地理学 [M]．何希良译．北京：解放军出版社，1984.
[16] 索尔·科恩．地缘政治学——国际关系的地理学 [M]．严春松译．上海：上海社会科学院出版社，2011.
[17] 托克维尔．论美国的民主（上卷）[M]．董果良译．北京：商务印书馆，1988.
[18] 庞大鹏．俄罗斯的“大欧亚伙伴关系”[J]．俄罗斯学刊，2017（2）.
[19] 王树春，朱燕．大欧亚伙伴关系 – 多维视角下的深度解析 [J]．俄罗斯研究，2017（2）.
[20] Dmitri Trenin, *The End of Eurasia: Russia on the Border between Geopolitics and Globalization*[M]. Moscow, Carnegie Moscow Center, 2001.
[21] Витковский О.В. Политическая география и геополитика. Новый рецидив американской геополитики[J]. Вестник Московского университета. Сер. 5. География, 1980 № 6.
[22] Гаджиев К.С. Геополитика[M]. М.: Междунар. Отношения, 1997.
[23] Гумилёв Л.Н. Если Россия будет спасена, то только через евразийство (интервью)//Начала.4[M]. М.: 1992.
[24] Данилевский Н.Я. Россия и Европа: Взгляд на культурные и политические отношения Славянского мира к Германо-Романскому[M]. М.: Эксмо, 2003.
[25] Дугин А.Г. Основы Геополитики[M]. М.: Арктогея-центр, 1999.
[26] Зюганов Г.А. География победы: Основы российской геополитики[M]. М.: Арктогея, 1997.
[27] Зюганов Г.А. Глобализация: Тупик или выход?[J]. Диалог, 2001 № 6.
[28] Китаев В.А. Государственная школа в русскойисториографии: время переоценок[J]. Вопросы истории, 1995 № 3.
[29] Колосов В.А., Мироненко Н.С. Геополитика и политическая география[M]. М.: Твердый переплет, 2001.
[30] Нартов Н.А. Геополитика: Учебник[M]. М.: Юнити, 1999.
[31] Рогов С.М.Евразийская стратегия России[J]. Экономические стратегии, 2001, нобрь-декабрь.
[32] Савицкий П.Н. Географический обзор России-Евразии//Континент Евразия[M]. М.: Аграф, 1997.
[33] Савицкий П.Н. Географические и геополитические основы евразийства[C]. //Русский мир: Геополитические заметки по русской истории, Сборник. М.: Эксмо, 2003.
[34] Солоневич И.Л. Народная монархия[M]. М.: Феникс, 1991.
[35] Сорокин К.Э. Геополитика современности и геостратегия России[M]. М.: РОССПЭН, 1996.
[36] Владимир Путин. Новый интеграционный проект для Евразии-будущее, которое рождается сегодня// Известия[N]. 2011, 4октября.

（本文原载于《俄罗斯研究》2018 年第 2 期）

杨 波

女，1976年出生，博士，教授，
博士生导师。

1998年毕业于中国人民大学，获学士学位；2004年毕业于莫斯科国立师范大学，获哲学博士（语文学）学位。2007年6月起在上海外国语大学任教。长期从事俄语教学工作。中国俄罗斯东欧中亚学会副秘书长，教育部国别区域研究基地上海外国语大学俄罗斯研究中心副主任，上海高校特聘教授（东方学者）。主要研究方向为俄罗斯中亚区域国别研究。在国内外发表学术论文、时政评论五十余篇，出版专著《词汇与言语——俄语词汇学与文学的联姻》«Функции антонимии в художественной и научной речи»《塔吉克斯坦国家发展与社会文化研究》、译著《普京文集（2012~2014）》。先后主持完成上海市人民政府决策咨询研究专项课题、中华学术精品外译课题等省部级课题三项，主持国家社科基金一般项目一项；参与教育部人文社科重点研究基地重大项目，国家语言文字工作委员会十二五、十三五重大规划课题，国家民族事务委员会新疆智库课题等重大课题十项。2014年获上海高校青年教师教学竞赛人文社会科学组优胜奖，三次获上海市俄罗斯东欧中亚学会优秀论文奖，两次获上海外国语大学三八红旗手称号。

网络空间俄语传播战略研究[1]

杨 波

摘 要：从大国成长经验来看，构建本国特色话语传播战略来实现国家的战略目标，历来为世界大国所重视，俄罗斯就是一个典型的例子。在全球化、信息化时代，俄罗斯从国家发展战略高度制定俄语网络传播战略，以俄语为媒介推广俄罗斯价值、俄罗斯话语，提升俄罗斯

1 本文系国家社科基金一般课题“大国博弈视角下的中亚语言竞争与语言规划研究”（18BYY058）以及国家语委重大项目（ZDA135 —3）的阶段性成果。

的"软实力"，服务国家内政外交。本文基于拉斯韦尔的"5W"传播模型考察互联网俄语传播，分析俄罗斯的举措与经验，为制定中国特色的网络话语传播战略提供启示和借鉴。

关键词： 俄语；互联网；传播战略；5W 传播理论

一、引 言

随着全球化进程的加快和国与国相互依赖的深化，各国在互联网空间的语言文化竞争日趋激烈，网络空间话语能力建设在提升国家"软实力"与话语权方面发挥着日益重要的作用。战略作为一种调动一切力量与资源以实现既定政策目标的艺术与科学（李少军 2009：32），受到各国的高度重视，其中也包括语言战略。有中国学者将语言战略界定为：国家对语言全局性的谋略、方案或对策（戴炜栋 2009：3）。在此基础之上，本文将语言战略理解为：语言行为主体利用国家的语言资源实现既定政策目标的手段和措施。

语言传播是人类重要的文化现象，也是重要的语言生活。成功的语言传播，应该是语言在传播地"扎下根"来，长久发挥作用（李宇明 2015：6）。现有语言传播战略研究成果主要关注：语言传播现象背后的语言传播动因（李宇明 2011：72），汉语国际传播新常态的主要特征（吴应辉 2015：45），语言传播的文化内涵和文明内涵（胡易容 2016：50），传播内容和传播方式创新与国际传播战略提升（张晴 2015：18）等问题。美国政治学家哈罗德·拉斯韦尔（Harold Lasswell）认为，人类社会的传播活动可以用"5W"模式来分析，即谁（Who），说什么（Say What），通过什么渠道（In Which Channel），对谁（To Whom），取得什么效果（With What Effects）（Harold Lasswell 2013：12）。本文尝试运用该理论框架，探析俄罗斯在俄语互联网传播方面的战略规划与实践，为构建中国特色的网络话语传播战略提供启示和借鉴。

二、网络空间俄语传播的现状

俄语互联网空间覆盖世界各大洲，集中于俄罗斯和独联体国家。除俄罗斯最常用的 .su, .ru, .рф 顶级域名外，乌克兰国家顶级代码 .ua，白俄罗斯国家顶级代码 .by，哈萨克斯坦国家顶级代码 .kz，以及 .com, .org 等顶级域名都包含大量俄文网页。俄语互联网空间也有其他国家语言网页。例如：最受欢迎的俄罗斯搜索引擎 Яндекс 除俄语版外，还有乌克兰语、哈萨克语、白俄罗斯语、英语版本。俄罗斯通讯部主管本国互联网事务，对境外网站不设限制（Дубина 2014：179）。

据全球互联网站技术调查机构 W3Tchs[1] 数据，英语网页占据互联网的半壁江山，但其所占比例从 2011 年以来呈总体下降趋势。2013 年 3 月，俄语超过德语，成为互联网第二大网页语言。除俄罗斯本国互联网普及率、教育水平、城市化和工业化水平较高以外，这也与独联体国家的俄语网络传播有关，俄语是白俄罗斯、哈萨克斯坦、吉尔吉斯斯坦、塔吉克斯坦的官方语言。截至 2013 年 3 月，乌克兰 79.0% 的网页，白俄罗斯 86.9% 的网页，哈萨克斯坦 84.0% 的网页，乌兹别克斯坦 79.6% 的网页，吉尔吉斯斯坦 81.8% 的网页，塔吉克斯坦 81.8% 的网页为俄文网页（https://w3techs.com/blog/entry/russian_is_now_the_second_most_used_language_on_the_web）。

据 Internet World Stats 网站发布的互联网十大主要语种用户人数统计，截至 2017 年 12 月 31 日，使用俄语的互联网用户人数占 3%，位列第 8。进入新千年以来，使用俄语的互联网用户增长了 800%，总人数达到 1.08 亿（表 1）。

表 1 互联网十大主要语言用户分布与增速（数据于 2017 年 12 月 31 日采集）

十大互联网语言	全球语言使用人数（单位：千人）	互联网用户人数（单位：千人）	互联网普及度（用户与语言人数百分比）	用户增长速度（2000～2018年）(%)	用户增长数量占全球人口比例(%)
英语	1 462 008 909	1 052 764 386	72.0	647.9	25.3
汉语	1 452 593 223	804 634 814	55.4	2390.9	19.4
西班牙语	515 759 912	337 892 295	65.5	1 758.5	8.1
阿拉伯语	435 636 462	219 041 264	50.3	8616.0	5.3
葡萄牙语	286 455 543	169 157 589	59.1	2132.8	4.1
印尼语 / 马来语	299 271 514	168 755 091	56.4	2845.1	4.1
法语	127 185 332	118 626 672	93.3	152.0	2.9
日语	143 964 709	109 552 842	76.1	3434.0	2.7
俄语	405 644 599	108 014 564	26.6	800.2	2.8
德语	94 943 848	84 700 419	89.2	207.8	2.2
十大语言小计	5 135 270 101	3 206 613 856	62.4	1 091	76.9
其他语言	2 499 488 327	950 318 284	38.0	935	23.1
全球总计	7 634 758 428	4 156 932 140	54.4	1051	100.0

数据来源：https://www.internetworldstats.com/stats7.htm

1 W3Tchs 是一家全球互联网站技术调查机构，从 2011 年开始对全世界一千多万个网页进行实时分析，数据每日更新。

迅速发展的社交网络是俄语网络传播的重要空间。互联网流量监测机构 We Are Social 和 Hootsuite 数据显示，2017 年俄罗斯新增社交网络用户 900 万人，用户总人数达 6900 万，比上年同期增长 15%。近 47% 俄罗斯人拥有个人社交网络账号，5590 万人通过移动设备登录社交网络。2017 年，俄罗斯人日均互联网访问时长 6.5 小时，日均社交网络在线时长 2 小时 19 分钟。2017 年，俄罗斯移动互联网用户总计 9140 万人，智能手机登录占网络访问总流量的 21%，比 2016 年高出 28%。最受欢迎的即时通信工具是 WhatsApp 和 Вконтакте（https://www.web-canape.ru/business/internet-2017-2018-v-mire-i-v-rossii-statistika-i-trendy/）。俄罗斯列瓦达分析中心数据显示，俄罗斯排名前三的社交网络的用户人数分别为：ВКонтакте 5210 万人，Одноклассники 4100 万人，Facebook 2380 万人（https://www.levada.ru/2014/06/18/internet-ne-smog-zamenit-rossiyanam-tv-v-kachestve-istochnika-informatsii/）。

三、谁（Who）——网络空间俄语传播的主体

哈曼（H. Haarmann）将语言战略与政策的规划者划分为四个层次：官方的（政府行为）、机构的（授权组织，即国家语言规划部门行为）、团体的（群体行为）和个人的（个体行为）（Haarmann 1990：102）。本节从这四个层次对网络空间俄语传播主体进行分析。

官方层次包括国际组织和俄罗斯政府机构。俄罗斯是联合国教科文组织“全民信息计划”（Information For All Programme，IFAP）创始国，该组织在俄罗斯设有项目办公室，致力于提升人的知识水平和信息化能力，提高信息获取便捷度，为人的发展创造机遇，促进信息时代的社会公平。2010 ~ 2013 年俄罗斯两度担任 IFAP 政府间理事会主席，自 2014 年起任理事会副主席。俄罗斯六次主办 IFAP 互联网语言多样性国际研讨会，世界 100 多个国家的专家学者在热议互联网语言多样性、提升媒体信息素养、互联网政务与信息社会建设等问题的同时，重点对俄罗斯语言政策、在线俄语教育、俄语全球推广等问题进行了深入探讨，有力地推动了互联网俄语（多语）传播领域的专业国际交流（Кузьмин 2017：134）。

俄罗斯教育科学部、文化部、外交部在俄语网络传播方面各司其职：教育科学部每五年制定《俄语联邦专项纲要》，全面部署俄语推广战略；独联体事务署主要负责针对独联体国家俄侨和当地俄语居民的俄语传播和在线俄语教育；文化部负责俄罗斯优秀文艺作品的数字化与互联网推广。为有效协调各部门工作，俄联邦政府 2013 年

11月5日成立了由联邦政府副总理戈洛杰茨（Ольга Голодец）担任主席的俄语理事会。2014年总统办公厅设立总统俄语理事会，将俄语国内外推广战略顶层设计提升到国家元首层面（http://www.kremlin.ru/events/president/news/45877/）。

机构层次主要是官方语言推广机构"俄罗斯世界"基金会和官方媒体。"俄罗斯世界"基金会成立于2007年7月21日，旨在促进俄语和俄罗斯文化在全球范围内的普及与推广。基金会对"俄罗斯世界"定义为"不仅是俄罗斯族人，不仅是俄罗斯公民，不仅是海外俄罗斯侨胞、移民及其后代，还包括说俄语、学俄语、教俄语的外国公民，以及所有真正热爱俄罗斯、关心俄罗斯未来的人"（https://russkiymir.ru/fundhttp://www.mid.ru/foreign_policy/news/-/asset_publisher/cKNonkJE02Bw/content/id/2542248/）。基金会在世界各国设立俄语中心和俄语工作室，打造俄语海外传播网络，支持各国的俄语教学和俄罗斯研究，推动跨文化对话。截至2018年3月，基金会在全球48个国家和地区设立了100多家俄语中心，100多个俄语课堂，主要分布在俄语影响力较大的独联体、波罗的海和中东欧国家，以及中、美、德、英等世界主要国家（https://russkiymir.ru/rucenter/catalogue.php）。基金会下大力气打造了全球最大的免费在线俄语教育平台"普希金网络学院"（https://pushkininstitute.ru/），基金会还编辑出版《俄罗斯世界》（Русский мир）电子期刊，运营在线电视频道。

团体层次重点以1967年设立的国际俄罗斯语言文学教师协会为依托。截至2018年2月，协会共有来自64个国家的150个机构会员，中国有两个会员单位：中国俄罗斯东欧中亚学会俄语教学研究会和香港大学俄语中心（https://ru.mapryal.org/mapryal/members/）。在俄语网络传播方面，协会主要负责推动在线俄语教育和俄罗斯文学教育，在线俄语教育理念的设计和修订，在线俄语教育教学法研究，互联网俄语规范性监控，组织举行在线俄语竞赛和研讨会，推动俄语教学研究成果的网络发布与传播，在全球网络空间推广俄罗斯价值观等。

个人层次主要是广大互联网用户。全俄舆情调查中心2018年2月最新发布的《俄罗斯网民社交网络与即时通信软件使用行为调查报告》显示，45%俄罗斯网民每天登录社交网站，62%网民每周至少登录一次，30%的人不用社交网络。社交网络在18～24岁的俄罗斯年轻人中普及度最高，达到91%，在25～34岁人群中约为69%，60岁以上人群约为15%。调查显示，ВКонтакте，Одноклассники，Instagram，Google，Facebook，Мой мир，Twitter，Живой журнал等社交网络最受用户欢迎，智能手机是使用频率最高的上网设备（https://wciom.ru/index.php?id=236&uid=116691）。

四、说什么（Says What）——网络空间俄语传播战略的理念

俄罗斯历来注重战略规划，其战略规划理念深入国家政治、经济、外交、安全、社会等各个领域，也包括语言与文化领域。2016 年 11 月 30 日公布的最新版《俄罗斯外交政策构想》明确要求：提升俄罗斯在全球人文空间的作用，在全世界推广和发展俄语，推动作为世界文化不可分割的组成部分、国际交往工具、族际交流工具的俄语的研究与推广（http://www.mid.ru/foreign_policy/news/-/asset_publisher/cKNonkJE02Bw/content/id/2542248 i/）。《俄罗斯国家安全战略》强调："（俄罗斯）历史上形成了统一的思想道德价值和历史文化价值，这是各族人民统一的俄罗斯身份认同的基础。"（Габышева 2017：19）俄语作为俄罗斯联邦最主要的族际交际语，各民族沟通交往的通用工具，是落实国家安全战略的关键要素。

2012 年 7 月，俄罗斯总统普京召集俄罗斯驻外大使和国际组织常驻代表会议，要求俄罗斯外交官积极使用现代技术，阐述俄罗斯立场，提升俄罗斯的"软实力"（https://www.culture.ru/about#tab-item-0/）。俄罗斯外交部正式将"数字外交"列入日常工作内容，同年，俄罗斯外交部相继在 YouTube，Facebook 和 Twitter 上开设了账号。

在全球化、信息化、城市化快速发展的背景下，俄罗斯政府大力推进网络空间的俄语传播。《2011 ~ 2015 年俄语联邦专项纲要》中"互联网"一词出现了两次，《2016 ~ 2020 年俄语联邦专项纲要》中"互联网"一词则出现了 22 次，就在线俄语教育、俄语游戏开发、网络媒体俄语传播、俄罗斯教育科学部俄语推广活动网络信息同步、俄语传播在线调查、文艺作品数字化及网络传播等参数设定了绩效目标，要求将互联网空间优质俄语内容的供应量增加 10 倍。

五、通过什么渠道（In Which Channel）——网络空间俄语传播的手段

俄罗斯自 2002 年开始制定实施有关俄语推广传播的联邦专项纲要，迄今已制定实施四版。《2016 ~ 2020 年俄语联邦专项纲要》强调："俄语和俄罗斯文化是俄罗斯民族独特性与生命力的决定性要素，巩固俄语地位是俄罗斯联邦的优先战略"（https://rs.gov.ru/uploads/document/file/13/fcp2016.pdf/），明确要求大力发展开源在线俄语教育平台，在较短的时间内缩小在线俄语教育与其他国家的差距，积极开发各种电子教育资源，大力提升远程教育技术。

开源在线俄语教育平台。国立普希金俄语学院 2014 年正式启动有俄语、英语、

汉语、法语、德语、西班牙语、葡萄牙语、阿拉伯语、印地语 9 个语言版本的俄语教育（образование на русском）网络门户，旨在推动在线对外俄语教学，在全球范围内推广传播俄语，大力推动俄语教育。门户（https://pushkininstitute.ru/）整合先进网络技术和俄语教学资源，为全世界俄语学习者提供文本、音频、视频资源和电子图书，为境外的俄语教师开设远程进修项目，为注册用户开设专题社交专区，还可以在线参加免费的俄语测试。开源在线俄语教育平台日均访问量达到 10 万人次，五十多个国家的五十多万名中学生参加了“跟普希金一起学俄语”在线俄语竞赛（https://pushkininstitute.ru/government_council/news/1370/）。

网络融合媒体。俄语网络传播战略直接服务于俄罗斯稳定发展的长远利益，这也是俄罗斯打造“软实力”的重要体现。为高效利用各种资源达到最优的外宣效果，俄罗斯政府于 2013 年整合了本国外宣媒体，将国有的俄罗斯新闻社、俄罗斯之声广播电台与“今日俄罗斯”多语种电视台合并为“今日俄罗斯”（Russia Today，简称 RT）国际新闻通讯社，全方位报道俄罗斯内政外交动态，融媒体互联网传播成为今日俄罗斯重点发展的业务板块。

今日俄罗斯非常注重在网络空间的传播，2007 年在视频网站 YouTube 上开通专门频道，2012 年成为 YouTube 上最受欢迎的新闻订阅频道，2013 年成为第一家在 YouTube 上点击量超过 10 亿的新闻提供商。截至 2017 年底，今日俄罗斯在各类 App 上的点击量超过 50 亿次，是 BBC 的近 5 倍（11 亿次），半岛电视台（Al Jazeera）的 2.5 倍（19 亿次），也远远超出 CNN（29 亿次）和 Euronews（18 亿次）。今日俄罗斯充分利用社交网络平台，截至 2018 年 4 月，今日俄罗斯在 Twitter 上的粉丝量达到 2 685 843 人；在 Facebook 上的订阅量达到 4 946 706，显示出国际一流媒体的实力[1]。

2014 年 11 月 10 日，“今日俄罗斯”国际新闻通讯社面向国际受众启动了卫星（Sputnik）融媒体项目，产品线包括新闻专线、新闻网站、社交网站、手机 App、广播电台和媒体新闻中心，受到国际社会的高度关注。Sputnik 将俄语传播延伸为“俄罗斯话语”传播，大胆报道其他媒体缄口不言的事件，集多样化新闻内容供应商和传播公司于一身。Sputnik 多语种网站提供阿布哈兹语、阿塞拜疆语、英语、阿拉伯语、亚美尼亚语、格鲁吉亚语、达利语、西班牙语、哈萨克语、克里米亚鞑靼语、吉尔吉斯语、中文、库尔德语、拉脱维亚语、摩尔多瓦语、德语、塔吉克语、捷克语、波兰语、葡萄牙语、意大利语、普什图语、塞尔维亚语、土耳其语、乌兹别克语、乌克兰

1 今日俄罗斯 Twitter 和 Facebook 的订阅量 2018 年 4 月 3 日数据。

语、芬兰语、法语、印地语、爱沙尼亚语以及日语 31 个语言版本多媒体内容并向世界进行播报（http://big5.sputniknews.cn/）。

文艺作品数字化及网络传播。俄罗斯是一个文化大国，俄语曾经是苏联各加盟共和国优秀文艺作品全球传播的媒介。俄罗斯积极利用现代网络信息技术推广，通过互联网传播俄罗斯的优势文化资源。俄罗斯联邦文化部开发了"俄罗斯文化遗产与文化传统"门户网站（www.culture.ru），于 2013 年正式上线，分电影、博物馆、音乐、戏剧、建筑、文学、传统、教育、俄罗斯形象 9 大板块全面展示俄罗斯文化史上的重大事件和关键人物。门户设"博物馆之夜""戏剧之夜""图书馆之夜""艺术之夜"专区，对俄罗斯各地的一流文艺盛事进行在线直播。2017 年门户网推出全新的"读、看、游"在线体验项目，实现了俄罗斯数百所博物馆、名胜古迹、城市风貌的在线虚拟游功能。截至 2018 年 2 月，门户网通过数字流媒体和电子资源形式对俄罗斯 1145 处文物建筑、1390 部电影、536 本书籍、3112 座博物馆、239 条虚拟旅游线路、778 家剧院、654 部话剧、137 场音乐会、385 处标志性文化形象、1063 处宗教建筑、439 种非物质文化遗产和 316 位文艺大师的生平予以全网免费公开共享（https://www.culture.ru/about#tab-item-0/）。2017 年门户网还向移动互联网用户推出了手机 App，包含俄罗斯各地 4000 多处文化设施的详细地图、文字介绍、图片和视频，可以通过 AppStore 和 Google Play 下载（https://www.culture.ru/about#tab-item-3/）。

社交媒体。俄罗斯官方机构注重优化统筹对外宣传，针对不同的目标受众制定不同的宣传计划，保障俄罗斯国家利益，尤其在新媒体平台的运用上表现突出。《2018 年前俄罗斯外交部工作计划》明确要求俄罗斯驻外领事机构重视自身在国外的网络门户建设，积极利用社交网络资源（http://www.kremlin.ru/events/president/news/45877/）。俄罗斯外交部 2014 年起在"今日俄罗斯"电视台和 Sputnik 融媒体平台网站上开通了博客，每天同新闻网站的用户就外交话题进行在线交流。俄罗斯外交部对网络平台和新媒体平台的积极运用，目的在于保证俄罗斯官方渠道能够在世界网络信息空间内成为关于俄罗斯信息的主要来源，降低部分国外媒体不实报道对俄罗斯的消极影响。

俄罗斯外宣媒体和驻外机构不仅充分利用全球性社交网络平台，还对各国本地的社交网络平台予以具有针对性的利用。例如：俄罗斯卫星通讯社和俄罗斯驻华大使馆都在新浪微博注册了官方账户，主要用于发布俄罗斯内政外交资讯，中俄关系动态，以及与中俄密切相关的国际信息。截至 2018 年 2 月，俄罗斯卫星网官方微博的粉丝数量超过了 870 万人次，俄罗斯驻华大使馆的粉丝数量超过 17 万人次[1]。

六、对谁（To Whom）——网络空间俄语传播的对象

信息技术和互联网的迅猛发展改变了人类传统的交流模式，无国界的网络空间既为俄语传播创造了空前的机遇，也使俄语传播面临巨大挑战。

在过去的一百多年里，伴随着俄罗斯的国力兴衰，俄语的国际地位也经历了巨大变化。第一次世界大战前的 1914 年，全球俄语人口与英语人口基本相当，均为 1.4 亿人。当时正是俄国经济繁荣发展的时期，俄国经济增速领先于欧洲各国，金卢布是重要的国际货币。苏联时期，俄语在全球的普及率非常高。据俄罗斯教育科学部社会调查中心统计，20 世纪 90 年代苏联解体前夕，全世界讲俄语的人数达到了历史最高峰，计 3.12 亿人（表 2）。目前，全球有 2.43 亿人讲俄语，其中俄罗斯联邦 1.3 亿人，独联体和波罗的海国家 8250 万人，欧洲 1500 万人，世界其他地区 8 万人。

表 2　1900～2050 年全球俄语人口比例及预测

年份	全球人口（亿）	俄罗斯帝国、苏联、俄罗斯联邦人口（亿）	俄国人口在全球人口中的比重（%）	掌握俄语者人数（亿）	掌握俄语者的全球比重（%）
1900	16.50	1.38	8.4	1.05	6.4
1914	17.82	1.822	10.2	1.40	7.9
1940	23.42	2.05	8.8	1.80	7.7
1980	44.34	2.65	6.0	2.80	6.3
1990	52.63	2.86	5.4	3.12	5.9
2004	64.00	1.46	2.3	2.78	4.3
2010	69.16	1.427	2.1	2.598	3.8
2015	75.25	1.462	1.9	2.43	3.2
2025	80.34	1.37	1.7	2.15	2.7
2050	95.51	1.20	1.3	1.30	1.4

（数据来源：Языковая политика России и позиционирование русского языка в мире. Ч. 2 [OL]. http://www.unkniga.ru/ostraya-tema/6826-yazykovaya-politika-rossii-i-pozitsionirovanie-2.html，2017 年 3 月 1 日读取）

1　俄罗斯卫星网官方微博（https://weibo.com/u/2181597154?refer_flag=1005050010_&is_hot=1），俄罗斯驻华大使馆官方微博（https://weibo.com/ezhuhua?is_hot=1）。

苏联解体后，独联体和波罗的海国家讲俄语的人数也随之锐减，各国纷纷出台语言政策，大力发展主体语言文化，俄语和俄罗斯文化在这些地区的影响力大幅下滑。在“去俄罗斯化”最为彻底的波罗的海三国爱沙尼亚、拉脱维亚和立陶宛，俄语在官方场合被禁用，在媒体上也被限制使用。深受俄罗斯文化影响的东欧地区也于20世纪90年代全面推进“去俄罗斯化”，俄语在这些国家的地位一落千丈。随着中东欧国家加入欧盟和北约，俄语在这些国家的地位迅速地被英语、德语等语言取代。20世纪80年代50%华沙市民能讲流利的俄语，现在这一比例仅为5%。中东欧的俄语教育也遭受重创（http://www.unkniga.ru/ostraya-tema/6826-yazykovaya-politika-rossii-i-pozitsionirovanie-2.html/）。

据俄罗斯教育科学部社会调查中心对俄语普及度发展趋势的预测，如果俄罗斯政府不采取措施，到2025年，世界范围内讲俄语的人数将降至2.15亿人（上页表2），比20世纪90年代峰值时期减少30%，俄语世界性语言的地位会受到严重威胁（http://www.unkniga.ru/ostraya-tema/6826-yazykovaya-politika-rossii-i-pozitsionirovanie-2.html/）。

七、取得什么效果（With What Effects）——网络空间俄语传播的特点

第一，顶层设计，政策协调，垂直领导。从本文第二部分对“谁（Who）”传播的分析可见，网络空间俄语传播有一整套多层次、多部门的决策实施机制：俄罗斯总统俄语理事会制定战略理念，联邦政府俄语理事会协调教育科学部、文化部和外交部制定相关实施政策，官方语言推广机构“俄罗斯世界”基金会布点国内外实体机构与网络平台，受政府俄语理事会指导监督。

第二，战略规划，目标明确，周期调整。俄罗斯政府将俄语网络推广纳入国家总体战略体系，明确俄语网络推广的战略目标、责任机构、具体任务、绩效目标、社会影响。俄语网络传播的重点区域是独联体、波罗的海和中东欧国家，其次是世界大国，然后是世界其他地区和国家，这种有重点、分层次的推广战略符合俄罗斯的总体外交战略。

第三，国际接轨，深入磋商，探索方案。俄罗斯积极参与联合国教科文组织IFAP项目，与国际社会共同探索信息时代互联网语境下的俄语传播与多语包容发展的解决方案，议题涉及网络俄语政策、俄语在线教学法、互联网多语与俄语传播等，为俄语语言文化的网络传播拓展平台，提升对国际学术界和普通受众的影响力。

第四，整合外宣，以我为主，构建话语。俄罗斯主动出击，积极布局国际信息空

间竞争，推动俄罗斯话语在全球信息空间的传播，向全球受众提供俄罗斯视角的观点和立场，以“不一样的真相”风格在西方主导的媒体帝国争得一席之地。“今日俄罗斯”国际新闻通讯社的运营模式成为国际新闻传播学科重点关注的研究对象。

八、结语（借鉴与启示）

在复杂多变的国际形势下，俄罗斯注重顶层设计，从国家发展战略高度设计俄语网络空间传播战略，服务于国家长期发展的安全战略需要。俄罗斯的经验对中国从长远战略层面整体规划中文网络传播战略具有重要的启示作用。

首先，从国家安全与战略的高度制定统一的网络空间中文传播战略，明确短期、中期和长期目标，加强各部门之间的协调互动。网络空间中文传播战略的制定需要在从大局出发，强调顶层设计的同时，更多地兼顾国家短期与长期发展的需要，同时考虑到国家、地方、社会等各个层面的连贯性、延续性发展。

其次，制定连贯的、可持续发展的网络空间中文传播战略，为“一带一路”民心相通创造良好的人文环境。“一带一路”建设背景下的中文网络传播需要更新理念，制定切实措施，阐释中国理念，表达中国话语，培养知华友华的国际精英，加深“一带一路”沿线民众对中国的了解。

第三，采取抓大放小、由近及远的传播政策，优先实施对“一带一路”支点国家和周边国家的中文传播战略。所谓抓大放小，就是要从大处着眼，抓好关系“一带一路”建设的关键对象，即大国或支点国家。所谓由近及远，就是要优先考虑周边国家，为“一带一路”营造和平稳定的周边环境。

第四，充分创新中文网络传播的理念、平台、内容，扩大国际影响，提升国家形象。网络空间的中文传播宜进一步依托传统媒体与新兴媒体的融合发展，为网络对外传播全方位、长周期战略布局，以中文传播助力中国话语传播，打造多元立体的中文网络传播体系。

参考文献

[1] 戴炜栋．立足国情，科学规划，推动我国外语教育的可持续发展 [J]．外语界，2009（5）．

[2] 李少军．国际战略学 [M]．北京：中国社会科学出版社，2009.

[3] 李宇明．成功的语言传播——序王建勤等《全球文化竞争背景下的汉语国际传播研究》[J]．国际汉语教学研究，2015（2）．

[4] 李宇明．什么在推动语言传播？[J]．国际汉语传播研究，2011（2）．

[5] 胡易容．汉语国际传播策略 [N]．中国社会科学报，2016-11-18.

[6] 全俄舆情调查中心（Всероссийский центр изучения общественного мнения）官网第 3577 号新闻通稿：俄罗斯网民社交网络与即时通信软件使用行为调查报告 [OL]．[2018-02-12]．https://wciom.ru/index.php?id=236&uid=116691.

[7] 吴应辉．汉语国际传播事业新常态特征及发展思考 [J]．语言文字应用，2015（4）.

[8] 张晴，王林海．我国英语媒体的国际传播战略 [J]．新闻战线，2015（20）.

[9] Haarmann, H. Language planning in the light of a general theory of language: A methodological framework [J]. *International Journal of Sociology and Language*. 1990, 86: 103-26.

[10] Harold Lasswell. *The Structure and Function of Communication in Society* [M]. 北京：中国传媒大学出版社，2013.

[11] Historical yearly trends in the usage of content languages for websites [OL]. https://w3techs.com/technologies/history_overview/content_language/ms/y, 每日更新.

[12] Internet World Users by Language. Top 10 Languages [OL]. [2017-12-31]. https://www.internetworldstats.com/stats7.htm.

[13] Russian is now the second most used language on the web [OL]. 2013-03-19. https://w3techs.com/blog/entry/russian_is_now_the_second_most_used_language_on_the_web.

[14] Габышева Ф.В. Проблемы и перспективы развития образования на русском и обучения русскому языку в системах открытого образования[A]. //Русский язык и открытое образование в контексте многоязычия в России и за рубежом. Материалы круглых столов. М.: Межрегиональный центр библиотечного сотрудничества, 2017. С.19-24.

[15] Десятое заседание Совета по русскому языку при Правительстве РФ прошло в Москве[OL]. [2018-01-16]. https://pushkininstitute.ru/government_council/news/1370/.

[16] Дубина Л.В. Тенденция развития русского языка в условиях Интернет-коммуникации [J]. Вестник Томского государственного педагогического университета. 2013, 2 (130): 177-181.

[17] Идеология. Главная страница Фонда «Русский мир» [OL]. [2018-01-15]. https://russkiymir.ru/fundhttp://www.mid.ru/foreign_policy/news/-/asset_publisher/cKNonkJE02Bw/content/id/2542248/.

[18] Интернет не смог заменить россиянам ТВ в качестве источников информации [OL]. 2014-06-18. https://www.levada.ru/2014/06/18/internet-ne-smog-zamenit-rossiyanam-tv-v-kachestve-istochnika-informatsii/.

[19] Каталог русских центров[OL]. [2018-01-20]. https://russkiymir.ru/rucenter/catalogue.php.

[20] Концепция федеральной целевой программы “Русский язык” на 2016 - 2020 годы [OL]. [2018.01.18]. https:// rs.gov.ru/uploads/document/file/13/fcp2016.pdf/.

[21] Концепция внешней политики Российской Федерации (утверждена Президентом Российской Федерации В.В.Путиным 30 ноября 2016 г.) [OL]. [2018-02-18]. http://www.mid.ru/foreign_policy/news/-/asset_publisher/cKNonkJE02Bw/content/id/2542248 i/.

[22] Кузьмин Е.И. Языковая ситуация в мире и проблемы сохранения и развития русского языка[C]. / Русский язык и открытое образование в контексте многоязычия в России и за рубежом. Материалы круглых столов. М.: Межрегиональный центр библиотечного сотрудничества, 2017. С.131-147.

[23] Образован Совет при Президенте по русскому языку [OL]. [2018-01-14]. http://www.kremlin.ru/events/president/news/45877/.

[24] План деятельности Министерства иностранных дел Российской Федерации на период до 2018 года [OL]. [2018-01-30]. http://archive.mid.ru//.

[25] Портал культурного наследия и традиций России «Культура.РФ». О проекте [OL]. [2018-02-20]. https://www.culture.ru/about#tab-item-0/.

[26] Портал культурного наследия и традиций России «Культура.РФ». Мобильное приложение [OL].

[2018-02-20]. https://www.culture.ru/about#tab-item-3/.
[27] Совещание послов и постоянных представителей России [OL]. [2018-01-18]. http://www.kremlin.ru/events/president/news/15902/.
[28] Статистика Интернета 2017-2018 в мире и в России: статистика и тренды [OL]. [2018-02-14]. https://www.web-canape.ru/business/internet-2017-2018-v-mire-i-v-rossii-statistika-i-trendy/.
[29] Члены МАПРЯЛ [OL]. [2018-02-14]. https://ru.mapryal.org/mapryal/members/.
[30] Языковая политика России и позиционирование русского языка в мире. Ч. 2 [OL]. 2017-03-01. http://www.unkniga.ru/ostraya-tema/6826-yazykovaya-politika-rossii-i-pozitsionirovanie-2.html/.

（本文原载于《语言文字应用》2019 年第 1 期）

苏祖梅

女，1963 年出生，博士，教授，
硕士生导师。

1987 年毕业于上海外国语学院，获硕士学位，同年留校任教。长期从事俄语教学工作。主要研究方向为俄语句法学、修辞学。发表学术论文 40 余篇。出版的著作与教材主要有《俄语反义词研究》《汉语口语 900 句·俄汉对照》《俄语写作教程》《俄语综合教程》等。主持 1 项校级重大课题子项目（该课题后获立上海市教委科研创新项目）。曾获得“上外优秀党支部书记”“上外三八红旗手”等荣誉称号。

中国企业在中亚五国经营环境的比较研究[1]

苏祖梅

摘　要： 中亚地处欧亚大陆腹地，是中国西部的战略前沿。随着“走出去”和西部大开发战略的实施，资源富集的中亚五国业已成为我国企业投资合作的新热点。中国企业在中亚投资经营，应充分了解中亚地区的国际经营环境。文中对中国企业与中亚五国的投资经营现状、政治环境、法律环境、经济环境、文化环境等方面展开了比较研究，并提出了中国企业“进军”中亚应注意的几个问题。

关键词： 中国企业；中亚五国；国际环境

1 本文是吴友富教授主持的上海市哲学社会科学规划课题“全球化背景下中国企业海外经营的国际环境比较研究”（项目编号：KB15912C）和 2012 年度上海市教委科研创新项目“全球化背景下中国企业海外经营的国际环境比较研究”（项目编号：KB1591207）的阶段性成果。

一、引 言

中亚是中国西部的战略前沿，在世界政治经济格局中的地位日益重要。随着“走出去”和西部大开发战略的实施，中亚已成为我国企业关注的境外投资新热点。2011年我国石油、铁矿石、铝土矿、铜、镍、钾盐和锰等矿种的对外依存度超过了50%，而中亚地区富含石油、天然气等诸多矿产资源，与我国经济有着很强的互补性。因此，我国与中亚的经贸合作有利于缓解我国持续快速增长的国民经济对能源需求的压力，也有利于构建我国能源进口来源的多元化。

二、投资现状比较

中亚五国对我国的投资规模不大，主要分布在新疆，大多是服务型和贸易型企业；相比较而言，我国对中亚国家的投资规模则要大得多。

在中亚五国中，哈萨克斯坦和土库曼斯坦能源资源最为丰富。哈萨克斯坦已探明石油储量占中亚地区总储量的80%，土库曼斯坦的天然气储量占中亚地区储量的56%，这两个国家也是吸引我国直接投资最多的国家。截至2010年底，中国对哈萨克斯坦直接投资存量达15.9亿美元，对土库曼斯坦直接投资存量达6.58亿美元。2008年之后，中国对吉尔吉斯斯坦直接投资增长较快，截至2010年底，中国对吉直接投资存量达3.94亿美元。塔吉克斯坦和乌兹别克斯坦引进的中国直接投资较少，截至2010年底，中国对塔吉克斯坦直接投资存量为1.91亿美元，而对乌兹别克斯坦直接投资存量仅为0.83亿美元。（杨殿中 2012：66–71）

中国对哈投资分布在石油天然气开采、能矿资源勘探服务、食品加工、纺织、进出口贸易、金融服务、工程承包、通信服务、酒店和餐饮服务等领域。投资主体包括中石油、中石化、新疆石油管理局、中信集团、中兴通讯、华为等。目前中国公司已占到哈萨克斯坦石油开采份额的23%–24%，天然气开采份额的11%–12%（驻哈萨克使馆经商参处2010 http://kz.mofcom.gov.cn/aarticle/ddgk/zwqihou/201007/20100707026440.html）。2011年哈萨克斯坦总统纳扎尔巴耶夫访华期间，与中国签署了涵盖高铁建设、铀材料供应的多项协议。

中国对吉尔吉斯斯坦投资分布在农业种植养殖、农产品和食品加工、石油天然气开采、有色金属采选、通信设备制造、工程承包、基建、运输、批发和零售业等领域。投资主体有中石化、新疆塔城国际资源有限责任公司、华为、中国路桥工程有限责任公司等。主要投资项目包括中吉乌公路吉境内段修复，铁矿、锡矿、金矿勘探开采项目等。2011年7月28日，我政府贷款援助吉尔吉斯斯坦南部电网改造项目开工仪式在吉南部举行。该项目总金额2.08亿美元，这是中吉建交以来最大的经贸合作项目，对巩固和提升双边经贸关系意义重大。

中国企业对土库曼斯坦的直接投资分布在石油天然气开采、建筑、进出口贸易、通信设备制造、金融服务、航空运输等领域，投资合作的主要项目有中土天然气管道项目，油井修复和钻井项目，油气设备、铁路客车厢和通信设备供货等。2010年12月，以中石油为首的企业获得土库曼斯坦南约洛坦气田的开采权。

中国对乌兹别克斯坦的投资涉及石油天然气开采、工程承包、专用设备制造、进出口贸易、航空运输等领域。投资主体包括中石油、中国广核集团（铀矿）、中国水利水电建设集团等大型企业。重点项目为中乌天然气管道项目、中石油油气勘探项目等。

中国对塔吉克斯坦投资分布在制造、建筑、采矿、农业、电信、道路交通等领域，涉足制造和建筑业的中资企业主要有中兴通讯、华为、中铁五局、中国路桥、中国水利水电建设集团等。其中，在采矿业领域，中国企业主要从事金矿和铅锌矿等有色金属矿采选。

三、经营环境的比较

经营环境包括政治环境、法律环境、经济环境和文化环境四个方面。

（一）政治环境的比较

我国实行人民代表大会制度和中国共产党领导的多党合作和政治协商制度。人民代表大会制度是中国人民民主专政的政权组织形式，是中国的根本政治制度。全国人民代表大会是最高国家权力机关，地方各级人民代表大会是地方国家权力机关。

中亚五国独立以后，以宪法形式规定了发展政治多元化，确立了立法、行政和司法三权分立、相互制衡的国家体制，实行全民公决和普选制，确定干部任期制，总统治理国家的政治体制。不过，从历史发展来看，中亚地区没有经历过现代工业化发展阶段，在苏联时期也是经济文化比较落后的地区，并且受封建主义传统影响较深，因此，独立后的中亚国家政治体制中保留有过去集权专制的某些痕迹（陈联壁 1996：47），特别是在政治实践中，具有明显的中亚地区特色。此外，中亚国家都实行政教分离，都奉行平衡多边外交政策，主张在平等互利原则基础上发展与所有国家的友好合作关系。

（二）法律环境的比较

投资活动受制于法律环境。一国的投资体制是支配投资领域经济行为模式和经济利益关系的一系列行为规范和习惯。它明确界定投资活动中各个经济主体的权利、责任和义务。投资主体的投资活动和投资行为必须按照投资法进行。

我国的《中华人民共和国外资企业法》，以及根据该法制定的《中华人民共和国外资企业法实施细则》，对外国投资的审批、税收、外汇管理等做了严格规定。同时，还出台了规范外资经营问题的《中华人民共和国中外合作经营企业法》《中华人民共和国中外合资经营企业法》《中华人民共和国外资企业法》及其实施条例和细则，以及其他相关部门法规。

中亚五国独立后都根据本国条件和需要制定了各自的对外经贸政策，其出发点都是加强对外经贸合作，吸引外资，发展本国经济。例如：乌兹别克斯坦涉及外资在乌投资的法律主要有《外国投资法》《外国投资者活动保障法》《土地法》。土库曼斯坦重视吸引外资，颁布了一系列规范外资的法规和政策，主要有《土库曼斯坦对外经济活动法》《土库曼斯坦外国投资法》等。塔吉克斯坦也出台了《塔吉克斯坦共和国投资法》等。近年来，中亚投资环境的宽松度与以往相比有了不同。比如，哈萨克斯坦于2003年颁布了新的《投资法》，规定了政府对内、外商投资的管理程序和鼓励办法。根据新的《投资法》，对外资无特殊优惠，内、外资一视同仁。目前，哈在不断增强国家对战略资源和重点行业的控制力，对外资企业的管控程度也日益严格。吉尔吉斯斯坦现行的《投资法》于2003年3月生效，是吉经济投资领域现行的基本法规。新投资法取消了原外国投资法给予外国投资者的税收优惠等规定。并且，吉涉及经济活动的法律法规修改频繁，政策的连续性和稳定性较差，无形中加大了在吉投资的风险系数。

中亚各国都制定了投资限制措施。例如：哈国服务贸易领域限制外资在通信、银行、大众传媒、建筑等行业的持股比例，不允许外资控股；石油行业规定哈国政府拥有超过40%的高额利润分成比例，同时设置奇高的投资退出门槛；将“哈萨克斯坦含量”规定从人员推广到商品、工作和服务，从温和宽松提升为强制执行；推行苛刻的劳务许可证配额。而乌国最低注册资本15万美元以上，外资持股比例30%以下，石油开采区块歧视性分配、高资源税。（李钦，许云霞 2012：3）

同时，中亚国家也提出了各自的政策鼓励优先投资领域。例如：哈国的机械制造、食品加工、建材、旅游、纺织、冶金；吉国的交通运输业、电信业、农业及农产品加工业、矿山开采业、水力发电、旅游业。中亚各国还通过提供一些优惠政策和法规，鼓励外国投资和贸易，带动本国经济发展。

中亚国家近年来加快了融入经济全球化的速度，不断完善国内相关投资法规，投资环境得以不断优化。但是，目前各国仍或多或少存在投资限制措施。另外，投资者向国内转汇投资收益时也多有不便，条件苛刻、手续繁杂。

（三）经济环境的比较

改革开放以来，我国经济得到前所未有的快速增长。进入 21 世纪后，中国经济始终保持平稳较快增长。2011 年，中国 GDP 实际增长 9.2%。目前，我国社会主义市场经济体制已经初步建立，市场在资源配置中的基础作用显著增强，宏观调控体系日趋完善；以公有制经济为主体、个体和私营等非公有制经济共同发展的格局基本形成，经济增长方式逐步由粗放型向集约型转变。我国已成为世界上最具有发展潜力的经济大国之一。据国家统计局 2011 年 1 月 20 日公布 2010 年国民经济运行情况，中国的经济规模达到世界第二；同时，按照人均 GDP 的排序，中国排在 100 位以后。（环球网 https://finance.huanqiu.com/article/9CaKrnJq4CH）

1991 年独立后，中亚五国的经济长期处于萧条状态，发展缓慢。各国的综合经济指标严重下跌，财政状况严峻，通货膨胀率高，各国货币币值不断下跌，工农业产值也严重下降，经济处于严重的危机之中。1996 ~ 1997 年期间，各国经济呈现回升的趋势，但受 1998 年下半年的俄罗斯金融危机影响，各国经济又重新跌入低谷。进入 21 世纪后，中亚五国经济趋于好转，开始走上稳定恢复甚至是稳步增长的时期。哈萨克斯坦是中亚地区经济发展最快的国家，据世界经济论坛《2009 ~ 2010 年全球竞争力报告》显示，哈萨克斯坦位列 2009 ~ 2010 年度国家和地区竞争力排行榜第 67 位。（新浪网 https://finance.sina.com.cn/roll/20090911/01186735312.shtml?domain=finance.sina.com.cn&vt=4）

1. 中国与中亚五国的产业结构比较

改革开放以来，我国的产业结构经历了较大变化。从长期的变动趋势来看，三大产业之间的比例关系有了明显的改善，产业结构正向合理化方向变化。第一产业在 GDP 中的比重呈现持续下降的态势，同时内部结构逐步得到改善。第二产业的比重经历了不断波动的过程，但长期稳定保持在 40%–50% 之间。工业内部结构得到升级，制造业增加值占全部商品增加值的比例由 1978 年的 30.5% 上升到 2005 年的 52%；第三产业在国民经济中的比重处于不断上升的过程之中，增加值比重由 1979 年的 21.9% 大幅上升至 2006 年的 39.5%。（马晓河，赵淑芳 2008 http://theory.people.

com.cn/GB/49154/49155/8074616.html）

苏联时期，中亚各国一直是它的原料供应基地，经济结构单一，以能源、原材料出口为主，制造业和加工业落后，各国70%以上的轻工业品需要进口，农业在各国产业结构中占有重要份额。独立后，中亚各国实行了不同模式的经济改革，实现了从计划经济向市场经济的转轨。中亚五国为减少本国经济对国际原材料市场、外援的依赖性，开始逐步实施产业结构的调整，将交通、水利、通信、公共设施等基础设施建设领域列为优先发展方向，吸引外资投入。

经过大力调整和改革，中亚各国产业体系正在不断完善。哈萨克斯坦在充分促进原料能源领域发展的基础之上，自2001年起优先促进交通运输、金融和机械制造等领域发展。目前，乌兹别克斯坦的支柱产业有棉花种植、石油天然气和铀矿开采，以及黄金等有色金属的开采和冶炼。土库曼斯坦除石油天然气开采外，还大力发展通信、纺织业，食品工业，燃料能源。目前，轻工业和食品工业已成为带动土库曼斯坦经济发展的"火车头"产业。塔吉克斯坦的棉花生产和加工业、燃料动力工业发展较快，轻工业、建材工业和采矿业连年增产，带动塔吉克斯坦经济发展，成为塔吉克斯坦的支柱产业。此外，食品工业也是塔吉克斯坦支柱产业的组成部分。

2．中国与中亚五国的经贸合作

自20世纪90年代初以来，中国与中亚五国的经贸合作关系得到了迅速发展，贸易规模逐年扩大，合作水平不断提高。1992年，中国与中亚国家建立外交关系，并随之发展经贸合作关系。当年中国与中亚五国的贸易总额仅为4.6亿美元，到2011年已超过364.5亿美元，比1992年增长了78倍多。其中，中国与哈萨克斯坦贸易额为213.1亿美元，与吉尔吉斯斯坦贸易额达到50亿美元，与塔吉克斯坦贸易额猛增到20.68亿美元，与乌兹别克斯坦贸易额为25.9亿美元，与土库曼斯坦贸易额猛增到54.8亿美元（李垂发2012）。可以看出，中国与中亚国家的贸易额近几年来出现了跨越式增长势头，如中国与土库曼斯坦、塔吉克斯坦和吉尔吉斯斯坦的贸易额均呈现了数倍增长。

在中国与中亚国家经贸合作中，油气管道建设、油气资源勘探开发等领域的合作占有重要地位。中亚地区拥有非常丰富的石油、天然气资源，尤其是铀和天然气的储量在世界上占相当高的比例，区域上能源矿产分布相对集中。石油和天然气主要分布在哈萨克斯坦、土库曼斯坦和乌兹别克斯坦。石油储量为42.8亿吨，占世界总量的2.1%；天然气储量为11.8万亿立方米，占世界总量的6.2%（转引自陈正，蒋峥2012：35）。此外，中亚地区还拥有非常丰富的煤、铀、黑色金属、有色金属等资源。金矿在中亚地区呈广泛的、成群带的分布，探明金矿储量达4333吨，占全球总量的

8.5%（陈正，蒋峥 2012：36）。金矿主要分布在乌兹别克斯坦、哈萨克斯坦、塔吉克斯坦和吉尔吉斯斯坦。

中国与中亚国家能源合作首先从哈萨克斯坦取得突破，中哈石油管道于2006年7月11日正式开通。至2012年初，哈萨克斯坦已经累计向中国输送原油3000多万吨。为了进一步扩大向中国的石油输出量，中哈石油管道修建了第二期工程。随后，中国又与土库曼斯坦开展能源合作。2009年12月13日，中国－中亚天然气管道开通仪式在土库曼斯坦举行。2010年10月26日，中国－中亚天然气管道B线投产通气，进一步扩大了土库曼斯坦向中国的天然气输送能力。

（四）文化环境的比较

在社会文化中，宗教、价值观念、风俗习惯等，对人们的生活方式和消费方式会产生重要影响，从而影响企业的投资方向和投资决策。一般而言，投资若与文化相适应，那么文化就会促进投资实现效率最大化，反之则不然。

中国文化深受儒家思想的影响。儒家学说倡导血亲人伦、现世事功、修身存养、道德理性，其中心思想是孝、弟、忠、信、礼、义、廉、耻，其核心是“仁”。儒家学说对中国文化的发展起了决定性的作用，在中国文化的深层观念中，无不打着儒家思想的烙印。儒家重视现实世务，倡导修身、齐家、治国、平天下，这是一种积极有为的态度。中亚五国的主体民族大都信奉伊斯兰教，伊斯兰教传入中亚地区已有一千二百多年的历史。伊斯兰教人生观也是积极进取的，它强调在信仰后世的前提下，也要求人们正视和重视今世，为今世的幸福去努力奋斗（马宁 2010：26）。儒家文化强调对尊长的服从，信仰对祖先的崇拜。信奉伊斯兰教的中亚民众也尊老爱幼，崇拜自己的祖先。儒家文化和伊斯兰文化都重视教育，都重视父母兄弟亲情，家族观念强，倡导邻里友爱、宽以待人、乐善好施。两者都倡导和谐，认为整个宇宙就是一个和谐的整体。不仅强调人与人之间的和谐，还强调人与大自然的和谐。

当然，中国文化和中亚文化也有着很大的不同。中亚的世居民族自古为游牧民族，过着逐水草而居的生活。由于特定的自然条件和社会环境，他们在生产和生活中形成了自己独特的风俗和交往礼节。下面以哈萨克斯坦为例：

1. 社交礼仪

哈国人第一次认识要握手，平常在一天中与熟人第一次照面一般也要打招呼握手。对于上级和年长的人，下级或者年轻人要伸出双手握住对方的手。伸出双手与别人握手也表示对对方的尊重。在哈国，告别后跨门槛时，一人在屋内，一人在屋外，两个

人是不能握手的。两个人要握手，要么在屋里，要么都在门外。（孙星云等2011：104）

2．着装礼仪

交际应酬商务活动和对外来往中，哈萨克人大都衣着西装或者套裙。在民间传统节庆活动期间，哈萨克人则往往穿民族服装。近年来，人们穿戴也现代化，男人多穿西装、皮夹克、羽绒服、风衣，年轻人喜欢穿牛仔服。（赵常庆2004：202）

3．餐饮礼仪

哈萨克人一日三餐，以肉食为主。早餐和午餐通常为馕、鸡蛋、干鲜水果和酸奶或茶。肉食主要是羊肉，兼以牛肉和马肉。马肠子是哈萨克人的美食。食品多自制，他们口味较重，偏好甜、辣、酸。哈萨克人忌食猪肉、自死之物。

4．习俗禁忌

哈萨克人最喜爱绿色，认为绿色能够给人们带来吉利与幸福。哈萨克人最喜欢的动物是猫头鹰，忌讳猪、狗及其毛皮制品或图案。哈萨克讲究“右高左低”。因而，人们出门、进门要先迈右腿，致礼要使用右手。与当地商人进行商务往来，必须了解他们的习俗，他们很尊敬和赞赏那些懂得他们的礼俗的人。还有一点要特别提到的是，在向他们推销中国商品时，无论你的开盘报价如何低，他们也不会轻易就接受你第一次所报的价钱，所以在商务会谈时一定要注意报价技巧。

四、中国企业“进军”中亚应注意的问题

中国企业到中亚投资经营应注意以下几个问题。

（一）价值观整合

中亚国家的政治取向和价值观与中国有所不同，中国企业应尊重中亚国家的体制政策，尊重中亚各国人民的自主选择，并且乐见中亚政治稳定、经济繁荣。在经济合作方面，要坚持与中亚国家“互利共赢”的方针。中国企业在制定“走出去”战略时，应对接中亚社会的产业发展目标。目前，中亚五国迫切需要完善自身的工业体系，特别希望大力发展非能源领域。因此，中国企业有必要适当调整对中亚五国直接投资的产业选择策略，以期获得中亚五国的产业成长利益和充分利用相关优惠政策。进入21世纪以来，中亚国家越来越重视环境保护。中国企业在中亚投资办厂时，要有环保意识，自觉遵守当地生态保护法，确保生态安全。在项目开展前宜对环境影响进行评估，对可能产生的环境问题提前预防。

（二）资源整合

要充分利用中亚地区的资源优势，实现资源整合。中亚国家拥有丰富的石油天然气和金属矿产资源，但是加工工业十分薄弱，消费品供不应求，其中食品、纺织品、家用电器、建材等需求量大，而这些正是中国最具国际竞争力的商品。中国企业进军中亚市场可以发挥我们的加工业的优势，充分利用中亚地区的丰富资源在当地生产加工，满足中亚地区的消费品需求。在农业领域，中国可与中亚国家在农产品贸易、农业机械及农业技术交流等方面展开全方位的合作。

（三）增强风险防范意识

中国企业在中亚投资经营可能会面临法治障碍。这主要表现为法制不健全、执法不规范，政策干预的随意性大。在解决具体问题时，中亚国家经常以总统令、内阁规定等文件来调整规范外商和外国投资在其国内的活动，政策的多变性和执法的随意性增加了投资风险。这就要求中国立法、执法机关加大与中亚各国的交流与沟通，充分发挥上海合作组织在完善经贸合作领域法律制度方面的重要作用，积极完善争端协调与规范机制，努力构建规范有序的经贸合作发展环境。再者，中亚地区政局不稳，针对中亚市场政策多变，社会动荡的情况，中国政府应不断完善政府服务体系，加强与我国驻中亚机构的联系，加强与国内外银行间、大企业间的信息交流，拓宽信息来源，从不同层次为企业提供中亚市场政策、法规、经济等信息，建立起政策法律风险预警机制，切实保护中国企业。

（四）尊重当地文化

中亚人大多信奉伊斯兰教，在这些国家，宗教是大多数人的全部生活方式。斋月期间，太阳升起后到落山以前不能进食。无论多么重要的生意，在斋月里也不能进行。中国企业在中亚国家经营时，要深入了解并尊重当地的文化风俗。要用欣赏的眼光去看待民族间的文化差异，以开放的胸怀与中亚人交往，实现两种文化的不断融合，促进中国与中亚经济合作的长远发展。

（五）融入当地社会

中国企业要在中亚国家建立和谐的社会关系，关注驻在国经济政策走向以及法律法规变动情况，与当地政府主管部门建立良好关系。当地人重亲情和友情，因此在中亚从事商务经营，建立必要的人脉也是十分重要的。进军中亚市场的中国企业还要懂得与媒体打交道。我们要学会与当地主流媒体接触交往，实现和谐互动，正面宣传中国和自己。中国企业应严格遵守当地法律法规，合法经营，注重产品和服务的质量。要开展属地化经营，适当增加当地人员的聘用比例，促进当地就业。还要鼓励中方员工与本地员工交流、沟通，促进企业内部双方员工的文化融合。中国企业要承担必要的社会责任，积极回报社会。只有受到当地民众的认可和欢迎，才能立足中亚市场，并实现长期稳定发展。

参考文献

[1] 陈联璧．独立后中亚国家的政治走向 [J]．东欧中亚研究，1996（1）.

[2] 陈正，蒋峥．中亚五国优势矿产资源分布及其开发现状 [J]．中国国土资源经济，2012（5）.

[3] 环球网．中国 GDP 规模居世界第 2 人均排全球 100 位以后 [DB/OL]. [2013-01-15]. https://finance.huanqiu.com/article/9CaKrnJq4CH.

[4] 李垂发．我国与中亚国家经贸合作稳步发展 [N]．经济日报，2012-06-06（4）.

[5] 李钦，许云霞．中国对中亚地区投资现状及其比较分析 [J]．商业经济，2012（7）.

[6] 马宁．比较宗教学视野下的伊斯兰教文化与儒家文化人生观 [J]．陇东学院学报，2010（1）.

[7] 马晓河，赵淑芳．我国产业结构演变 30 年 [DB/OL]．2008.06．http://theory.people.com.cn/GB/49154/49155/8074616.html.

[8] 孙星云，曾辉，张军平．哈萨克斯坦文化和社会习俗 [J]．中国石油企业，2011（3）.

[9] 新浪网．哈萨克“国家竞争力排行”第 67 位 [DB/OL]．[2013-01-23]．http://finance.sina.com.cn/roll/20090911/01186735312.shtml?domain=finance.sina.com.cn&vt=4.

[10] 杨殿中．中国企业对中亚五国直接投资的产业分布及产业选择建议 [J]．中央财经大学学报，2012（9）.

[11] 赵常庆．哈萨克斯坦 [M]．北京：社会科学文献出版社，2004.

[12] 驻哈萨克使馆经商参处．哈萨克独立以来引进外国直接投资总况及分析 [DB/OL]．[2010-07-16]．http://kz.mofcom.gov.cn/aarticle/ddgk/zwqihou/201007/20100707026440.html.

（本文原载于《国际观察》2013 年第 2 期）

吴爱荣

女，1970年出生，博士，副教授。

上海外国语大学俄罗斯东欧中亚学院中亚语系系主任，研究方向为翻译理论与实践和区域国别研究。出版专著1部，在国内外学术刊物上独立发表了论文20余篇，参与编写《俄罗斯社会与文化》《俄汉翻译教程》等多部国家级规划教材，参与编写《当代俄罗斯社会与文化》《俄罗斯投资环境指南》等专著，参与翻译《世界文学史》等多部文学著作。主持多项上海市社科基金项目，完成多项上海外国语大学校级项目。曾获上海外国语大学优秀科研成果学术奖—著作类一等奖、教育奖励基金路桥教学科研奖，上海外国语大学三八红旗手等荣誉。

浅析俄语在乌兹别克斯坦的地位变迁

吴爱荣

摘　要： 近年来，俄语在独立后的中亚各国的地位问题越来越引起人们的关注，因为中亚各国独立后，纷纷采取带有“去俄罗斯化”倾向的语言政策，使得俄语在中亚各国的地位边缘化，俄语的地位迅速衰落。作为中亚五国之一的乌兹别克斯坦，俄语在该国的地位也发生了巨大变化，独立前的苏联时期俄语享有特殊地位，使用范围广，独立后俄语从法律上被降为族际交际语，使用范围大幅下降。本文详细介绍了俄语在该国的地位变迁，分析了其深层的原因，并展望了俄语地位的前景。

关键词： 俄语；国语；族际交际语；去俄罗斯化

乌兹别克斯坦是一个多民族的国家，“共有129个民族，其主体民族是乌兹别克族，约占人口总数的73%。其他民族有俄罗斯族，占8%”（孙壮志，苏畅，吴宏伟

2004：23），还有塔吉克族、哈萨克族等等。从人数上看，俄罗斯族是少数民族，俄语作为乌兹别克斯坦一个少数民族的母语，似乎其使用范围有限，应仅是少数人使用的语言，不过，实际情况是“乌兹别克斯坦绝大多数居民讲乌兹别克语和俄语”（孙壮志，苏畅，吴宏伟 2004：22）。据统计，“在乌兹别克斯坦，能自如地使用俄语交谈的人数为 1700 万，约占其人口总数的 70%（该比例在大城市为 80%，在区的中心城和农村为 40%–45%）”（http://emigrant-ussr.ru/forum/38-87-1.14.08.2010 10:24），由此可见俄语在乌兹别克斯坦的使用十分广泛，地位十分重要。

尽管如此，从历史上来看，俄语在乌兹别克斯坦的地位并不是稳定不变的。特别是在 20 世纪 90 年代，位于中亚的原苏联各加盟共和国纷纷独立后，立刻在语言政策领域开始了“去俄罗斯化”的进程，以彰显其民族独立，因此俄语在中亚各国的地位迅速衰落，俄语在乌兹别克斯坦的情况也是如此。乌兹别克斯坦独立前和独立后，俄语在该国的地位发生了很大的变化：独立前，俄语的地位十分特殊，当时几乎所有居民都会讲俄语；但独立后，俄语的地位急转直下，使用范围大幅缩小，沦为了族际交际语。下面就从法律和实际使用两个方面详细分析一下俄语在乌兹别克斯坦的地位变迁及其原因，并对其发展前景进行展望。

一、独立前，苏联时期俄语的地位：地位特殊，使用范围广

苏联时期，虽然在法律上，没有明确规定俄语是乌兹别克斯坦的国语，但实际上“苏联时期，俄语在乌兹别克斯坦有着特殊地位”（孙壮志，苏畅，吴宏伟 2004：22），使用范围很广。

1925 年 3 月乌兹别克共和国正式加入苏联（马大正，冯锡时 2005：190），此后，整个苏联时期，俄语在乌兹别克斯坦的使用范围不断扩大，无论是在日常的生活，还是在学校教学、报纸杂志和电视广播等大众传媒中都普遍使用俄语。特别是从 1970 年开始，使用俄语的人数不断上升。根据“1979 年人口普查表明，从 1970 年以后，该国会讲俄语的人增加了约 500 万，从 1970 年占本地人口的 14.5% 上升到 1979 年的 49.3%”（王沛 2006：149）。

苏联时期，俄语在乌兹别克斯坦的地位如此特殊，懂俄语的人数如此之多，俄语的使用范围如此之大，首先是和苏联从 20 世纪 30 年代后期开始实行的强令推行俄语的语言政策有关。1938 年，苏联颁布了《关于民族共和国和民族州必须学习俄语》的决议，把俄语规定为苏联所有学校从一年级起的必修课程；1961 年，苏共第

二十二大上明确指出，民族语言被用于当地文化的发展，俄语被用于其他更宽的途径。于是这种表面上俄语和民族语并存，实际上是“俄语化”的双语化政策在中亚开始推行，俄语开始代替中亚民族语言，成为这些国家在政治、经济、军事、科技和工业等领域使用的唯一语言。（王尚达，王文 2005：69–70）因此，虽然苏联在 1917 年 11 月 15 日通过的《俄罗斯各族人民权利宣告》中废除了俄语作为国语的规划（王尚达，王文 2005：68），并且法律上，“整个苏联时期，苏联政府从未把俄语规定为国语”（萧净宇，李亚龙 2007：88），但在实际上俄语成为了全苏联的国语。在乌兹别克斯坦俄语的地位也是如此，即虽然法律上不是，但实际上，俄语在乌兹别克斯坦具有国语的地位，俄语迅速得到普及，使用范围非常广泛。

其次，是和经济因素有关。苏联时期，乌兹别克斯坦的经济比较落后，需要来自经济发达的俄罗斯等其他加盟共和国的先进技术和人才等方面的帮助，而来自这些地区的受过高等教育的人才在工作和生活中都使用俄语交流，为了吸收先进的工业技术，为了能与懂技术的移民进行沟通交流，必须会说俄语，因此俄语对乌兹别克人有很大的吸引力，学习俄语的人数日渐增多。

总之，在苏联时期，由于政府实行了强令推行俄语的语言政策，再加上经济因素的影响，虽然法律上没有明文规定，但实际上，俄语在乌兹别克斯坦具有了国语的特殊地位，俄语的使用范围非常广泛。

二、独立后俄语的地位：法律上无权，但仍有很大需求

（一）独立初期，俄语失去法律地位，使用范围大幅下降

俄语从苏联时期开始的在乌兹别克斯坦的特殊地位并没能延续下去，它在 1989 年走到了尽头。1989 年 10 月 21 日，当时还是苏联加盟共和国的乌兹别克斯坦通过了自己的语言法《关于乌兹别克斯坦共和国的国语》。根据该语言法，乌兹别克语是国语，俄语的地位是族际交际语。1991 年 9 月 1 日乌兹别克斯坦正式宣布独立后，在 1992 年 12 月 8 日通过的宪法里更是明确地写到：乌兹别克斯坦的国语是乌兹别克语（Саадуллаев 2002）。因此，乌兹别克斯坦独立后，在法律上，俄语失去了国语的地位，其使用范围也大幅缩小。在政府的各级国家机关中，使用乌兹别克语作为公文事务用语，近年来所有文件都用乌兹别克语书写（俄新社 2007：006）；电视和广播等大众传媒中俄语节目的播出受到了限制，只能在一定的时间段播出（www.russkie.org/index.php?module=fullitem&id=2955,26.05.2003 10:06）；而在中小学、大学等教

育机构中俄语的使用情况更是以惊人的速度在减少，特别是在独立的初期，俄语学校的数量减少了1/2（Александра Шустов 2009）。据统计，独立前，在乌兹别克斯坦，使用俄语进行教学（仅使用俄语或俄语、乌兹别克语混合使用）的中小学校共有1230所，而在1992年下降到1147所，到2000年则仅为813所，其中只使用俄语教学的学校仅有170所。使用俄语学习的学生人数在全国中小学人数中所占的比例也从1989年的14.8%，下降为2000年的3.3%。俄语在大学教育中的使用情况也很严峻，到2000～2001学年，除费尔干纳大学外，乌兹别克斯坦的其他大学中已经没有只使用俄语进行授课的系了，仅保留了一些班级还使用俄语授课（http://emigrant-ussr.ru/forum/38-87-1.14.08.2010 10:24）。独立前，大学里使用俄语授课和使用乌兹别克语授课的专业数量是各占一半，而在独立后，使用乌兹别克语授课的专业比使用俄语授课的专业多3～4倍。例如：2000年时，安集延大学的17个专业中只有4个专业用俄语授课；布哈拉大学的27个专业里只有7个用俄语授课。（www.russkie.org/index.php?module=fullitem&id=2955.26.05.2003 10:06）

俄语在乌兹别克斯坦的地位下降，使用范围大幅减少的主要原因就在于，独立后，乌兹别克斯坦政府为了体现其民族和国家的独立性，便开始了在语言领域的“去俄罗斯化”，意图将俄语从人们的生活中排挤或彻底根除出去。为了体现其民族和国家的独立性，为什么一定要清除俄语的影响呢？ 因为，从关于语言和文化关系的理论上来讲，语言具有鲜明的民族性，可以说它代表的是一个民族，或者一个民族的文化，“就民族文化而言，民族语言则是它最基本最重要的表现形式之一。在一定意义上说，民族语言就是民族文化的模式体现，是民族文化的天然‘图腾’”（戴昭铭1996：25）。并且，从社会语言学的观点来讲，在一个多民族的国家，对少数民族的语言应执行正确的语言政策，即“一方面是帮助少数民族发展语言文字；另一方面是正确采用族际语，二者不可偏废”（王德春1997：371）。而苏联时期，在中亚各加盟共和国所采取的过分强调俄语的“俄语化”语言政策，使乌兹别克语等少数民族语言没有获得应有的合法地位，遏制了乌兹别克语等少数民族语言的发展，也遏制了这些地区少数民族文化的发展，使这些民族对俄语产生了逆反、排斥的心理。对乌兹别克斯坦等中亚各国来说，本族语和领土、国旗、国徽等一样，是国家的象征，因此，在国家独立之初，为了突出本族语的地位，乌兹别克斯坦便和其他中亚各国一样，首先在法律上把本族语定为唯一国语，降低俄语的地位，以此来清除俄语的影响，象征摆脱苏联的统治，体现本民族和国家的独立。

乌兹别克斯坦政府在语言领域“去俄罗斯化”的具体措施是：

首先，从法律上明确乌兹别克语的国语地位，这一点在 1989 年颁布的语言法和 1992 年通过的宪法里写得十分清楚。而关于俄语的地位问题，除在 1989 年的语言法里将其定位为族际交际语外，在 1995 年 12 月 21 日颁布的新语言法《关于乌兹别克斯坦的国语》，以及 2004 年关于该法律的修正案中对俄语的地位问题都只字未提，俄语失去了法律上的地位，仅是乌兹别克斯坦的一种民族语言，在近年来，俄语更是仅为乌兹别克斯坦大中小学学校里教授的一门外语而已。

其次，乌兹别克语拉丁字母化。“乌兹别克语属阿尔泰语系突厥语族。古时，乌兹别克语使用的是阿拉伯字母。苏联时期，苏维埃政府把乌兹别克语改用俄文字母拼写。”（孙壮志，苏畅，吴宏伟 2004：22）独立后，乌兹别克斯坦进行了文字改革，在 1993 年 9 月 2 日通过了《关于使用拉丁字母拼写乌兹别克语》的法律（www.fergananews.com/articles/5092.28.04.2007 11:47），自此，乌兹别克语彻底脱离了与俄语的关系。

而上述这些“去俄罗斯化”的语言政策，使俄语在乌兹别克斯坦的地位下降，使用范围大幅缩小，这也导致了居住在乌兹别克斯坦的以俄语为母语的俄罗斯族和其他民族的居民大量移民国外，离开乌兹别克斯坦。据统计，1989 年，居住在乌兹别克斯坦的俄罗斯人共有 1 653 478 人，占乌兹别克斯坦总人口数的 8.34%。而在 21 世纪初，居住在乌兹别克斯坦的俄罗斯人共有 1 117 551 人，占乌兹别克斯坦总人口数的 4.78%，即有三分之一的俄罗斯人离开了乌兹别克斯坦，而且居住在乌兹别克斯坦的俄罗斯人的数量还在继续下降。除俄罗斯人外，还有一些以俄语为母语的其他民族的居民，如莫尔多瓦人、德意志人、以色列人和乌克兰人也因为俄语使用范围的缩小而离开了乌兹别克斯坦（www.russkie.org/index.php?module=fullitem&id=2955.26.05.2003 10:06）。而大量讲俄语的居民的离开也加剧了俄语使用人数日益减少的局面，成为了乌兹别克斯坦独立初期俄语使用范围急剧缩小的另一个重要原因。

总之，乌兹别克斯坦独立初期，由于政府实行了“去俄罗斯化”的语言政策：颁布语言法确定乌兹别克语为国语，把乌兹别克语从俄文字母改为拉丁字母书写等，使俄语失去了“国语”的法律地位，使用范围大幅缩小；再加上母语为俄语的俄罗斯等民族的居民大量移民国外，俄语在乌兹别克斯坦的使用人数急剧减少。

（二）近年来，俄语虽处在法律上无权的地位，但仍有很大的需求，人们学习俄语的热情回升

近年来，俄语虽仍无法律地位，但它在乌兹别克斯坦独立初期的急剧下降趋势并没有持续下去，俄语的使用人数仍很多，根据专家的统计“乌兹别克斯坦全国主动掌

握俄语的居民有500万人，被动掌握俄语的居民有1000万人，合计占全国总人口数的70%”（Арефьв 2006：86）。俄语仍在政府、电视节目、书籍出版等大众传媒和教育领域有很大的需求，而且人们对学习俄语的热情出现了回升的趋势。

乌兹别克斯坦政府很多部门的公文处理虽然已全部使用乌兹别克语，但政府在颁布各种法律、命令和各种合同文件时，还同时使用俄语。

在电视节目、书籍出版等大众传媒领域，俄语的使用范围也很大。虽然乌兹别克斯坦本国电视节目中的俄语节目很少，但是，近年来随着卫星电视节目的出现，现在乌兹别克斯坦国内的大多数居民都能收看到俄语的电视节目（http://www.proza.ru 28.10.2008/270）。从2000年开始，俄语书籍的出版量也逐年增加，尽管主要是娱乐和教学方面的书籍。正如“欧亚文化遗产”基金会在2008年的研究报告中指出的那样：“无论如何令人难于置信，乌兹别克斯坦国内俄语电视节目的数量不仅没有减少，似乎反而增加了。……国家级的出版物采用两种语言出版：乌兹别克语和俄语。一些新出版的书籍则只用乌兹别克语或只用俄语。并且，这些新出版的书籍有这样的特点，即出版社在出版文化思想领域的书籍时，因按照国家的规定可享受国家补贴，故使用乌兹别克语。而出版广告信息、经济、企业管理、社会信息和娱乐等方面的书籍时，出版社则根据商业需求和读者的意愿，使用俄语。因为现实的情况是，俄语在经济领域地位稳固，至少，暂时还有很大的需求”（http://www.Ferghana.ru 28.10.2008 18:31）。

而在教育领域，俄语学校和学习俄语的学生人数虽仍略有下降，但人数仍很可观，情况基本稳定。根据乌兹别克斯坦教育部的统计，2007~2008学年，全国共有中小学校9765所，其中使用俄语教学的共有739所（学生人数共计35万人）；其中613所同时使用乌兹别克语和俄语混合教学，126所仅使用俄语教学（占学校总数的1.3%）。与2000年（共有813所同时使用乌兹别克语和俄语混合教学的中小学）的情况相比，虽略有下降（少了74所），但速度趋缓，人数仍旧很多，情况基本稳定。

俄语在大学的情况也很乐观。在乌兹别克斯坦全部的63所大学里，俄语都是必修课。在塔什干市，在塔什干州、撒马尔罕州、纳沃伊州、安集延州、费尔干纳州等地的大学里都设有用俄语授课的班级，除东方学研究所外，在所有的人文科学类的大学里都设有俄语语文系（http://www.Ferghana.ru 28.10.2008 18:31）。

而且，近年来，乌兹别克斯坦人对学习俄语的兴趣出现了回升的趋势。据调查，全国愿意学习俄语的人数仍然很多，达到了被调查总人数的90%（Труд-7. 2004:6）。

例如，撒马尔罕俄语文化中心从 2010 年开始开设俄语学习班，本计划开两个班，但因来报名的人实在太多了，只好又增加了一个班，而且，来报名学习的主要是年轻人（http://www.vesti.uz/index.php?option=com_content&view=article&id=8028:2010-09-03+10:34:17&catid=18:rusworld&Itemid=38,2010.09.03）。另外，“对于一些雄心勃勃的当地人来说，俄语的学习可能将仍然保持一种‘默认’态势。大多数人仍然认为俄语学习是有必要的，如果想要向上流动的话，你必须学习俄语。”（范霍恩 2012：A08）

近年来，俄语不仅并未在乌兹别克斯坦消亡，而且使用的人数仍然很多，人们学习俄语的兴趣日渐增加，主要有以下国内、国外两大方面的原因。

1. 国内方面：

（1）政府高层和中层干部工作需要

乌兹别克斯坦政府的大部分高层领导都熟练使用俄语，因为他们都是从苏联时期开始自己的仕途的，当时在政府部门工作会俄语比会乌兹别克语更重要。例如，乌兹别克斯坦总统伊斯兰·卡里莫夫常常用俄语发表讲话。而在乌兹别克斯坦，干部的换届是非常缓慢的，因此这就有利于俄语在政府高层保有它的地位。

且现在政府各部门的中层干部都是 1990 年和 2000 年开始参加工作的人，他们都出生在 20 世纪的 70 和 80 年代，那时还是大力推行“俄语化”教育的时代，因此他们都掌握了流利的俄语，乌兹别克语不熟练或根本不会。对他们来说，在工作中使用乌兹别克语的术语来代替已习惯的俄语术语也是非常困难的，因此在政府的许多部门俄语仍被继续使用。

（2）在国内找工作需要

现在，在乌兹别克斯坦报纸刊登的招聘广告上，都写明要招聘的工作人员需要既会乌兹别克语，又会俄语（http://russian.eurasianet.org/ departments/insight/articles/eav092006ru.shtml.27.03.2006）。不会俄语在国内找到工作的机会也会减少。

（3）大学教育需要

乌兹别克斯坦独立的初期，许多苏联时期的老教材都被销毁了，现在，没有出版过内容完整的乌兹别克语大学教材，只是印刷了一些小册子。而大学学习必需的一些科学书籍更是根本没有乌兹别克语的。没有教材，没有相关的参考书籍，大学生们为了听课，只好到互联网上查找需要的资料。而互联网上的资料则是俄语的比乌兹别克语的多，因此必须会俄语。而且在大学里，包括用乌兹别克语授课的专业，老师提供给学生的参考书，也都是俄语的。因此可以说，现在在乌兹别克斯坦，如果不会俄语的话，根本无法接受正常的大学教育。所以，现在许多乌兹别克族人也把自己的孩子送到用俄语教学的中小学读书，俄语的使用人数不降反升了（http://www.Ferghana.ru 28.10.2008）。

（4）去俄罗斯留学需要

乌兹别克斯坦独立后实行的乌兹别克语拉丁字母化等“去俄罗斯化”政策，对乌兹别克斯坦的教育产生了很大的负面影响，中小学生缺少合格的使用拉丁字母拼写的乌兹别克语的教科书，使用拉丁字母拼写的乌兹别克语的书籍也非常少，甚至连大学教育必需的教材和书籍也没有，教育水平一下子倒退了几十年。现在，有很多乌兹别克斯坦人把孩子送到俄罗斯读大学，还有一些年轻人大学毕业后想去俄罗斯继续深造，因此必须学习俄语。

（5）在俄罗斯打工需要

现在，在俄罗斯工作的乌兹别克斯坦人超过一百万（大部分是非法的），他们一年里至少在俄罗斯工作几个月，并把挣来的一部分工钱寄回国内养家。他们当中的大多数人来自乌兹别克斯坦的贫穷乡村，只会几个俄语单词。因为不会俄语，因此他们很难找到工作，并且还会在工作中遭到不平等待遇，甚至敲诈勒索等（http://www.Ferghana.ru 28.10.2008）。

（6）移民俄罗斯需要

乌兹别克斯坦以俄语为母语的居民中，有很大一部分人（特别是年轻人）想要移民俄罗斯。这股开始于 2000 年初的移民潮，对乌兹别克斯坦本地的其他民族的居民也产生了很大的吸引力，这也促进了俄语在乌兹别克斯坦地位的回升。

2．国外方面：

（1）乌俄关系改善

从 2003 年开始，乌兹别克斯坦和俄罗斯两国的关系开始逐渐改善，特别是 2005 年 5 月安集延事件后，乌俄关系得到了进一步的发展，两国政府于 2005 年 11 月签订了一揽子的双边条约，这为乌兹别克斯坦的经济和教育发展提供了更大的发展空间。这也使乌兹别克人开始重拾学习俄语的热情，以便能在两国关系持续改善的大背景下获得更多个人发展的机会和空间。

（2）“俄罗斯世界”基金会的支持

为了重振俄语的雄风，在俄罗斯境外推广俄语，保证其在国际上的地位，俄罗斯总统普京于 2007 年签署总统令，成立了“俄罗斯世界”基金会。该基金会定期为乌兹别克斯坦提供诸如培训俄语教师，提供教材等方面的帮助，对乌兹别克斯坦的俄语发展起了积极的作用（http://www.vesti.uz/index.php?Option =com_content&view=article&id=8028:2010.09.03 10:34:17&catid=18:rusworld&Itemid=38.2010.09.03）。

（3）俄罗斯的发展

近年来俄罗斯经济持续增长，在国际舞台上的政治影响力和威信也不断增强，这也吸引了越来越多的乌兹别克斯坦人学习俄语。

由此可见，由于乌兹别克斯坦高层和中层干部在工作中更习惯使用俄语，以及乌兹别克斯坦人在国内找工作、读大学，甚至到俄罗斯留学、打工和移民俄罗斯都需要熟练掌握俄语，再加上近年来，乌俄关系持续改善，俄罗斯自身在国际上的地位提高，以及“俄罗斯世界”基金会对俄语教育的支持，使得近年来俄语在乌兹别克斯坦的使用人数仍然很多，人们学习俄语的热情回升，俄语虽处在法律上无权的地位，但仍有很大的需求。

三、俄语地位的前景：不乐观，恢复“国语”地位的可能性不大

虽然，近年来，俄语在乌兹别克斯坦的使用人数仍很多，但俄语地位的未来并不乐观，在未来发展中面临着以下几个方面的困难：

（1）乌兹别克斯坦政府方面没有在法律上提高俄语地位的任何举动。自 1989 年语言法将俄语降为族际交际语后，在 1995 年的新语言法和 2004 年的修正案中都未提及俄语。近年来乌兹别克斯坦政府也未公布任何提高俄语地位的法律，“俄语虽然仍旧通用，但其法律地位没有明确体现”（张春友 2010：008）。

（2）年轻一代不会俄语，俄语缺少未来的使用者。在乌兹别克斯坦，在 20 世纪 80 年代末以后出生的年轻人，他们开始受教育时，俄语已经失去了苏联时期的特殊地位，俄语的使用范围也已大幅下降。因此大多数母语为非俄语的年轻人俄语不熟练或根本不会，而大多数母语为俄语的年轻人则选择移民俄罗斯，因此，“在乌兹别克斯坦，几乎没有年轻的费尔干纳谷居民会讲俄语了。60% 的乌兹别克斯坦年轻人知道俄语，但只有 20% 的人有显著的动力去学习俄语。”（范霍恩 2012：A08），俄语缺少未来的使用者。

（3）俄语面临着英语的竞争压力。近年来俄语在乌兹别克斯坦除受到乌兹别克语的排挤外，还面临着英语的竞争压力。同样作为一种外语，俄语在与英语的竞争中并不占优势，“据非官方统计，现在在乌兹别克斯坦的大学里，学习英语和学习俄语的人数各占一半”（http://russian.eurasianet.org/ departments/insight/articles/eav092006ru.shtml.27.03.2006）。

（4）俄语的教学质量和自身语言质量下降。现在，在乌兹别克斯坦中小学教授俄语的教师都不是母语为俄语的人，非语言类专业的大学里仅在一年级把俄语作为一门外语来学习，用于学习俄语的时间也从原来的 240 小时减少到 72 小时，因此俄语的教学质量严重下降。从前乌兹别克斯坦的俄语被认为是非常纯正和规范的，现在由于受乌兹别克语和英语的冲击，该国的俄语使用中出现了词汇贫乏、语法概念模糊的问题，俄语自身的语言质量也下降了。

因此，由于乌兹别克斯坦政府近期不想在法律上提高俄语的地位，会俄语的年轻人减少，再加上乌兹别克语和英语的排挤，俄语教学质量和自身语言质量的下降，俄语在乌兹别克斯坦的前景并不乐观，恢复“国语”地位的可能性不大，仍将在未来的一段时间内继续处于法律上“无权”，实际上“需要”的地位。

综上所述，由于乌兹别克斯坦在独立前和独立后两个不同时期采取的语言政策不同，俄语在乌兹别克斯坦的地位发生了由盛转衰，再到需求稳定的巨大变迁。俄语地位的这种变迁有着国内和国外等多方面的原因，而在未来，乌兹别克斯坦是否会和哈萨克斯坦、吉尔吉斯斯坦一样，把俄语重新从法律上定位为“官方语言”，从目前俄语在乌兹别克斯坦面临的发展困难来看，形势并不乐观。

参考文献

[1] 戴昭铭．文化语言学导论 [M]．北京：语文出版社，1996．

[2] 俄新社．俄语在后苏联空间地位各不相同 [N/OL]．世界报，2007-04-18（006）．

[3] 雷切尔·范霍恩．俄语在中亚的迅速衰落 [N]．张煜如编译．第一财经日报，2012-08-06（A08）．

[4] 马大正，冯锡时．中亚五国史纲 [M]．乌鲁木齐：新疆人民出版社，2005．

[5] 孙壮志，苏畅，吴宏伟．乌兹别克斯坦 [M]．北京：社会科学文献出版社，2004．

[6] 王沛．中亚五国概况 [M]．乌鲁木齐：新疆人民出版社，2006．

[7] 王德春．语言学概论 [M]．上海：上海外语教育出版社，1997．

[8] 王尚达，王文．苏联对中亚的语言政策：评论和反思 [J]．俄罗斯中亚东欧研究，2005（6）．

[9] 萧净宇，李亚龙．非传统安全视角下的俄语安全问题 [J]．俄罗斯研究，2007（5）．

[10] 张春友．俄语缘何在中亚“失宠”[N]．光明日报，2010-02-21（008）．

[11] Александра Шустов. Русские шкоы вытесняются турецкими. О состоянии русского образования в государствах Центральной Азии [N/OL]. //Интернет - газета “Столетие”. 2009-12-11.

[12] Анастасия Павленко. Русский язык вчера, сегодня, завтра[OL]. http://www.proza.ru, 2008/10/28/270.

[13] Арефьв А. Как это будет по-русски?[J]. Эксперт, 2006-12. 25-31 декабря.

[14] В Узбекистане пробуждается интерес к изучению русского языка[J/OL]. Журнал «Русский мир. RU»[2010-09-03]. http://www.vesti.uz/index.php?option=com_content&view=article &id=80 28:2010-09-03+10:34:17&catid=18:rusworld&Itemid=38.

[15] Саадуллаев Д. Русский язык в Узбекистане: состояние и перспективы[J/OL]. Русский язык за

рубежом, 2002 (4).

[16] О положении русского языка в странах СНГ. Узбекистан[OL]. [2010-08-14]. http://emigrant-ussr.ru forum/38-87-1.

[17] Россия - Узбекистан: с верой в бубущее[J]. Труд-7. 2004. № 35. С.6.

[18] Зинин С.И. Русский язык в Узбекистане[OL]. [2003-05-26]. www.russkie.org/index.php?module=fullitem&id= 2955.

[19] Узбекистан: Русский язык уходит. И узбекский не остается...[OL]. [2008-10-28]. http://www.Ferghana.ru.

[20] Юнус Халиков. Головоломка с русским языком в Узбекистане[OL]. [2006-03-27]. http://russian.eurasianet.org/departments/insight/articles/eav092006ru.shtml.

（本文原载于《俄罗斯东欧中亚研究》2014 年第 1 期）

韦进深

男，1982 年出生，博士，博士后，助理研究员。

上海外国语大学俄罗斯东欧中亚学院教师，研究方向为俄罗斯中亚问题研究，出版学术专著两部，在专业期刊发表学术论文二十余篇，发表报刊文章多篇。

合作型地缘经济战略与丝绸之路经济带建设*

——兼论中国与中亚的区域合作

韦进深

摘 要： 经济全球化和区域一体化的发展塑造了中国的地缘经济空间。在与国际社会的互动中，中国产生了合作型的地缘经济战略思想。共建丝绸之路经济带是在经济新常态下中国合作型地缘经济战略的具体体现，通过以政策沟通、设施联通、贸易畅通、资金融通、民心相通为主要内容的国家间互动和提供区域性公共产品，中国将进一步加强与相关国家和地区的经济合作，整合地缘经济空间。本文从合作型地缘经济战略的视角出发，探讨了中国与中亚的区域合作。

关键词： 合作型地缘经济战略；丝绸之路经济带；中亚；区域经济合作；

* 本文是教育部区域国别研究指向性课题（项目编号：GBQYYJELS1403）、上海外国语大学区域国别研究中心项目（项目编号：QYGBYJ15WJS）的阶段成果，同时感谢上海外国语大学第二届青年教师科研创新团队的支持。

一、引 言

作为新时期中国地缘经济理念的重要规划，“一带一路”倡议引起了国际社会的重大关注，多数国家支持“一带一路”设想，反应积极。但部分国家对此持怀疑态度，担心受到排挤甚至对抗。有些学者往往从地缘政治争夺的视角出发认知丝绸之路经济带建设这一倡议，从关注重点分析，这些学者对丝绸之路经济带倡议背后所蕴含的区域合作思想和共建原则较少关注，而是用零和博弈的思维和地缘政治的视角去看待“一带一路”倡议，甚至产生荒谬之极的错误论断。

冷战结束后，中国与国际社会的互动日益频繁和紧密，对国际事务的参与程度不断提高，并在此过程中，逐渐形成了有关国际关系新的理念和看法。从中国与国际社会互动的实践和“一带一路”相关文件看，中国并没有地缘政治的目标和计划，而是出于地缘经济的考量规划“一带一路”建设。并且和西方传统地缘经济思想相比，中国的地缘经济理念并非强调竞争和对抗，而是强调合作与共赢，是一种合作型的地缘经济思想。本文从理念、实践和挑战出发论述中国合作型地缘经济思想，初步构建了一个理解中国和平发展的分析框架，并用于解释丝绸之路经济带建设。由于中亚地区在古丝绸之路中扮演的重要角色和共建丝绸之路经济带中的重要地位，本文从合作型地缘经济理念出发，就共建丝绸之路经济带框架下中国与中亚区域经济合作展开论述。

二、中国合作型地缘经济战略的理念

冷战结束后，经济全球化和区域一体化的发展趋势推动了国际关系解释范式的转变，以爱德华·卢特沃克（Edward N. Luttwark）为代表的西方学者注意到地缘经济因素在世界政治中的影响进一步上升，经济关系在国家间关系中的重要性日益增强，进而对传统的国际体系和地缘政治结构产生解构性影响。卢特沃克认为冷战的结束带来“安全”概念内涵的扩大，影响国际安全的因素，不仅有政治和军事，更重要的还有经济和生态环境。“在某种意义上，谁掌握了国际经济和生态的优势，谁就在国际事务中拥有较大发言权。”（倪世雄等 2012：399）地缘经济学的核心观点，就是认为世界正在形成三个相互竞争的经济集团，即日本率领的环太平洋经济区、美国领导的西半球经济区、以德国为中心的欧洲经济区（Lester Thurow 1992：246），三大集团谁能获得较大优势，主要取决于各个集团的规模、地理位置、人口、文化、政治手腕等因素。地缘经济学认为这种发展趋势反映了冷战后国际政治特征的新变化，即国家间关系不仅仅是以权力为基础、以对战略空间和战略资源的争夺为目的、以综合实力的对抗和较量为主要方式的零和博弈式的竞争，通过经济、文化、科技等领域的合作而实现对某一区域的控制从而在国际经济竞争中占据主导优势越来越成为国际关系的主要内容。

整体来看，西方的地缘经济理论一方面分析了冷战结束后国际政治经济发展的现实和趋势，扩大了“安全”概念的内涵，将经济、贸易、贫困、发展等“低政治”议题纳入了安全的范畴，强调了贸易、经济外交等手段在国家对外方式中的重要作用。但另一方面，地缘经济理论其目的在于为冷战后美国的国家战略提供理论支持，认为经济因素应当成为在变化的世界政治中美国实施地缘战略的重要手段，从而应对后起国家的经济崛起对美国主导地位构成的挑战。从这个意义上讲，西方的地缘经济理论与其说是对传统地缘政治学的挑战，不如说是对传统地缘政治学的发展和补充。“地缘经济学和传统现实主义一样，也强调权力。”（倪世雄 2012：403）经济全球化和区域一体化的发展塑造了中国的地缘经济空间。改革开放三十多年的实践证明，中国的和平发展道路并没有选择以对抗性的零和博弈为主要特征的地缘政治思想，也不是强调经济上竞争和对抗的西方地缘经济思想，而是在改革开放的实践中逐渐形成了具有自身特点的地缘经济新思维，这种地缘经济新思维在理念上主要包括以下内容：

（一）在世界政治新形势下坚持互信、互利、平等、协作的新安全观

安全是和平与发展的前提，也是和平与发展的保障。冷战结束后，世界和平不仅面临来自战争、冲突、军事对抗、军备竞赛等传统安全的威胁，也面临来自恐怖主义、民族分裂主义、宗教极端主义以及环境污染、跨国犯罪、粮食安全等非传统安全的威胁。这种安全内涵的扩大要求安全思维和维护安全方式的更新。在此背景下，中国倡导互信、互利、平等、协作的新安全观，寻求实现综合安全、共同安全、合作安全。

（二）在对外经济交往中坚持互惠共赢的经济发展观

自加入世界贸易组织以来，中国主张主要经济体之间应协调宏观经济政策，通过协商妥善解决经贸摩擦。中国是推动世界范围内贸易和投资自由化、便利化的主要力量，多哈回合谈判的坚定支持者。在地区层面，中国始终奉行睦邻友好的地区合作观，主张“密切经贸往来和互利合作，推进地区经济一体化进程，完善现有区域次区域合作机制，对其他区域合作构想持开放态度，欢迎地区外国家在促进地区和平

与发展中发挥建设性作用”（《中国的和平发展》白皮书 http://www.scio.gov.cn/zxbd/nd/2011/document/999798/999798_3.htm:2019.11.20）。这表明，中国的地缘经济主张，并非是排他性的，而是包容性的。中国是国际经济贸易多边制度的受益者，也是国际公共产品和地区公共产品的提供者。习近平同志将中国周边外交理念概括为亲、诚、惠、容，在对外经济交往中，则体现在中国本着互惠互利的原则同周边国家开展合作，从同周边国家共同发展中获得助力，同时让中国发展更好地惠及周边。

（三）在承担国际责任方面坚持正确的义利观

中国经济的发展和与外部世界相互依赖的加深推动着中国国际责任意识的深化。作为世界上最大的发展中国家，中国明确提出，“作为国际社会负责任的国家，中国遵循国际法和公认的国际关系准则，认真履行应尽的国际责任……随着综合国力的不断增强，中国将力所能及地承担更多国际责任”（《中国的和平发展》白皮书 http://www.scio.gov.cn/zxbd/nd/2011/document/999798/999798_3.htm:2019.11.20）。针对世界形势的新发展和中国外交的新任务，习近平同志提出中国的外交要坚持正确的义利观，强调了中国是发展中国家和国际社会负责任成员的身份定位。在对外行为中坚持正确的义利观，是中国合作型地缘经济思维的重要内容。

（四）在人文交往中坚持包容互鉴的文化交往和文明对话观

在对外交往中，中国一贯倡导尊重文化的多样性，提出了包容互鉴的文化交往和文明对话观。人文合作是中国合作型地缘经济思维的重要内容，也是中国对外交往的重要内容。坚持包容互鉴的文化交往和文明对话观，不同文化背景的国家完全可以在共建“一带一路”的过程中实现共享和平、共同发展。在 2015 年博鳌亚洲论坛上，中国领导人倡议召开亚洲文明对话大会，推动各国青少年、社会团体、智库的交流合作。

三、中国地缘经济的实践与挑战

（一）中国地缘经济的实践

主要经济伙伴及其所在地区构成中国地缘经济的现实空间，其他地区则是中国地缘经济可以拓展的潜在空间。（潘忠岐，黄仁伟 2008：116）中国合作型地缘经济战略在实践上表现为在全球地缘经济空间和亚洲地区地缘经济空间的拓展上，前者体现在参与全球经济体系（全球贸易体系、全球投资体系、国际金融体系等）和与主要经济伙伴国（地区）的互动，后者体现在区域公共产品的提供和经济伙伴国（地区）的互动。在拓展中国的地缘经济空间的过程中，中国合作型的地缘经济战略取得了一定的成功，但也面临不小的挑战。

在全球地缘经济空间层面，从参与全球经济体系看，自 2001 年加入世界贸易组织以来，中国进出口总额逐年攀升。2013 年，中国货物进出口总额为 4.16 万亿美元，其中出口额 2.21 万亿美元，进口额 1.95 万亿美元（世界贸易组织统计数据库 http://stat.wto.org/Home/WSDBHome.aspx?Language=），中国成为世界第一贸易大国。从全球投资结构看，2014 年，中国对外投资规模近 1400 亿美元，实际利用外资规模近 1200 亿美元，中国实际对外投资已经超过利用外资的规模，成为资本的净输出国。从参与国际金融体系看，中国在国际货币基金组织和世界银行中的影响力由于中国经济发展而有所提高，2010 年 4 月，世界银行通过投票权改革方案，中国在世界银行的投票权从 2.77% 提高到 4.42%，成为世界银行第三大股东国，仅次于美国和日本。2010 年 11 月，国际货币基金组织通过份额改革方案，中国的基金份额从 3.72% 升至 6.39%，投票权也相应从 3.65% 升至 6.07%，同样位列美国和日本之后。在国际金融问题治理上，2008 年金融危机爆发后，作为“国际经济合作的主要平台”的二十国集团在国际金融问题治理中作用日益重要，作为 G20 成员国，中国在 G20 的机制化建设和国际金融问题治理中扮演了重要角色。

从与主要经济伙伴的互动看，中国的主要贸易伙伴（亚洲国家和地区除外）为欧盟、美国、澳大利亚、巴西、俄罗斯等，主要贸易地区为西欧地区、北美地区、南美地区、大洋洲和独联体地区，这些国家和地区构成了中国全球层面的主要地缘经济空间。2013 年，中国与欧盟、美国的贸易额均超过了 5000 亿美元，中国与整个非洲的贸易额超过 2100 亿美元，与澳大利亚的贸易额超过 1300 亿美元，与巴西、俄罗斯的贸易额不到 1000 亿美元。（世界贸易组织统计数据库 http://stat.wto.org/Home/WSDBHome.aspx?Language=）这表明，在拓展全球地缘经济空间上，西欧、北美地区占据重要地位，而南美洲、大洋洲和独联体地区是中国有待进一步拓展的全球地缘经济空间。

在亚洲地区地缘经济空间层面，从提供区域性公共产品看，在安全领域，中国是亚洲安全机制的重要参与者，是上合组织的重要成员国，长期致力于上合组织的发展。此外，中国积极参与东盟地区论坛和亚信峰会等地区安全对话机制，并在亚信峰会第四次会议上倡导共同、综合、合作和可持续的亚洲安全观。在贸易领域，中国是

《亚太贸易协定》的成员国，中国积极推动和亚洲国家（地区）的自贸区建设，目前已经建成中国—东盟、中国—巴基斯坦、中国—新加坡自贸区。2015年2月，中韩自贸区谈判全部完成。此外，中国—海合会自贸区、中国—斯里兰卡自贸区谈判正在进行。中国积极参与亚洲开发银行、亚太经济合作组织、以东盟为核心的10+3机制等亚洲地区层次上的主要经济组织，并在其中发挥了重要的作用。中国创建了博鳌亚洲论坛，与邻国供同行提出了澜沧江–湄公河次区域经济合作计划、图们江流域开发计划等。

从与亚洲主要经济伙伴关系的互动看，中国在亚洲的主要贸易伙伴为东盟、日本、韩国等。2013年，中国与东盟国家双边贸易额4436亿美元，与日本贸易额3125亿美元，与韩国贸易额2742亿美元，与中东地区国家的双边贸易总额近3000亿美元（世界贸易组织统计数据库 http://stat.wto.org/Home/WSDBHome.aspx?Language=）。这表明，包括日本、韩国、东盟国家以及中东地区在内的经济圈构成了中国在亚洲地区的主要地缘经济空间，而南亚地区、中亚地区、南太平洋地区等是中国在亚太地区地缘经济空间的拓展方向。

（二）中国地缘经济面临的挑战和威胁

中国的地缘经济战略具有合作性和层次性的特征。冷战结束后，得益于经济全球化和区域一体化的发展，中国地缘经济无论在全球层面还是在地区层面均取得了巨大的成功。但是中国地缘经济面临的挑战和威胁也是客观存在的，尤其是随着中国经济进入增速阶段性回落的新常态，这种挑战和威胁对于中国经济发展的影响日益严重。

（1）外部世界对中国合作型地缘经济理念的质疑

尽管全球化加深了各国间的相互依赖，但中国经济的发展和影响力的扩大往往引起国际社会“中国威胁论”的渲染。一方面，美国等西方国家往往从零和博弈的冷战思维出发看待中国正常的对外经济行为，认为中国拓展地缘经济空间是一种对抗性的地缘政治“争夺战”，或者是进行资源掠夺和抢占市场的“新殖民主义”，最终目的是与西方国家相抗衡，争夺国际事务和地区事务的领导权。另一方面，中国的周边国家和一些较小的经济伙伴国也对中国的合作倡议和经济行为抱有戒心，担心对本国产业部门造成冲击或者过度依赖中国而成为中国经济的“附庸”。这表明国际社会对于中国合作型地缘经济的理念缺乏足够的了解。在拓展地缘经济空间的过程中，中国应进一步做好价值沟通和增信释疑工作，宣传中国经济行为理念，从而为中国经济外交奠定良好的经济人文基础。

（2）中国地缘经济存在的风险

中国在总体上采取的是外向型的经济发展道路，对国际市场高度依赖，中国对外贸易依存度长期在60%以上，并且中国贸易对象过于集中，2013年，中国与前十大贸易伙伴的进出口总额占了中国外贸进出口总额的70%以上。以上数据表明，中国经济一方面对世界和地区性的经济制度（贸易、投资、金融等）存在一定的结构性依赖，另一方面是一定程度上依赖全球层面的北美、西欧和地区层面的东盟、日韩市场。这说明中国经济易受世界经济和地区经济波动的影响。

（3）中国经济的外部性和冲突性加剧了中国地缘经济的竞争

中国经济的发展也会对其他经济体产生外部性效应，这种外部性效应往往导致竞争和经济冲突的产生。中国产品的比较优势在于劳动力资源丰富，劳动密集型产品在国际市场具有竞争优势，往往容易占领国外市场。因此，中国经济外部性效应之一是产品冲击。一些国家为保护国内相关产业而对中国产品展开反倾销调查。据统计，中国是全球遭遇反倾销调查最多的国家，反倾销调查不仅在数量上呈现增长的态势，针对中国发起的反倾销调查的国家也在增多，并从美国、日本、欧盟等发达国家扩展到阿根廷、土耳其、巴西、印度、南非等新兴国家和发展中国家。

四、丝绸之路经济带建设：经济新常态下的地缘经济战略

中国地缘经济的实践和面临的挑战说明，实现中国经济的可持续发展，成为世界经济强国，中国必须在全球层面和地区层面进一步整合拓展地缘经济空间，规划有效的总体地缘经济战略。随着中国发展进入新常态阶段，这种任务更为迫切。在此背景下，中国提出与相关国家共同建设“丝绸之路经济带”和“海上丝绸之路”构想，是中国经济新常态下新的地缘经济战略选择，下面以丝绸之路经济带建设为对象，对这一地缘经济战略选择加以分析。

2013年9月习近平在访问中亚并出席上合组织元首理事会期间，提出了共建丝绸之路经济带构想，目的是“旨在促进经济要素有序自由流动、资源高效配置和市场深度融合，推动沿线各国实现经济政策协调，开展更大范围、更高水平、更深层次的区域合作，共同打造开放、包容、均衡、普惠的区域经济合作架构”。（国家发展改革委，外交部，商务部2015：004）这表明，丝绸之路经济带同21世纪海上丝绸之路建设，共同构成了中国经济进入新常态后的地缘经济战略，对于中国地缘经济空间的拓展和推动中国与相关国家和地区的合作，无疑具有重要意义。

《推动共建丝绸之路经济带和21世纪海上丝绸之路的愿景和行动》(以下称《愿景和行动》)中将丝绸之路精神概括为“和平合作、开放包容、互学互鉴、互利共赢”，并明确指出：“一带一路”建设是开放的、包容的，欢迎世界各国和国际、地区组织积极参与。(国家发展改革委，外交部，商务部2015：004)这表明丝绸之路经济带建设体现了合作型的地缘经济战略理念。

在上合组织元首理事会比什凯克峰会上，中国领导人强调安全与发展密切相关，发展必须有安全稳定的环境。中国将同上合组织成员国加强双边和多边合作，合力打击“三股势力”，实现非传统安全的治理。这表明安全是合作的基础，丝绸之路经济带建设将遵循互信、互利、平等、协作的新安全观和共同、综合、合作和可持续的亚洲安全观，为地区经济发展创造良好的安全环境。在《愿景和行动》中，中国进一步倡议与相关国家和地区全方位推进务实合作，打造政治互信、经济融合、文化包容的利益共同体、命运共同体和责任共同体。体现了中国在对外经济交往中坚持互惠共赢的经济发展观和坚持亲、诚、惠、容的外交理念。

《愿景和行动》进一步提出，推进“一带一路”建设既是中国扩大和深化对外开放的需要，也是加强和亚欧非及世界各国互利合作的需要，中国愿意在力所能及的范围内承担更多责任义务，为人类和平发展作出更大的贡献。这体现了中国在丝绸之路经济带建设中将坚持正确的义利观，承担提供更多的公共产品。

最后，丝绸之路经济带涉及沿线众多的国家和地区，自古就是文明对话和文化交流的纽带，人文合作是丝绸之路经济带建设的重要领域。丝绸之路经济带建设将“增进沿线各国人民的人文交流与文明互鉴，让各国人民相逢相知、互信互敬，共享和谐、安宁、富裕的生活。”(国家发展改革委，外交部，商务部2015：004)这体现了包容互鉴的文化交往和文明对话观。

“一带一路”的目的在于进一步整合中国的地缘经济空间。一方面巩固和加强与西欧、北美等全球地缘经济空间和东盟、日本、韩国等亚洲地缘经济空间的既有联系。另一方面拓展新的地缘经济空间，寻找推动中国经济和贸易发展新的增长点。相关的《愿景和行动》明确指出：“‘一带一路’贯穿亚欧非大陆，一头是活跃的东亚经济圈，一头是发达的欧洲经济圈，中间广大腹地国家经济发展潜力巨大。”(国家发展改革委，外交部，商务部2015：004)丝绸之路经济带有三个走向，从中国出发，一是经中亚、俄罗斯到达欧洲；二是经中亚、西亚至波斯湾、地中海；三是中国到东南亚、南亚、印度洋。通过整合亚洲地区层面的中亚地区、南亚地区和中东地区以及全球层面的独联体地区的地缘经济空间，深化亚欧大陆地区经济合作，和沿线国家形成紧密的利益共同体、命运共同体和责任共同体，最终实现中国和沿线国家的共同发展。

从拓展中国地缘经济空间的措施看，丝绸之路经济带建设在国家间互动和提供公共产品两个层面上展开。国家间的互动以政策沟通、设施联通、贸易畅通、资金融通、民心相通为主要内容。政策沟通是丝绸之路经济带建设的前提和保障，通过与沿线国家“加强政府间合作，积极构建多层次政府间宏观政策沟通交流机制”（国家发展改革委，外交部，商务部 2015：004），从而深化中国与沿线国家的利益融合，促进政治互信，最终就具体的合作达成新共识。设施联通、贸易畅通和资金融通是合作的重要领域，设施建设的重点是交通基础设施、能源基础设施和通信干线网络设施建设。贸易畅通着力点为推动中国与沿线国家间的投资贸易便利化，消除投资和贸易壁垒，共同商建自由贸易区。资金融通的目标是深化金融合作，推进亚洲货币稳定体系、投融资体系和信用体系建设。作为夯实丝绸之路经济带的社会基础，民心相通致力于在相关国家间广泛开展文化交流、学术往来、人才交流合作、媒体合作、青年和妇女交往、志愿者服务等，中国政府承诺每年向沿线国家提供 1 万个政府奖学金名额。

从提供公共产品层面看，一方面，丝绸之路经济带建设提倡积极利用现有双多边合作机制，强化多边合作机制作用，促进区域合作蓬勃发展。利用上海合作组织（SCO）、中国–东盟“10+1”、亚太经合组织（APEC）、亚欧会议（ASEM）、亚洲合作对话（ACD）、亚信会议（CICA）、中阿合作论坛、中国–海合会战略对话、大湄公河次区域（GMS）经济合作、中亚区域经济合作（CAREC）等现有多边合作机制，推动丝绸之路经济带建设。另一方面，中国积极统筹国内资源，推动出台与丝绸之路建设相配套的多边制度安排，主要包括筹建亚洲基础设施投资银行，为亚洲各国的基础设施项目提供融资支持。出资 400 亿美元成立丝路基金，为沿线国基础设施建设、资源开发、产业合作等有关项目提供投融资支持。强化中国–欧亚经济合作基金投资功能，将基金最终规模扩大至 50 亿美元。推动银行卡清算机构开展跨境清算业务和支付机构开展跨境支付业务。

五、共建丝绸之路经济带框架下的中国与中亚区域经济合作

共建丝绸之路经济带框架下中国与中亚的区域经济合作有得天独厚的优势，主要表现在地缘优势、战略和政策的沟通与协调以及现有的合作基础等方面。就地缘优势

而言，中国与中亚各国毗邻，中亚地区位于丝绸之路经济带建设的核心区域，中国与中亚的区域经济合作是中国能否成功拓展地缘经济空间的关键。从某种程度上说，独特的区位优势和地缘优势决定了中亚地区是中国合作型地缘经济战略的首选对象，对于拓展中国地缘经济空间具有重要的示范效应。就战略和政策的沟通与协调而言，中国和中亚各国在国家发展、地区合作以及全球性和地区性的问题治理等方面持相同或相似的理念，中国政府提出的和平共处五项原则、“以邻为善，与邻为伴”“睦邻、安邻、富邻”的周边外交方针，“互利合作，共同发展”的发展理念以及和谐世界、和谐地区的愿景均受到中亚国家的欢迎和支持，这是中国与中亚国家关系友好发展的主要原因之一。“共建丝绸之路经济带”这一伟大构想正是在国家领导人出访哈萨克斯坦和出席上合组织元首理事会峰会上首先提出的，并得到了中亚国家的积极响应。从现有合作基础看，在经济贸易方面，中亚五国独立后，中国与中亚国家的贸易额逐年增长，进出口商品结构逐渐完善，2013 年，中国与中亚四国（哈萨克斯坦、乌兹别克斯坦、吉尔吉斯斯坦、塔吉克斯坦）进出口总额超过 400 亿美元（世界贸易组织统计数据库 http://stat.wto.org/Home/WSDBHome.aspx?Language=）。与其他地区相比，中国与中亚国家进行区域经济合作的空间和潜力较大。在地区安全方面，中国与中亚国家在上合组织框架下进行安全合作，致力于打击恐怖主义、分裂主义和极端主义三股势力，努力营造安全的地区环境。在人文交流方面，中国与中亚国家人文交流合作不断，主要在教育、科技、文化、卫生等领域展开。近年来，双方青年交流日趋活跃。此外，中国与中亚国家间还存在跨境民族，对于彼此之间文化交流发挥了一定作用。

从区域合作的实践看，受经济约束条件和非经济约束条件的影响，中国与中亚的区域经济合作也面临不小的难题和挑战。经济约束条件来自区域一体化进程的本身，区域一体化的实质是地区内国家之间分工不断深化，形成共同市场并逐渐向统一经济政策发展的过程，在形式上则体现为从优惠贸易安排、自由贸易区、关税同盟、共同市场、经济同盟一体化水平由低到高的发展过程，贸易结构的互补是一体化发展的前提。然而，对于中亚国家而言，贸易结构的互补性较差，竞争性较大。中亚国家与中国的双边贸易结构比较单一，这是造成中国与中亚国家贸易规模较小的主要原因。非经济约束条件对中国与中亚的区域经济合作影响更大。中亚各国在民族历史文化、贸易投资政策、对区域合作的态度方面存在较大差异，一些苏联时期的历史遗留问题（如领土、水资源问题）没有得到有效解决，这要求既要出台一般性的政策措施推动中国和中亚国家的区域经济合作，又要针对不同国家探索具体的合作形式。此外，中亚地区的政治安全环境、大国在中亚地区的竞合关系以及如何平衡不同的中亚区域合作方案，都是中国和中亚区域经济合作不得不认真面对的非经济约束条件。

共建丝绸之路经济带的提出加快了中国参与中亚地区区域合作的进程，从丝绸之路经济带建设的内涵、功能地位、建设重点和中国与中亚区域合作的现实出发，应在以下层面积极探索中国与中亚区域合作的实现路径：

（一）在地区层面做好顶层设计，出台或利用现有的区域合作机制，探索丝绸之路经济带与其他中亚区域合作方案的共存共生

中亚地区是具有重要地缘战略影响的关键区域，现存众多的一体化合作机制，主要包括后苏联空间内的合作组织，如俄白哈关税同盟、欧亚经济联盟等；周边国家或大国主导的地区组织，如上合组织、土耳其主导的突厥语国家元首会议、欧盟与中亚国家的“伙伴合作计划”、美国的“大中亚计划”和“新丝绸之路计划”等；国际组织发起的中亚一体化机制，如联合国开展的“中亚经济专门计划”和“丝绸之路区域合作项目”、亚洲开发银行提出的中亚区域经济合作机制等。（国家发展改革委，外交部，商务部 2015：004）这些一体化机制和丝绸之路经济带存在地缘交叉和功能相似的特点，作为合作型地缘经济战略，丝绸之路经济带建设在进行顶层设计时应充分考虑中亚地区现有的制度安排，增强与现有制度的互补性，最终实现与现有制度的共存共生。“一带一路”建设不是要替代现有地区合作机制和战略，而是要在已有基础上，推动沿线各国实现经济战略相互对接、优势互补。

发起建立亚洲基础设施开发银行、成立丝路基金以及扩大上合组织框架下中国—欧亚经济合作基金规模是中国为共建丝绸之路经济带而提供的重要区域公共产品，对于推动中国与中亚区域经济合作具有重要意义。从功能来看，这些公共产品主要目的在于为发展基础设施、资源开发、产业合作提供融资支持，与地区现有的制度安排能够形成良性互补，提高了丝绸之路经济带与中亚地区现有合作机制的共生动力。

（二）在国家层面做好政策的交流沟通，对接中亚国家的发展战略

中亚国家在经历了独立初期转型的阵痛之后，致力于国家稳定、经济发展和提高民生，走上了国家建设的道路，纷纷出台了国家发展战略。如哈萨克斯坦制定了2030/2050战略，提出了2050年跻身世界发达国家30强的目标。乌兹别克斯坦通过渐进式改革，找到了适合本国国情的“乌兹别克斯坦模式”，国民经济开始全面恢复和发展。吉尔吉斯斯坦目前正在进行“2013～2017年国家发展稳定战略”，重视区域经济一体化，正在进行产业结构的调整和优化。塔吉克斯坦致力于降低贫困化战略计

划的实施，希望得到国际金融机构的资金援助。土库曼斯坦则采取了对外能源多元化发展战略。丝绸之路经济带建设与中亚国家的战略有许多切合点，做好国家层面政策的交流沟通，对接中亚国家的发展战略，满足中亚国家战略和发展的现实需求，是中国与中亚国家区域经济合作的重要助力，也是共建丝绸之路经济带的前提。

（三）在社会层面做好公共外交与人文外交，夯实共建丝绸之路经济带的社会基础

共建丝绸之路经济带不仅以中国与相关国家的战略对接和政策沟通为依托，更重要的是将企业和民众纳入共建的进程中，因此必须夯实共建丝绸之路经济带的社会基础。就中国与中亚国家的区域经济合作而言，一方面，中亚民众由于对古丝绸之路的历史记忆和对于通过基础设施建设进行发展的认知而对丝绸之路经济带建设充满现实期待。另一方面，中亚国家社会内部对于丝绸之路经济带的倡议构想、建设目标和实施后果的认知不够明确。在中亚国家依然存在一定程度的“中国威胁论”，担心中亚国家成为中国的“经济附庸”，从而批判甚至反对与中国展开经济合作。

近年来，中国通过与中亚国家的双边或多边的人文合作交流促进了中亚国家民众进一步了解中国，提升了中国在中亚地区的国家形象。夯实共建丝绸之路经济带的社会基础要求加大公共外交和人文外交的力度，首先加大政策宣传的力度，宣传中国合作型地缘经济的理念和共建丝绸之路经济带的倡议构想、实现路径以及实施的效果。其次是拓宽人文交流合作的渠道，推动人文合作模式的多样化，鼓励媒体、社会文化团体以及青少年间的交往，鼓励中国企业在展开经济行为的同时，关注当地的公益事业和社会民生的发展，塑造中国企业良好的形象。最后鼓励中国的高校、智库与中亚国家的相关机构建立长期的合作机制，开展项目合作，尤其是注重青年学者的对话沟通、交流合作。

（四）在具体建设中突出重点，推进示范性项目建设，带动各方共建的积极性

设施联通、贸易畅通和资金融通是构建丝绸之路经济带的重点领域，中国与中亚的区域合作在共建丝绸之路经济带建设中进一步突出重点，推进一批示范性项目的建设。在设施联通领域，以道路联通为主要目标，加快中国与中亚地区及其邻国的道路建设，主要包括新亚欧大陆桥的铁路、公路建设，中—吉—乌铁路项目和公路项目建设，以及中国经中亚到中东地区的道路建设，提高道路运输的便利化。哈萨克斯坦曾

出台交通领域的发展战略，目前正在积极实施吸引外资计划，出台了阿斯塔纳—阿拉木图、阿斯塔纳—阿斯克缅、中心—西部等公路项目，中国可以考虑在丝绸之路经济带框架下推动与哈萨克斯坦道路基础设施的建设，这将对中国与中亚国家的基础设施建设产生示范效应。在贸易畅通方面，中国与中亚自贸区建设进展缓慢，可以考虑与中亚各国共建产业园区，在边境口岸进行跨境自由贸易实验区的合作，条件成熟后首先签署双边自由贸易协定，最终推动多边自由贸易协定的签署乃至在上合组织框架下建成自由贸易区。在资金融通方面，充分发挥亚洲基础设施开发银行、丝路基金以及中国—欧亚经济合作基金的融投资优势，为相应基础设施项目和产业发展项目提供贷款。加强中国与中亚各国的货币流动，在跨境贸易中支持本币贸易结算，推进人民币在中亚地区的国际化。

六、结 语

中国改革开放三十多年的实践，尤其是冷战结束后中国与国际体系的互动推动了中国合作型地缘经济战略思想的产生、发展和形成。中国合作型地缘经济战略在理念上表现为互信、互利、平等、协作的新安全观，互惠共赢的经济发展观，正确的义利观以及包容互鉴的文化交往和文明对话观等内容。在实践上则表现在中国全球地缘经济空间和地区地缘经济空间的不断拓展上。中国的合作型地缘经济战略取得了一定的成功，但也面临不小的困难。外部世界对中国合作型地缘经济理念的疑虑、中国经济的敏感性和脆弱性以及中国经济外部性所导致的地缘经济竞争构成了中国合作型地缘经济战略的压力和挑战。

随着中国经济步入增速放缓、经济结构优化升级和发展驱动力转变的新常态，中国政府提出了和相关国家共建“一带一路”的构想和倡议，是中国合作型地缘经济战略思想新的体现。丝绸之路经济带建设通过政策沟通、设施联通、贸易畅通、资金融通、民心相通等内容和方式加强了与相关国家的互动，将中国全球层面的地缘经济空间（西欧地区、中东欧地区以及独联体地区）与亚洲层面的地缘经济空间（中亚地区、南亚地区、中东地区等）拓展联通，并在共建的过程中使相关国家和地区进一步理解中国合作型地缘经济战略的相关理念。此外，在共建丝绸之路经济带的过程中，中国单独设立或与其他国家共同创建亚洲基础设施开发银行、丝路基金、中国—欧亚合作基金等机构和基金，提供了区域公共产品，体现了中国的国际责任意识。

中亚地区是共建丝绸之路经济带的核心区域，也是拓展中国地缘经济空间的主要方向之一。从合作型地缘经济战略的视角出发，共建丝绸之路经济带框架下中国与中亚的区域经济合作应做好顶层设计和战略对接，通过公共外交与人文外交夯实合作的社会基础，通过示范性项目的推进带动各方的积极性，实现丝绸之路经济带建设与其他中亚区域合作方案的共存共生，中国与中亚国家的共同发展。

参考文献

[1] 国家发展改革委，外交部，商务部．推动共建丝绸之路经济带和 21 世纪海上丝绸之路的愿景与行动 [N]．人民日报，2015-03-29（004）．

[2] 国务院新闻办．中国的和平发展白皮书 [OL]．2011．http://www.scio.gov.cn/zxbd/nd/2011/document/999798/999798.htm.

[3] 倪世雄等．当代西方国际关系理论 [M]．上海：复旦大学出版社，2012.

[4] 潘忠岐，黄仁伟．中国的地缘经济战略 [J]．清华大学学报（哲学社会科学版），2008（5）．

[5] Wendell Minnick. *China's 'One Belt, One Road' Strategy*[EB/OL]. 2015. http://www.defensenews.com/story/defense/2015/04/11/taiwan-china-one-belt-one-road-strategy/25353561/.

（本文原载于《广西民族大学学报》（哲学社会科学版）2016 年第 1 期，有删改）

张　晖

男，1988 年出生，博士，讲师。

2016 年毕业于美国西北大学斯拉夫语言文学系，获博士学位，同年留校任教。2017 年赴上海外国语大学任教。主攻俄语文学研究。在国内外期刊发表学术论文 5 篇，主持 1 项省部级科研项目。

东方主义的东方界限

——文化史背景下的迪利亚拉与香妃传说比较分析

张　晖

摘　要：萨义德的东方主义理论自 1978 年问世以来，已经成为分析欧洲及北美近现代思想与艺术史中对“东方”之想象的基本框架之一。虽然在具体的论述中，东方主义所涉及的对象身份及范式内容可以有诸多变化，其基本结构乃是建立在“西方——主体”与“东方——客体”这一二元对立的基础上的。从东方主义视角检验迪利亚拉与香妃传说的产生与演变，可以点明两者结构上的相似型，尤其是在“自我”与“他者”相互塑造与影响方面的典型性与对称性，并进一步阐明两者在各自流传过程中对相关地缘政治问题的反映。与此同时，作者希望借此比较之契机指出东方主义理论内在的挑战与潜能，对该理论的适用范围与适应方法问题作尝试性的讨论与批评。

关键词：东方主义；迪利亚拉；香妃

当今学界，凡讨论西方文化史中对于“东方”概念之建构，必绕不开萨义德（E. Said，1935-2003）的东方主义理论。萨义德着眼于英法美三国近现代思想史，提出欧美学界的东方学传统实际上是想象与虚构的产物，这一产物诞生于欧洲的帝国殖民史中，发展成为帝国扩张与治理过程中的文化部件，进而固化为界定与规范欧美文化世界中关于“东方”之话语的体制与原则，谓之东方主义。萨义德所关注的“东方”，原本只局限于北非、中东及西亚的伊斯兰世界，随着东方主义理论的普及，它逐渐成为一个解析西方对于东方之想象的范式。虽然在具体的论述中，东方主义涉及的对象可以有所不同，其内在逻辑却是一致的：欧美在近现代史中发明“东方”，是为了创造和确认一个统一的自我身份，这个身份必须与欧美政治上的优越性相契合，所以通常具备阳性、主动、强势、文明、理性、有序等特点，与之对立的东方便被赋予了阴性、被动、弱势、野蛮、感性、混沌等特点。很显然，这一逻辑的内在基础是“西方——主体”与“东方——客体”这一二元对立。萨义德的东方主义虽提及俄国，但没有深入讨论，对中国（“东方的东方”）更无暇关照。而俄罗斯与中国正是东方主义学说中难以界定的两个地缘概念。如果将中国与沙俄看作欧亚大陆的两个文明中心，它们与周边世界，尤其是萨义德所关心的伊斯兰世界的关系又是怎样的呢？是否可以借用东方主义的语境来解读作为地缘政治中心的中国与俄罗斯对周边世界的反映？简而言之，我们能否讨论一种“俄国的东方主义”或“中国的西方主义”？[1]

我们不妨以流传于这两个国家的两个传说故事作为这一假设实验的契机。迪利亚

1 俄国东方主义这一提法，已见于当代西方与俄罗斯的一些学术著作中。其中大多数所讨论的是 18 至 19 世纪的俄国文化圈及学术界对于高加索及中亚地区的想象与研究，另有少数涉及克里米亚半岛在俄国文化中的描写。关于俄国东方主义的历史，可参考 Schimmelpenninck van der Oye, David. *Russian Orientalism: Asia in the Russian Mind from Peter the Great to the Emigration*. New Haven: Yale University Press, 2010; Michael David-Fox and Peter Holquist, ed., *Orientalism and Empire in Russia*. Bloomington: Slavica, 2006; Katya Hokanson. *Writing at Russia's Border*, Toronto: University of Toronto Press, 2008; E. A. Чач, “Ориентализм в общественном и художественном сознании Серебряного века.” дис., С.-Петербург. гос. ун-т, 2012; Александр Эткинд, “Бремя бритого человека, или Внутренняя колонизация России.” Ab Imperio, No. 1 (2002): 265-298。关于俄国东方主义与东方学的关系，可参考：Vera Tolz, Russia's Own Orient: The Politics of Identity and Oriental Studies in the Late Imperial and Early Soviet Periods. // *Oxford Studies in Modern European History*. Oxford; New York: Oxford University Press, 2011; Robert Geraci, *Window on the East. National and Imperial Identities in Late Tsarist Russia*, Ithaca: Cornell University Press, 2001。关于俄国东方主义内涵之争论，可参考：Adeeb Khalid, “Russian History and the Debate over Orientalism”; Nathaniel Knight, “On Russian Orientalism: A Response to Adeeb Khalid”; Maria Torodova, “Does Russian Orientalism Have a Russian Soul? A Contribution to the Debate between Nathaniel Knight and Adeeb Khalid”, Kritika: *Explorations in Russian and Eurasian History 1,* no. 4 (2008): 691-728。关于俄国东方主义与普希金的关系，可参考：Monika Greenleaf, *Pushkin and Romantic Fashion: Fragment*, （转下页）

拉［全名迪利亚拉·比克奇（Диляра-Бикеч）］传说与香妃传说，前者是源自18世纪克里米亚汗国卡利姆汗（Султан Хан-Гирей，1717-1769）与其后妃迪利亚拉的史事，后者则来自我国清高宗年间容妃轶事。比较这两个传说，首先因为它们年代平行，结构相仿。更重要的是，这两个故事在各自的流传国为大众关于本国历史的想象提供了资源，为帝国－民族国家的身份建构提供了话语基础。从东方主义视角检验迪利亚拉与香妃传说的产生，可以点明两者在“自我”与“他者”形象塑造方面的异同。

迪利亚拉传说的背景所在地——克里米亚在叶卡捷琳娜二世时期（1783年）归入了俄国版图，此正是东方元素盛行于欧洲艺术之时，同时也是欧洲浪漫主义兴起之时。这两股文化浪潮传播至东欧，便催生了俄国文化中的“东方主义”。在19世纪初的俄国文学中，出现了许多以沙俄“东方疆域”为地理背景的作品，高加索与克里米亚成为了普希金、莱蒙托夫、茹科夫斯基、巴丘什科夫（К.Н. Батюшков）、别斯图热夫（А.А. Бестужев）等众多诗人的灵感来源。值得注意的是，高加索与克里米亚在地理位置上应属于沙俄帝国的南部，其中克里米亚的部分地区甚至在经度上比彼得堡还要向西，足见“俄罗斯的东方”从一开始就是想象地理学的产物，迪利亚拉传说便是在这样的想象中诞生的。事实上，这是一个在斯拉夫世界广为流传的神话：在19世纪的俄罗斯、波兰与乌克兰文学中均能找到以这一传说为背景的作品，其中最

（接上页）

Elegy, Orient, Irony. Stanford: Stanford University Press, 1994; Stephanie Sandler, *Distant Pleasures: Alexander Pushkin and the Writing of Exile.* Stanford: Stanford University Press, 1989; Susan Layton, *Russian Literature and Empire: Conquest of the Caucasus from Pushkin to Tolstoy,* Cambridge: Cambridge University Press, 1994; Harsha Ram, “Pushkin and the Caucasus”, in The Pushkin Handbook, 397. Ian M. Helfant, “Sculpting a Persona: The Path from Pushkin’s Caucasian Journal to Puteshestvie v Arzrum”, *Russian Review* 56 (July 1997), 366-82。关于东方主义、帝国主义与民族主义视野中的克里米亚，可参考：Dickinson, Sara. “Russia’s First ‘Orient’: Characterizing the Crimea in 1787.” Kritika: *Explorations in Russian and Eurasian History* 3, no. 1 (2002): 3-25; Rory Finn, “the Poetics of Home: Crimean Tatars in Nineteenth-century Russian and Turkish Literatures.” *Comparative Literature Studies* 49, no. 1 (2012): 84-118。

西方主义这一提法产生于与东方主义的对话和对东方主义的反思中，主要关注“西方”概念在世界思想史中的建构与演变，着重探讨作为西方意识形态产物的东方主义在亚非国家社会的传播历史与反向作用。关于西方主义的多重含义，可参考 James Carrier. *Occidentalism: Images of the West*[M]. Oxford: Clarendon Press, 1995。关于西方主义在伊斯兰国家的社会影响，可见 Ian Buruma and Avishai Margalit. *Occidentalism: The West in the Eyes of Its Enemies*[M]. London: Penguin Books, 2005。中国的“西方主义”可以有多重定义，其多指新中国成立以来西方形象在国人视野中的演变。何辉斌将新中国文学研究中的“西方主义”分为四类：作为社会主义对立面的西方，作为乌托邦的西方，作为普世文化代表的西方，作为文化帝国主义的西方。（何辉斌．新中国文学研究中的西方主义 [J]．文学理论研究，2010(3). P. 48）关于新中国的西方主义与萨义德东方主义的关系，可参考陈小眉．西方主义 [M]．南京大学出版社，2014。关于中国古代对于“西方”的想象，可参考王铭铭．西方作为他者 [M]．世界图书出版公司，2007。

著名的包括普希金的《巴赫奇萨拉伊的喷泉》(Бахчисарайский фонтан)、密茨凯维奇(A. Mickiewicz，1798-1855)的《巴赫奇萨拉伊》(Bakczysaraj)与《波托茨卡墓》(Grób Potockiej)[收于组诗《克里米亚奏鸣曲》(Sonety krymskie)中]，以及列霞·乌克拉因卡(Л. Українка，1871-1913)的《巴赫奇萨拉伊》(Бахчисарай)。

在关于泪泉的作品中，普希金的长诗《巴赫奇萨拉伊的喷泉》对后世影响最深。作品的灵感来自于 1820 年的一次旅行：那一年的 9 月普希金随拉耶夫斯基将军游览了巴赫奇萨拉伊城以及位于城中的克里米亚鞑靼王宫遗址。[1]遗址中有一泪泉，相传为卡利姆汗为纪念其晚年所得的妃子迪利亚拉所建。关于迪利亚拉的真实身份有许多传说，一说为波兰人，其真实姓名为波托茨卡；一说为格鲁吉亚人，一说为希腊人。(Гричак 2004: 62)这些版本都强调了迪利亚拉在大汗后宫中的外族身份和异教信仰(基督教)，并突出了她对自我身份的忠守。(Гричак 2004：62)普希金在长诗中将迪利亚拉这一历史人物一分为二，分配给了长诗中的两个女性角色：一个是卡利姆汗在与波兰人的战事中虏获的波兰公主玛利亚，另一个是已在宫中多年的格鲁吉亚妃子扎列马。于是迪利亚拉传说在诗人的笔下演变成为围绕大汗吉雷、玛利亚与扎列马三人的宫廷三角关系，这三角关系便牵扯出这首诗歌关于“自我”与“他者”的变换演绎。

普希金学者珊德勒(S. Sandler)认为，玛利亚与扎列马在这部长诗中互为本体与喻体，可视作浪漫主义女性身份典型的两个侧面。(Sandler 1987：248)而作者的身份和经历与两人都有重叠：与玛利亚一样，他是一个流亡者；与扎列马一样，他的爱情在现实中得不到回应。另一方面，玛利亚与扎列马也代表了地域概念上的两极：在玛利亚与她所处的大汗王宫之间存在着西方 – 东方的对称。玛利亚将自己禁闭在一个摆放着圣母像的房间，这是一个属于她的天主教亚空间，连宫中无孔不入的宦官都难以接近。“阴沉的大汗后宫侍卫 \ 白昼黑夜都无法踏入她的房间。”(Угрюмый сторож ханских жен/Ни днем，ни ночью к ней не входит)(Пушкин 1977：137)而来自北高加索的扎列马在信仰与情感上都已经皈依于汗国，她属于吉雷大汗，属于穆斯林王宫。

如果将玛利亚与扎列马以及吉雷的关系看作西方与东方的关系，这里是否存在东方主义式的主动 – 被动的特征呢？在作品的叙事表面，玛利亚似乎是一个被动的角

1 关于《巴赫奇萨拉伊的喷泉》的创作历史，详见 Гроссман，Л. П. “У истоков «Бахчисарайского фонтана».”，78-84.

色：她没有权力，没有运动，也几乎没有话语，她的心理活动一般是通过扎列马的话语以及吉雷的行为间接体现出来的。与之产生对比的是扎列马的情感外露、行动自由与敢言敢为。然而就诗中的人物博弈而言，玛利亚却是真正的主导者，她的出现勾起了扎列马关于自己异族身份的回忆。“来自格鲁吉亚的姑娘啊！在你的灵魂中\关于家乡的记忆被唤醒\那些被遗忘的岁月\忽而开始喃喃自语。”（Грузинка! Всё в душе твоей/Родное что-то пробудило, /Всё звуками забытых дней/Невнятно вдруг заговорило.）（Пушкин 1977：139）她与扎列马的接触也最终导致了后者的死亡。而王宫权力的中心——吉雷大汗则被作为俘虏的波兰公主俘获了精神，甚至被剥夺了帝王的行动力和男子气概。“不，他已厌倦了沙场的荣耀\铁血的手腕已经疲倦\思绪远离了战争。”（Нет，он скучает бранной славой/Устала грозная рука; /Война от мыслей далека.）（Пушкин 1977：132）他虽然可以用动作发号施令，却完全丧失了言语的能力。“宫中一片寂静，\所有人都在谨慎地察悦\大汗阴郁的脸上\愤怒与悲愁的迹象。”（Всё было тихо во дворце; /Благоговея，все читали/Приметы гнева и печали/На сумрачном его лице.）（Пушкин 1977：131）

可以说，玛利亚用对自己身份的坚守完成了对克里米亚鞑靼王宫的静态征服，这里所体现的东方－西方关系可视为东方主义范式的变种：在这里，西方扮演着静态而主动的角色，而东方则是动态而被动的角色。在普希金的另一首长诗《高加索的俘虏》（Кавказский пленник）中，我们也看到了类似的博弈结构：作为俘虏的俄罗斯人在静态的观察中完成了对于异族异性的征服。问题在于，能否将《巴赫奇萨拉伊的喷泉》中的西方角度等同于作者－叙述者的角度？ 如果将玛利亚·波托茨卡（Maria Potocka）看作斯拉夫世界的一个神话产物，那么可否将玛利亚与作为金帐汗国继承者之一的鞑靼君王之间的博弈看作斯拉夫世界－蒙古世界这一二元对立的缩影？这是否就证明了，作者与叙述者应当是站在玛利亚这一边的呢？

对于《巴赫奇萨拉伊的喷泉》一诗，这样的图解显得过于简单。正如上文中所提到的，诗人的“自我”分散到了作品中的各个角色中，这些角色如同组成“自我”镜面的一块块碎片，在互动中反射出这些不同成分之间的关系。[1]一方面，诗人身份与角色的多重对应验证了吉列耶夫斯基（И.В. Киреевский）早在1828年就已发表的一个观点：普希金的天才在于他化身于不同时代、不同文化中不同身份的能力，普希

1 关于《巴赫奇萨拉伊的喷泉》中作者身份与人物身份的多重对应，详见 Erik Mcdonald. “Symmetry and Asymmetry in the Narrator-Heroine Interaction of the Fountain of Bakhchisarai”, 423-430.

金的声音可以自由地游走于世界文化之中，而这正是浪漫主义民族诗人最高境界的体现。（Киреевский 1979：51）另一方面，《巴赫奇萨拉伊的喷泉》的作者还有另一维度的身份：在1824年第一版的《巴赫奇萨拉伊的喷泉》中，普希金在诗歌主体部分后还附上了两个后记：一是十二月党人穆拉维约夫－阿波斯托尔（С.И. Муравьев-Апостол）的克里米亚游记选节，二是记载了诗人自己在克里米亚旅行经历的书信节选。这两个散文片段为作品背后的"自我"身份增添了新的维度，作者－诗歌叙述者这一链条在这里出现了断裂，抒情诗人的声音被冷静客观的散文作家的声音所代替。耐人寻味的是，作者似乎有意在用散文信息冲淡和压抑了之前的诗歌抒情性：先是借穆拉维约夫－阿波斯托尔之口告知读者波兰公主传说本无凭无据，后又在自己的书信中描写了王宫废址的破败和游程的无趣：

走进宫殿，我看见那破旧的喷泉，水顺着生了锈的铁管一滴滴地往下流。环绕着宫殿行走，我为这片遗址的疏于管理和萧瑟破朽感到惋惜。有几间房子重修成了半欧式的风格，真是让人失望。（Вошед во дворец, увидел я испорченный фонтан; из заржавой железной трубки по каплям падала вода. Я обошел дворец с большой досадою на небрежение, в котором он истлевает, и на полуевропейские переделки некоторых комнат.）（Гричак 2004：82）

格林利夫（M. Greenleaf）认为，作者的两篇后记将东方抒情诗镶嵌在了一个"冰冷、理性的欧洲式框架"中。（Greenleaf 1994：136）游记确是19世纪欧洲作家虚构东方的重要体裁媒介，"东方游记"通常结合了历史记叙、个人抒情与社会科学式的描述。以普希金为代表的俄国作家们在描写俄国之东方的时候，不可能不与欧洲的东方主义传统产生对话。也就是说，19世纪的俄国在面对东方这一"他者"时，总要参考到另一个西方的"他者"对东方的过渡和过滤。但正如上述引文所示，普希金在《巴赫奇萨拉伊的喷泉》的创作中已经在有意识地对源于欧洲的"东方主义"风尚进行"去浪漫化"的反思和解剖。这种反思延续到了作者在30年代完成的《埃尔祖鲁姆旅行记》（Путешествие в Арзрум）中：

我认为，大概没有比"亚洲式的奢华"这样的词语更没有意义的了……现在我们可以说"亚洲式的贫穷""亚洲式的肮脏"等，至于奢华，很显然，是独属于欧洲的。（Не знаю выражения, которое было бы бессмысленнее слов: азиатская роскошь... Ныне можно сказать: азиатская бедность, азиатское свинство и проч., но роскошь есть, конечно, принадлежность Европы.）（Пушкин 1977：454）

与《巴赫奇萨拉伊的喷泉》所附后记一样，《埃尔祖鲁姆旅行记》的叙述者给人的印象是一个疲倦、烦闷的长途旅行者。一方面，这标志着成熟期的普希金对于感伤主义、感官主义和异国情调的反讽；另一方面，“单调的东方”的形象也暗示着“俄国的东方”的特殊性。与海洋性帝国不同，沙俄的东方不是海外殖民地（阿拉斯加除外），而是与帝国接壤的土地和帝国内部的边疆领地，19 世纪的克里米亚之于彼得堡在文化上是“他者”，而在政治上却已是“自我”的一部分。而沙俄自叶卡捷琳娜二世以来不断对外扩张，原来的边疆开始向中央移动，原来的“他者”在公众意识中被逐步同化，由新的帝国成员取而代之。普希金拜访克里米亚之时，离叶卡捷琳娜二世的半岛之旅已有 33 年，克里米亚在经过了文人政客的不断描绘和重塑后，在诗人眼中已不再有陌生的魔力。就像印度裔学者拉姆（H. Ram）所提到的，沙俄不断扩张的边界赋予了诗人旅行的权利，但同时也限制了他的文化经验。（Ram 2005：397）无论是在克里米亚还是高加索，诗人都无法摆脱帝国边界的束缚：

> 我还从没有见过异国的土地……我满心喜悦地到达了传说中的圣河，骑着骏马来到了土耳其的岸边。谁知脚下的河岸已经被军队占领了：我到底还是走不出俄罗斯。(Никогда еще не видал я чужой земли... Я весело въехал в заветную реку, и добрый конь вынес меня на турецкий берег. Но этот берег был уже завоеван: я все еще находился в России.) (Пушкин 1977: 438)

因此，《巴赫奇萨拉伊的喷泉》所附后记中流露出的厌倦之情或是源于“他者”的空缺与替换，而诗歌中吉雷的萎靡，后宫的冲突，妃子的死和子嗣的缺失正是为这“他者”的逝去所做的铺垫。情绪上看似冲突的诗歌主体与散文后记或是古今的相互映射，统一于诗人咏古的情怀中。《巴赫奇萨拉伊的喷泉》既是诗人关于个人爱情的哀歌，也是浪漫主义关于文明更替和没落王朝的哀歌。

与迪利亚拉传说一样，香妃传说也是关于一个被带到了王朝中心的“异域”人物。然而，如果说普希金是站在“他者”的立场上缔造了一个陌生的东方禁闭世界，香妃传说的创造者们则是从“自我”的视角出发重塑了一段熟悉的历史。香妃传说的流传演变在一定程度上反映了中国自近代向现代的文化转型，文化的震动赋予了传说中的“他者”与“自我”以流动性的内涵，从而对香妃传说所涉及的身份意义也产生了多元化的影响。

香妃的原型容妃在《清史稿》《清皇室四谱》《清文献通考》等史籍中都有记载。然而史籍中只记述了容妃的生卒、册封、赏赐、丧葬等官方记录的事件，未提及香妃这一别称。香妃这一称谓的出现约是在清末年间的一些私人著作中。（于善浦 1985：24）光绪十八年（1892 年）刊印的萧雄（？～1893）之《西疆杂述诗》中有一首《香

娘娘庙》，这里的“香娘娘”便是香妃的原型。（于善浦 1985：24）

《西疆杂述诗》的作者萧雄在同治到光绪年间长年在塞外担任参军，这部诗集记录了他对新疆民俗民生的种种见闻。与普希金的《巴赫奇萨拉伊的喷泉》一样，《西疆杂述诗》中的诗歌结合了个人抒情与社会写实，《香娘娘庙》一诗附有注释性质的后记，其中介绍了诗中所提到的“香娘”，称其为“乾隆间喀什噶尔人，降生不凡，体有香气，性真笃，因恋母，归没于母家”。（于善浦 1985：231）《西疆杂述诗》代表了清朝文人对新疆的一种知识管理，康熙帝统一新疆以后，清政府逐步推进新疆与内地行政制度的统一，左宗棠收复新疆后于1884年正式建省。随着管理上的完善，帝国边缘的社会生态逐渐被王朝中心所了解，“他者”逐渐被“自我”所包容，但这种包容中必然包含着神话的元素，“降生不凡”的“香娘娘”就是这一神话的代表。

到了清朝末年及民国时期，这一神话的内容大大地扩充了。香妃的形象出现在各种诗文野史中，逐渐形成了一个“典型”的香妃故事。民国政治家梁寒操（1898～1975）于20世纪40年代出版的《西行乱唱》中有《谒香娘娘墓》一诗，基本上概括了这一典型的香妃形象：香妃系新疆回部酋长大和卓之妻，乾隆年间大、小和卓（波罗尼都与霍集占兄弟）发动叛乱，大和卓在清军平疆时被杀，香妃随后被掳入宫中。她在宫中念家国之恨，“矢志不降”，身怀利刃，复仇心切，最后被清太后秘密赐死，乾隆得知后悲恸不已，送遗体回疆安葬。（于善浦 1985：232）这一版本的香妃被赋予了明确的身世背景：香妃为乾隆二十二年回部叛清分子的家眷。值得一提的是，《清史稿》中并没有详细说明容妃的身世，梁寒操的版本应是来自于《今列女传》《满清稗史》《清史通俗演义》等文本中关于香妃的演绎。这些演绎无不强调香妃的“亡国烈女”身份。1914年在紫禁城展出的“香妃戎装像”（郎世宁所作，所画女子确切身份不可考）旁有一段“香妃事略”，常被视作关于香妃史实的权威描述，事略中提到：“（香妃）尝出白刃袖中示人曰：‘国破家亡，死志久绝，然决不肯效儿女子汶汶徒死，必得一当报故主。’”（于善浦 1985：77–78）梁寒操在诗中将香妃与苏武相比，称其为“千秋节烈”“伊斯兰教女中良”，而在《清史稿》等清代史籍中，容妃只是一个受封纳赏的普通后宫妃子。（于善浦 1985：232）可见民国年间的香妃神话突出了她异族、异教，甚至“异国”的身份，她不再是和亲政策的象征，而是成为了与清朝皇权抗衡的角色。

这样一种演绎无疑给香妃的身份增添了“东方主义式”的浪漫色彩。在欧洲近现代文学关于东方的想象中，经常能看到神秘、冷酷、危险的中东与伊斯兰教女子的形象。例如：莎乐美、图兰朵以及本文提到的佩戴匕首的扎列马。福楼拜的埃及情妇——库楚克·哈内姆被萨义德视作东方主义女性虚构的典型，其中一个典型的描写便是她“散发着檀香木香味的皮肤”。[1]此外，传说中所描绘的乾隆与普希金笔下的吉雷汗也有相似之处。与吉雷对玛利亚天主教信仰的纵容一样，乾隆特为香妃修建了宝月楼，并在楼外的长安街设“回子营”，从西域将回部迁至此居住，从而让香妃在登楼南眺时，“如见故乡”；除此之外还在武英殿修建仿土耳其风格的建筑，名裕德堂，作为香妃沐浴之所。在蔡东藩（1877～1945）的《清史通俗演义》中，对香妃死后的乾隆的描写也颇似普希金的吉雷：“自此闷闷不乐，几乎激成一种急病，还亏御医早日调治方才渐渐平安，只是悲怀未逝。”（于善浦 1985：238–239，248）这样看来，萨义德在欧洲的“东方主义”神话中所看到的那些范式，至少有些也是适用于清末至民国的“西域”神话的。

但另一方面，清末至民国的“香妃”传说所体现的不仅仅是“中原”与“西域”、“本族”与“异族”之间的二元对立，还有社会过渡时期的民族认同演变。戊戌变法之后，围绕“何为中国，何为中华民族”的讨论日益激烈，受西学考古学、地理学和人种学理论影响，产生了关于“满汉同族”与“纯种汉族”之间的争论，章太炎（1869～1936）在《驳康有为论革命书》中写道：“满洲种族，是约东胡，西方谓之通古斯种，固于匈奴殊类。虽以匈奴言之，彼既大去华夏，永滞不毛，言语政教，饮食居处，一切自异于域内，犹得谓之同种也耶。”（陶绪 2005：206）此理论将满人定义为“外族”，则清朝帝国便成为了“外族政权”。“满族”的异族化为民族革命提供了理论前提，同时对中华民族的身份书写产生了挑战。清末民初文本中对于“烈女”香妃的正面书写在一定程度上反映了这一民族自我认同的转换。把香妃塑造为“以必死报父母之根”的英烈，“域外远夷巾帼”中的荆轲，这其中体现的不仅是民国文人对异族的同情，还有对本族界定的反思。（于善浦 1985：234，241）

1949 年以后，出现了不少以香妃为主题的舞台剧与电影，这些作品基本延续了民国时期香妃传说的主线。30 年代的京剧《香妃恨》以香妃入宫前的生活为开端，描绘了回部兵败，香妃被俘的场景。在这一段描写中，香妃的唱词向观众传达了一种爱国主义情绪：“国已亡，家已破，哭也枉然……想当年千岁健在，故国犹存……他清朝的兵将虽强，未必就能取胜……在朝人民，只知有家，不知有国……”（于善浦

1　关于香妃形象的东方主义女性特征，详见 James Millward. Uyghur Muslim in Qianlong’s Court: The Meaning of the Fragrant Concubine [J]. *The Journal of Asian Studies*, 53, 1994 (2). P. 427-458.

1985：292）这一段词显然将观众的主观认同导向香妃和回部，而清兵则以“异族”的形象出现。香妃的“爱国”宣言影射了当时来自日本的军事威胁，观众若将自己代入香妃的情绪，则很容易将反清与反帝国主义联系起来。50年代的京剧《伊帕尔汗》（“伊帕尔汗”一名相传是包尔汉根据“香妃”一词转译为维吾尔语的，“伊帕尔”为麝香，“汗”是维吾尔族女性常用的词尾）再次强化了香妃与清帝之间的正反对立：这个剧本将香妃与和卓的相恋作为情节主线，而将乾隆塑造为彻底的反面人物。（于善浦 1985：47）20世纪70年代以后，学界开始重新考察香妃身世，现在公认的说法是，香妃与叛乱的阿帕克和卓家族并无关系，而是属于帮助清廷平定叛乱的另一和卓支系——喀喇嘛特和卓家族。（于善浦 1985：38）这一结论彻底改变了香妃的“烈女”形象，消解了其中蕴含的回部与清廷的对立，香妃重新成为清朝和亲策略与民族包容的象征。

纵观香妃传说的发展史，可以发现香妃身份的演变反映了国家历史变迁中“自我”与“他者”身份的变换互动。我们已经看到，这种包容与流动的互动关系在迪利亚拉传说中有不同形式的体现。在文中人物、文本作者和文化主体这三个层面，迪利亚拉和香妃传说都容纳了丰富的身份变换，究其原因，想必是作为文化载体的两个国家——俄罗斯与中国所处的复杂地缘政治环境。作为两大文明中心，它们既以主体的身份主动反映着文明的边缘群体，同时又以客体的身份被动反映出远处“西方”文明的视角。这一双重属性使得我们在用东方主义的话语解读迪利亚拉与香妃传说时，必然会遭遇东方主义理论内在的悖反，从而对东方主义的前提——东方与西方的二元对立提出新的挑战与颠覆。

参考文献

[1] 陈小眉．西方主义 [M]．南京：南京大学出版社，2014.

[2] 何辉斌．新中国文学研究中的西方主义 [J]．文学理论研究，2010（3）.

[3] 陶绪．晚清民族主义思潮 [M]．北京：人民出版社，1995.

[4] 于善浦，董乃强编选．香妃 [M]．北京：书目文献出版社，1985.

[5] Dickinson S. Russia's First "Orient": Characterizing the Crimea in 1787[J]. Kritika: *Explorations in Russian and Eurasian History,* 3, 2002(1).

[6] Greenleaf M. *Pushkin and the Romantic Fashion: Fragment, Elegy, Orient, Irony* [M]. Stanford, CA: Stanford UP, 1994.

[7] Mcdonald E. Symmetry and Asymmetry in the Narrator-Heroine Interaction of the Fountain of Bakhchisarai [J]. *The Slavic and East European Journal,* 47, 2003(3).

[8] Millward J. *A* Uyghur Muslim in Qianlong's Court: The Meaning of the Fragant Concubine [J]. *The Journal of Asian Studies,* 53, 1994(2).

[9] Ram H. *Pushkin and the Caucasus. The Pushkin Handbook*[Z]. Madison, WI: UW Press, 2005.

[10] Sandler S. The Two Women of Bakhchisarai [J]. *Canadian Slavonic Papers,* 29, 1987.
[11] Гричак Е.Н. Бахчисарай и дворцы Крыма [M]. М.: Вече, 2004.
[12] Гроссман Л.П. У истоков «Бахчисарайского фонтана» [С]. // Пушкин: Исследования и материалы. М.: АН СССР, 1960.
[13] Киреевский И.В. Критика и эстетика [M]. М.: 1979.

语料来源

[1] 于善浦，董乃强编选．香妃 [M]．北京：书目文献出版社，1985.
[2] Гричак Е.Н. Бахчисарай и дворцы Крыма [M]. М.: Вече, 2004.
[3] Пушкин А.С. Полное собрание сочинений: В 10 томах [M]. Л.: Наука, 1977.

（本文原载于《中国俄语教学》2018 年第 4 期）